古代出雲の実相と文学の周辺

小林覚

目次

序章

古代文学への初発

出雲、その無限の課題

出雲の写真集、『唐川びとへ』の冒頭を開いたとき、私に甦るものがあった。それは記憶の中にある出雲の光景ということではなく、『アサヒグラフ』という、いまはない写真週刊誌のことであった。十一年前のその週刊誌を、私はいまも所持している。出雲を特集していたためもある。その週刊誌が単行本に甦ったのだ。この年月は短くない。数年前、出雲（島根県）は愚挙に出て、あちこちで地名を変えた。平田市にあった唐川は、今、出雲市となっている。それはそれとして、写真家、白谷達也氏は、時間をかけて出雲を旅したようだ。文は古澤陽子氏である。私が出雲に惹かれた理由は、学生時代と今とでは、全く変わってしまっている。白谷氏は、出雲・唐川に直観的に惹かれるものがあり、この地にいささかの執着をみせて、魂の書を生み出した。言わば「出雲的世界」に魅せられたのだろう。

私は、「出雲古代史研究会」の創設に係わって、二十余年が過ぎた。毎年研究例会で出雲に出かけて、唐川のような魅力的な世界を、幾つも見ることとなった。「出雲には古代が残っているんですよ」という言葉を、地元の歴史学者に聞かされたのは、その二十余年前のことだった。そして、それは「歴史的」にそのとおりであった。『風土記』の記述が、そのまま目の前にあったからだ。だがしかし、当初受けていた感動のようなものは変化した。当然のことだろう。学生時代に出雲を訪れた時からなら、四十年近い。『古事記』から想像した出雲と、初めて出雲を目前にしたときと、現在とでは、明らかに変わっている。それは、出雲の「歴史」を学びはじめてしまったからなのかもしれない。

ひるがえって思えば、この書『唐川びとへ』には、歴史がない。あるのは、言いきってしまえば、「逝きし日の日本」へのノスタルジーである。更に飛躍して言い換えれば、「聖なる場との対話」に終始しているのである。それを私は嫌いではない。出雲へ最初に訪れた時のときめきを思い出させてくれるからだ。私も何度か唐川を訪れた。それはしかし、唐川探訪を目的としたものではなかった。

『風土記』でアヂスキタカヒコネが「ミザワ」と口にした場所。出雲国造の神賀詞の旅が行われる際に、朝廷へと向かう途中、みそぎをする場所、それを『風土記』では、「三沢（三津とする異本あり）」としている。そこに比定されている場所に出かけた時に、唐川に立ち寄ったのであった。

実は、私は「三沢」に比定されている場所を四か所訪ねている。その中で、私の思う有力場所は、知名度が高くなく、かつ注釈書には紹介されていない。しかし一般に指摘された注釈に紹介されているのは、この「三沢」であるのだが、そこは県教育委員会のご推薦はない。教育委員会の説明看板のある「禊の三沢」は別の所にある。この二つともに、私は支持していない。ここはこの話を続ける場ではない。それよりも指摘すべきは、唐川のお祭りのお水は、この三沢の池から、朝汲んでくるということだ。汲んでいる写真が『アサヒグラフ』には説明文とともにあった。今回の本ではそれはない。著者は、この問題については保留したようだ。それも一つの見識である。

私はこの二十余年の訪問で、通例の出雲古代史には懐疑的な姿勢をとるようになっていて、現行の多くの注釈書に批判的になっている自分を自覚している。無論、個人的な問題である。

出雲「的」という言いかたが、地元の人を少なからず不愉快にしているかもしれないということも知った。出雲を特別視するなということだ。石見と出雲の感情的対立も知った。どこにでもある、地域の現実だ。出雲を特別な文化圏として見ることは、してはならないだろう。

しかし、だ。出雲の中には、忘れていた世界が垣間見えるときがある。現代人の目の前から消えていた景色が、見える場所がある。そして、古代を引きずっているものが見えたりすることがある。それは、近代についていけなかったものであると言っていいかもしれない。ラフカディオ・ハーンが惹かれたものと言ってもいいだろう。古代と近代が渾然として融合している景色、それを、この写真集は浮き上がらせた。

精霊という、その文字からだけでは感じられないもの、文字で書いただけではすますことのできない「精霊」を感じさせるのは、場であり時間である。そこに生きていなければ、感じられない「精霊」を、忘れている現代人にとって、まだまだ、感じさせてくれる場が、この地上にいくつもあるはずである。その一つとして、出雲を、唐川を、取り上げてくれたのが、本書である。

出雲では、十一月二十三日には、それぞれの神社が祭礼を執り行う。いくつもの祭礼の場を一日で回った思い出がある。祭りの場というものは、不思議な空間である。この「聖なる空間・時間」が、いつ、なぜ作られたのかという問題に思いを馳せてしまうのは、私一人の感懐問題ではないようなのだが、どうだろうか。原初的思考に、政治的思考が重なりながら、現在の祭りやらができているのだとしたら、歴史が変化させてきた信仰形式の変遷を考えること、つまり歴史的な推移の考察も必要だろう。原初的思考、あるいは縄文的思考だのと言われたりするが、本書にも登場する「荒神様」が、長野諏訪神社（下社）にも祀られているのを私は見ている。これは神話と歴史の問題として考えなければならないテーマであろう。写真と文章で圧倒されることの多いこの書『唐川びとへ』の提起している問題と課題は、無限である。

（「出雲、その無限の課題」『写真集　唐川びとへ』二〇〇九年七月）

月影の穢れ

(一)

果敢に断定してしまう。先ず〈伝承〉があった。次いで〈文学〉があった。このような場合、その各々の概念規定は必要不可欠であろうが、哲学用語めいたものを氾濫させるよりは、その規定こそが最後に辿り着く所でもあろうからここでは避ける。しかし、簡略に敢えて述べておけば、〈伝承〉を忘却《ネグレクト》する事、もしくは言語化する事によって〈文学〉が生ずると図式化可能であるという事だ。ある〈伝承〉を言葉に置き換えた時点で、その本来の〈伝承〉は消されてしまうのである。(1) その残された言葉から〈伝承〉を究めるという作業こそ〈文学〉を論ずるのに重要なのだと思われる。

単に言語化と言っても、そこには〈伝承〉を着実に把握しているという前提が必要であり、それは感受性の問題や美意識の程度をも見据えてその推移(伝承から文学への)を考察しなければなるまい。一説によれば、〈伝承〉と〈創造性〉は対立するというが、創造というものが、日常のレベルから次の日常へ、或いは異質な日常への移動という事であれば、それは対立などしない、日常からの突然変異的なものであるならば、伝承に対立できる程の重さを持ち得ない筈である。恣意的ではあるが〈伝承〉は〈創造性〉と対立しない。それらは決して別なものではないのだ。

具体的に論を進めよう。日本神話の中で、とりわけ印象的な神である素戔嗚尊は、複雑な性格を内包している。その複雑さはしかし素戔嗚尊のみに関るのでなくして、素戔嗚尊を伝承する意識に深く関るのだと言えそうである。『古事記』（以下『記』とのみ記す）には〈速須佐男命〉が〈大宜津比売〉を殺す話がある。この話は『日本書紀』（以下『紀』とのみ記す）における〈月夜見尊〉が〈保食神〉を《撃ち殺》す話に類同性を見出せる。武田祐吉博士は『記』におけるこの部分は前後の連続が不自然であり、本源的なものを変形させてあとから挿入したのであろうとされた(2)。高崎正秀博士は「環境と日本神話」と題された論文の中で、月夜見尊が天照大神、素戔嗚尊とで三神分治の重要な位置にあるべき神話を『記』では全く喪失している点などから、『紀』に見られる月夜見尊が保食神を殺す話がすり換り、月夜見尊の性格が素戔嗚尊に移されているのではないかとされ、「月は他方、憑く霊《つくもの》であり神憑きのそれであるらしいこと(3)」も指摘された。これが極めて重要な問題へ進展する。

先ず、素戔嗚尊と月夜見尊、大宜津比売と保食神が、それぞれ同じ役を背負っているので、交替可能であろうと考えられるのは、それぞれの名前で一つの話になる〈伝承〉があったのではないかと予想させる。穀物起源譚と称されるように、この話の主題は穀物に深く関わっているので、月夜見尊の登場する『紀』の先行を思わせるのだが、それだけで事足れりとするのであれば、素戔嗚尊へすり換えられた理由が少しも明晰にならない。暦法の交替は確かに月夜見尊の存在基盤を淡くしてゆく。しかし、それも素戔嗚尊へのすり換えを決定しはしないと思われる。文献からのみ姿を消してゆく事は月夜見尊の場合は有り得た事実ではあったが、それは、まさに陽のあたらない夜の世界で存在し続ける月夜見尊を象徴してはいないか。

一書に曰はく、伊奘諾尊、三柱の子に勅任して曰はく、「天照大神は、高天之原を御すべし。月夜見尊は、日に配べて天の事を知すべし。素戔嗚尊は、滄海之原を御すべし」とのたまふ。既にして天照大神、天上に在しまして曰はく、「葦原中国に保食神有りと聞く、爾、月夜見尊、就きて候よ」とのたまふ。月夜見尊、勅を受けて降ります。已に保食神の許に到りたまふ。保食神、乃ち首を廻して国に嚮ひしかば、口より飯出づ。又海に嚮ひしかば、鰭の広・鰭の狭、亦口より出づ。又山に嚮ひしかば、毛の麁・毛の柔、亦口より出づ。夫の品の物悉に備へて、百机に貯へて饗たてまつる。是の時に、月夜見尊、忿然り作色して曰はく、「穢しきかな、鄙しきかな、寧ぞ口より吐れる物以て、敢へて我に養ふべけむ」とのたまひて、廼ち劒を抜きて撃ち殺しつ。

この『紀』における保食神と、次に引用する『記』の大宜津比売とは、殺される事によって存在価値を発揮するという逆説的な神である事は、この部分に続いて、保食神の死体から穀物が生成する事で知れるが、それについてはここでは問わない。この『紀』の部分に対応するのは『記』の次の部分である。

ここに八百万の神共に議《はか》りて、速須佐の男の命に千座《ちくら》の置戸《おきど》を負せ、また鬚と手足の爪とを切り、祓へしめて、神逐《かむやら》ひ逐ひき。

また食物を大気都比売の神に乞ひたまひき。ここに大気都比売、鼻口また尻より、種々の味物《ためつもの》を取り出でて、種種作り具へて進る時に、速須佐の男の命、その態《しわざ》を立ち伺ひて、穢汚《きたな》くして奉るとおもほして、その大宮津比売の神を殺したまひき。（角川文庫版による）

〈また食物を〉からの部分とそれ以前との連続が不自然な訳だが、この『記』『紀』の双方の話に共通する語は、言葉としては〈穢れ〉である事に注目しておきたい。話のパターンはくり返して言うが〈伝承〉が同じであると思われるので、似ている。その〈伝承〉の一端を伺うのに貴重であるのは、死と誕生の緊密さという型に抽象してしまうと、「月と不死」の信仰が想起されるという事であろう。〈月夜見の持てるをちみづ〉という、『万葉集巻』十三、三二四五番の歌の一節が関わってくる。〈変若《をち》〉には折口信夫博士の明快な一つの定義がある。それは琉球語における〈すでる〉に対応し「母胎を経ない誕生であったのだ、或は死からの誕生（復活）とも言へるであらう[4]」と説かれたのに続けて、〈をち〉と〈稜威〉の関係から、〈をち〉を、外側からの強い刺激により誕生（復活）する事を意味するであろうとされた論は、月夜見尊が保食神を単に殺したのではなく《撃ち殺》したのだという事をそれとなく納得させるし、それは〈荒ぶる神〉という媒介項で、月夜見尊から素戔嗚尊へのすり換えの一端が知れたようにも思われる。しかし、これでは双方に対応する話の主題的な穀物起源の部分を捨ててしまっている。話は〈食物〉に深く関わっているのである。ここで先の高崎正秀博士が指摘された〈憑く霊〉としての〈月〉を考える必要があるように思われる。

石塚尊俊氏の著書『日本の憑きもの』には日本各地の豊富な事例が並べてあり、様々な示唆を与えられるが、その内の一つは、憑き物は食物に関して非常に敏感であるという事である。同書によれば、「山陰民俗」

三号に掲載されたという小井川潤次郎氏の報告に「そいつ（小林注・エヅナの事、一般にはイヅナと呼ばれる憑き物）が憑くと、あらぬことを口走るようになり、飯は七杯でも八杯でも食い、リンゴは一日に一貫目ぐらい食べてしまう」(5)とあるという。

問題は、これが事実として語られている事である。普通の状態（日常的状態）と非普通の状態（非日常的状態）とが対立という関係にあるのであれば、普通の人がある瞬間から異常の人へ変化するといった連続性を黙殺する事になる。こう考えると、日常的とか非日常的とかいう言い方が曖昧に思えてくる。〈憑き物〉は非日常的なものでありながら、日常的なものを非日常へ転化させるという役割がある。〈憑き物〉における〈食物〉の問題は、やはり月夜見尊から素戔嗚尊へのすり換わりの理由を解明する一端を与えてくれるように思われる。しかし、月夜見尊が〈月神〉であるとして、農耕に欠かせない神だから〈食物〉に関わるとしても、素戔嗚尊にはどれだけ〈食物〉に関わる性格があったのであろうか。〈天つ罪〉を犯したという点に着目するのは順序が逆であろう。何故〈天つ罪〉を犯したのか。そしてまた、何故〈憑き物〉までが〈食物〉に関わらなければならなかったのか。そのキー・ワードは〈穢れ〉であろうと思われる。

(二)

月にのみ焦点を定める。月を論究するのに注意すべきは〈月影〉という語である。

月影に我が身をかふるものならばつれなき人もあはれとや見む

『古今和歌集』（六〇二番）

第一句目の〈月影〉を、単に〈月の光〉〈月〉と現代語訳する事は、数学的な操作でしかない。〈感性の歴史的限界〉という言葉が待っている。単純な言葉の置き換え（現代語訳）による、時代差、個人差等々の落差を注釈という作業で克服しなければならないのだろう。折口信夫博士は『日本古代抒情詩集』において壬生忠岑の歌の月影にふれて、「月影に・かげは、古語まぼろしである。さういふ連想もあつて、月かげに、光線と幻影と二つを感じてゐるのだ。」と述べている。

〈カゲ〉とは何であるのか。柳田國男氏は「山中の地名に影の平影谷などの多いのは、勿論日陰の義としても容易に説明できるが、阿波土佐近江等の国々にある影神と言ふ小社が、野神と同じ神らしく思はるゝに付て、或ひは亦此類（小林注・芝草をカガと言う類）では無いかと考へて居る。天の香具山のカグも草山の義かも知れぬ[6]」とされた。また福士幸次郎氏の特異な、そして魅惑的な体系を樹立している著書『原日本考』正・続二篇は、その主題からして当然の事として〈カグ〉は〈鉄〉であると結論している[7]。しかし、ここでいう〈月影〉の〈カゲ〉とは、単に光とのみ理解はできないし、草でも鉄でもない。そしてまた最も魅力的ではあるが〈まぼろし〉説の他に、何か附加されるべき意義があるように思われるのである。〈月影〉という語が単に自然現象をそのまま訴えようとしているとは考えられない。何故〈月影〉を選んだのか。この言葉はやはり一つの暗喩であろう。〈月影〉と歌う事で何かを訴えている。〈月影〉という言葉にはその何かが纏わりつく要素があったからそうなるのであろうが、それではその要素とは果して何であるのか。〈月〉と〈影〉それぞれの語の緊密度がこの言葉を成立させたのだと私は考えるが、というより暗喩として成立させたのだと言った方が適切であろうが、それでは、その緊密さを何が保証するのであろうか。乗岡憲正博士は〈再会〉という主題に沿って〈影〉を提示された(8)。直接には〈再会〉と〈慟哭悲泣〉の関係であるが、そこに伏線として『紀』に描かれた影媛をヒロインとする話を援用されつつ〈影〉を強調されている。

一人の女性影媛が、二人の男性、平群臣鮪と武烈天皇との間に立つ。遂に平群臣鮪が影媛を得るが、武烈天皇の怒りは悲惨な結果を招く。それは大伴連が数千の兵を将て、鮪を〈及楽山に戮しつ〉と記されてある。影媛は悲しむ。二人の男性の一方を選ぶ事の残酷さに等しい報復であると言えばそれまでかもしれない。ヒロインは自らの立つべき場を自ら作るからだ。しかし、やはり影媛はあわれである。

石の上　布留を過ぎて　薦枕　高橋過ぎ物多に　大宅過ぎ　春日　春日を過ぎ　妻隠る　小佐保を過ぎ　玉笥には　飯さへ盛り玉盌に　水さへ盛り　泣き沾ち行くも影媛あはれ

「影媛の捧持する玉笥・玉盌は、民間における葬送習俗で云う『枕飯』(9)であるから、ここでいう影媛のカゲとは、〈影膳〉のそれに通じよう。死と影、そのつながりは濃い。それよりもここで注意すべきは、影媛の流す涙であろう。〈再会〉を願う祈りを意味し、ここで〈再会〉とは平群臣鮪の〈復活〉を指す〈涙〉である。乗岡憲正博士は「後世の葬列に於ける泣き女のイメージ」をいだかれたが、影媛には、やはり〈死〉についての様々な習俗を含む性格が備わっていよう。『記』における、火神を生んだ伊耶那美神が〈神避り〉残された伊耶那岐命が哭き、その涙に泣沢売神が成という話を想起すれば泣く事と死と再会とが、重なるのではないのか。平田篤胤が『玉襷』に「石長比売は、寿命を司り、泣沢売神は命ごひの神なり」としていたものをそのまま理解すればよいであろう。

影媛も泣き女ではあったが、〈影〉を名とする媛は、象徴的な泣き女であった。乗岡憲正博士によれば「影媛の〈影〉は、仮象《ヤゲ》の意で霊魂を意味する語であるから、魂振り、魂の呼ばい等鎮魂乃至は招魂の呪儀を司る女性、即ち霊巫と考えられる」(10)のであって〈影〉といえば辞書的意味として〈光〉である筈が〈時には月や日をも影と呼ぶ点では、まさに曖昧な意義づけであるが〉ここにはそういったイメージが薄い。敢えて探すなら、光の綾なす陽炎《かげろう》が、〈影＝魂〉の持つ一つの性格〈浮遊〉として理解されよう。

日常世界の中に平穏無事で収まりきれない〈生〉を、仮に非日常世界の〈生〉とするならば、影媛は非日常世界の住人であった。そしてその影媛を支えていた〈伝承〉はそこで終焉を迎えたりはしない。簡単に消えて無くなるものを〈伝承〉とは呼べない。阿部正路先生は「影媛のイメージが、不意に『竹取物語』にもあらわれる。あの、かぐや姫が、月にかえってゆかざるを得ない日々が近づいたとき、不意に、〈きと影になる〉という部分がそれである」(11)と指摘されたが、これはやはり一つの〈伝承〉を問題にする場合に重要視しなければならないであろう。

本質的な構造の類似は、発生と伝承を問う際に有効な示唆を与えてくれるからだ。何が類似しているかという問題は、私達の感受性に深く関わってこなくてはならないというのも、大切な事だと思われる。〈お隠《こも》り〉から始まり〈裳の忌み〉で終る〈かぐや姫〉の地上での〈生〉は、異形《いぎょう》の者のそれである。[12]『竹取物語』諸本中「新井本」（朝日全書版）のみが〈きと影になる〉の部分を〈きと人の影になりぬ〉としているのも興味深い問題ではあるが、ここでは続けない。無論影媛の話には〈恋〉がある事を忘れてはならないのだが、これについては『古今和歌集』中〈恋哥〉の部の二首を引用する事にとどめておく。

恋すれば我身はかげと成にけりさりとて人にそはぬ物ゆへ

篝火の影となる身のわびしさは流てしたにもゆるなりけり

さて、〈月〉について論究するのに、既に折口信夫博士の方法論がある。同音語は同義である事から、〈ツキ〉に込められた暗喩の分析に極めて興味深い結果が得られる。つまり〈ツキ〉は〈月〉であり〈槻〉でもある。更に自然摂理の月の運行と女性生理としての時の流れの不可知的合一性は、月とは女性であるという連想も生む。

久方の天光月の隠りなば何に名そへて妹を偲はむ

月と妹とが明らかに重なっている。個人的なレトリックであるとは考えられない以上、ここには一つの〈伝承〉があったと言えそうである。実例の羅列は味気ない。だが、『紀』の次の例は貴重である。(13) 継体天皇の条である。

九月に、勾大兄皇子、親ら春日皇女を聘《むか》へたまふ。是に、月の夜に清談《ものがたり》して、不覚《おろか》に天暁《あ》けぬ。斐然之藻《ふみつくろみやび》、忽《たちまち》に言《こと》に形《あらは》る。乃ち口唱《くつでうた》して曰《のたま》はく。（日本古典文学大系より）

以下歌が続く訳だが、注目すべきは〈月の夜に清談して〉という部分である。何故月の夜でなければならないのか。尾崎暢殃博士は既にそれについて説いておられる。穀霊信仰と婚姻に関する思考の重なり、穀霊信仰とは農耕民族にとって必須のものであろうし、月と農耕とは密接な関係がある。しかも性の思想が農耕の思想と形而上的に連絡し合う点で、月と女性、月と国の重なりが考えられると説かれたのである。特に女性生理としての〈忌み隠り〉の問題をも論旨の中に含ませて展開された点は重要だと思われる。「『月』も『槻』も古代の農業祭を背景としたものいいみの生活に関連していた」(14)と指摘された時、〈月〉の持つ暗喩の構造が垣間見えてくる。〈隠《こも》り〉とは、結局トンネルのような構造を持っており、日常世界（許された世界）から特殊な禁断地帯《サンクチュアリ》を抜けて、新たな日常世界へと進む、というより移るといったものであろう。

〈隠り〉を考える以上忘れられないのは〈石屋戸隠り〉であるが、女性の〈忌み隠り〉に〈穢れ〉の要素が濃いのと同様に、天照大神の〈石屋戸隠り〉にも〈穢れ〉の要素が重い。安易に同一視するのは無論危険だが、天照大神の〈石屋戸隠り〉は荘厳な〈忌み隠り〉であるとリチュアルな側面からは考察できようし、そこには〈死〉と〈誕生（復活）〉の〈穢れ〉を見る事も可能であろう。おそらく〈隠る〉事と〈穢れ〉とが、〈復活〉に向けてのすべてであると極論できるのではないだろうか。〈石屋戸隠り〉が爾来単に〈洞窟隠り〉と解釈されていたのには、理由があろうし、それもまた〈伝承〉を考えるのに重要である。無論断定はできないが、人間の思惟の形式は、時代差によっても変化しない部分があると思われるからだ。江戸文学期に、西鶴は『世間胸算用』をこう書き出している。

世の定めとて大晦日には闇なる事、天の岩戸の神代代来《このかた》知れたる事なるに、人皆常に渡世を油断して、云々

〈岩〉である事に注意すべきであろう。才覚露わなレトリックで〈闇〉を描いているが、為永一蝶著すところの『歌舞妓事始』の冒頭は、民間でかなり普及していたと思われる〈歌舞伎〉の起源を記している。

抑歌舞妓の起ハ、天照夜神天石窟に入り、磐戸を閉て幽居　云々

〈石屋戸〉が〈岩窟〉に確実に固定してしまったのは一体何時頃か。『紀』では既に〈岩窟〉であった、〈石屋戸〉と〈岩窟〉は別な〈伝承〉があるのか、それとも連想からのすり換えであるのだろうか。

洞窟が、地上における部分的な闇であるとできるなら、また女性の〈忌み隠り〉の場も闇であろう。部分

的な闇とは、一体何であるのか、それが果して〈影〉であるのか。このような型で結論めいた事を述べるのは早いかもしれないが、恐れず言えば、〈影〉とは〈変身の場〉、換言すれば〈生まれ変りの場〉ではないのか。

(三)

〈月〉と〈影〉とが〈復活〉という仲立ちで親近性を持つ時、男女の性の間の距離もまた見えてくる。夜〈闇〉を支配していたのは〈月〉ばかりではなかった。〈夢〉もまたしかりである。積極的に〈夢見〉する事、神託を授かろうとする事の意味は夢の力の強さを教え、日常の生活の弱さを教える。しかし「夢はしょせん夢であって、実体の闕如した〝影〟でしかない。夢で逢い得た恋人は現実には手の届かない所にいるのだし、〝袂まき寝〟(引用者注・現にも今も見てしか夢のみに袂まき寝と見れば苦しも・万葉集二八八〇)の相手は感触をともなわない影であった。夢の世界での逢いの経験が、実体の欠如の不足をかこつことになるのは必至であり、その確認が深ければ深いほど恋心を重にかきたてて、現実での逢瀬を切実に希求する発想をとらせていった[15]」とされた小林茂美先生の〈恋〉と〈夢〉の考察に示された問題は、〈恋の場〉という視座から見つめると、誠に貴重であると思われる。恋には夢が、譬喩となったのは近い時代の事ではあるまい。おそらく〈恋〉とは男女の間の遠さの確認、意識化でしかないのだ。距離をおくという事、それは世界を二つとして考える事にまで展開されて然るべきであろう。

論旨を〈月影〉に戻す。この言葉の構成という点で対応すると思われるのは、〈月しろ〉であろう。『おもろさうし』中の次の歌はその意味で興味深い。

知念杜《ちゑねんもり》ぐすく
月代《つきしろ》は　手摩《てづ》て
成《な》さい人《きよ》が
いきよいど　待ち居る
又大国杜《ぢやくにもり》ぐすく(16)

〈ぐすく〉とは聖域と考えられている。特に仲松弥秀氏は〈葬処〉という考えを提示されている(17)。沖縄では〈産屋〉を〈シラヤ〉と呼ぶ〈シラ〉が〈月しろ〉の〈シロ〉と同じであるか断定できないまでも、関連しているのではないだろうか。

私の考えている〈月影〉が、最も象徴的に使われているのは『更級日記』の次の件である。長いが引用する。

乳母《めのと》なる人は、おとこなどもなくなして、境に子産みたりしかば、はなれて別にのぼる。いと恋しければ、行かまほしく思（ふ）に、せうとなる人抱きてゐて行きたり。皆人は、かりそめのかりやなどといへど、風すくまじくひきわたしなどしたるに、これはおとこなどもそはねば、いと手はなちに、あら〳〵しげにて、苫といふ物を一重うちふきたれば、月のこりなくさし入りたるに、紅のきぬの上に着て、

うち悩みて臥したる、月影さやうの人にはこよなくすきて、いと白く清げにて、云々（傍点小林）

〈さやうの人〉とは〈不浄の人〉である。出産の〈穢れ〉は、〈はなれて別にのぼ〉らなければならぬほどに、女の立場を特異なものにしてしまう。そこに、月影はこの上なく透き通るのである。〈うち悩み臥〉す女はそれによって〈白〉く〈清げ〉に見える。あくまでも〈清し〉でなく〈清げ〉であり、〈白〉とは単に美称ではあるまい。異形《いぎょう》の者として孤立する女は〈せうとなる人〉に助けて貰ったとは言え、〈月影〉を大きな拠りどころにしているのではないのだろうか。又逆に、自己を異形であると認めた者は、〈月影〉に近しさを抱くのではないのか。隠者の歌を想起するのは唐突ではあるが、そこに歌われた〈月影〉には、自然現象の描写だけでは割り切れない切なさがある。

冒頭で述べた月夜見尊と素戔嗚尊のすり換わりは、おそらく〈穢れ〉を基調にしたそれがある筈である。武田祐吉博士は大祓の詞について「その詞は人生におけるあらゆる不都合な事実を穢れとし、これを河より海に流し、海より根の国に追放する事によって、その消滅を説いている[18]」と記しておられたが、素戔嗚尊には〈裳の忌み〉姿の〈笠蓑〉をつけたスケープゴート的な性格もあり、これはまさしく〈穢れ〉である。穀物起源譚では、月夜見尊も素戔嗚尊も〈荒ぶる神〉であるが、〈荒ぶる神〉とは「人間の生活に対し不都合な一切の存在[19]」でもある。

しかし、〈月影〉を暗喩として考える時、それを使う者の心情を察するにどうしても忘れられないのは、生まれ変りの欲求、現状打破の欲求として月影があったのではないかという事である。つまり、新しく生まれる為には、生まれていない事が前提である。人は、それを〈穢れ〉によって得る、穢れて穢れ尽す事によって生まれ変る契機を得るのだ。そして人は〈穢れ〉という語は〈穢れ〉であるが故に、〈月影〉という語を必要としたのではなかったのだろうか。

注

（1）独断的な言い方ではあるが、他に適切な表現ができない。〈伝承〉について今少し述べるならば、それは人が言葉を口にしたりする時に、絶えず意識下に漂っているものであるとも言えると思う。〈伝承〉はそのままでは目の前に掴み出せない、言葉や祭りやその他様々な現象の姿を借りて目の前に出てくる。

（2）武田祐吉『古事記』（角川文庫）。

（3）高崎正秀「環境と日本神話」『著作集』第二巻所収。三四三頁。

（4）折口信夫「若水の話」『全集』第二巻。

（5）石塚尊俊『日本の憑きもの』三六頁。吉田禎吾氏の同題の著書にも憑きものと食物との深い関係が記されてある。

（6）柳田國男『定本柳田國男集』第二十巻・一二一頁。

（7）元禄三年刊の『人倫訓蒙図彙』には〈鏡師〉の項に「天照大神の御影を末代にのこさしめ給ふとて、天香具山の金をもってつくらしめ給ふ」とある。これはカグヤマの一つの〈伝承〉であろう。

（8）乗岡憲正『古代伝承文学の研究』。

(9) 乗岡憲正・同書・一一九頁。
(10) 乗岡憲正・同書・一二八頁。
(11) 阿部正路『疎外者の文学』六四頁。
(12) 中田剛直『竹取物語の研究』校異による。
(13) この部分は尾崎暢殃博士の論文「筑波嶺の月」に負うところが大きい。
(14) 尾崎暢殃「筑波嶺の月」『日本文学論究』第二十冊所収。
(15) 小林茂美「小野小町の文芸質—夢の歌群についての覚書」『王朝文学史稿』第二号。
(16) 『おもろさうし』日本思想大系本による。
(17) 仲松弥秀「村落構造と祭祀世界」『沖縄の民族学的研究』所収。伊波普猷氏は「月しろ考」と題された論文で〈月しろ〉の〈しろ〉は〈白〉というより〈代〉であろうとされたが、それが〈しろ〉である事において、つまり何ものかによって埋められる場、空間、という事においてであれば、同じ事だと思われる。
(18) 武田祐吉「古事記説話群の研究」『著作集』第三巻所収。二四七頁。
(19) 武田祐吉・同書・二四一頁。

〈附記〉

本稿は卒業論文『日本文学抒情論—影の系譜』の部分を全面的に改稿したものである。量的には五分の一であるが内容的には三分の一になっている。これは方法論的な形式で論を進めるように改変する理由の一つともなったが、やはり粗雑さは目立つ。まして不見識と思われても仕方のない独断的な言い方を多く使ったが、その欠点は私が自分で判っているつもりである。より適格な題をつけるとすれば、やはり〈日本文学発生史への試み〉という事になると思う。無論、その主題を表面に掲げるには遠い。

（「月影の穢れ」『国学院雑誌』第75巻9号　一九七四年九月）

第Ⅰ部

『出雲国風土記』を読む

第一章 ―『出雲国風土記』散抄

『出雲国風土記』の地名「起源」伝承

モノには起源がある。そして、起源が掘り出され、起源が語られることがある。ここで、混同がはじまるかもしれないが、混同してはならない。「起源があること」と「起源を語ること」とは、同じではない。この前提を、まず確認しておかなければならない。

地名起源説話を無視して『風土記』を語ることは、不可能である。これは決して大仰な言い方ではない。「起源を語ること」の世界がここにある。この事は、多くの先学が論述している。(1) 実際、『風土記』編纂の官命に地名起源を語るべしとあり、『風土記』を繙けば、そこには地名の起源を語る話が頻出する。ここでは、その研究史やら地名起源の事実関係やらを記すのではなく、具体的に、その「地名起源を語ること」がどのようなものであるかをあれこれ並べて、その考察すべき点を引き出してみたいと思う。しかしながらその前に、よく知られている『風土記』編纂の官命の根拠とされる『続日本紀』の、和銅六年五月の条を引用して、指摘しておきたいことが一つある。

畿内七道諸国郡郷名、着㆓好字㆒。其郡内所㆑生、銀銅彩色草木禽獣魚虫等者、具録㆓色目㆒、及土地沃堉、山川原野名号所由、又古老相伝旧聞異事、載㆓于史籍㆒言上。

（『新日本古典文学大系　続日本紀』より）

この条そのものと『風土記』との関連について、この記事では、「郡・郷の名は、好き字を着け」「山川原野の名号の所由」を記録せよとあるが、現『出雲国風土記』については、山川原野の名前についての由来は無く、あるのは、郷・里の名前の由来だけであるということ。『出雲国風土記』（以下『風土記』）の、地名起源説話とは、とりもなおさず、少数の例外を除いて、郷・里の名前の地名起源説話以外の何ものでもないのである。(2) つまりは、『続日本紀』記載の「官命」に従ってはいないということになる。それがどのような事を意味するかは、ここでは続けない。話を地名起源説話にしぼって進める。

まず、鬼の登場する、地名起源の説話である。大原郡・阿用郷の条。

> 阿用郷。郡家の東南一十三里八十歩なり。古老の伝へに云へらく、昔、或る人、此処に山田を佃《つく》りて守りき。その時、目一つの鬼来りて、佃《たつく》る人の男を食ひき。その時、男の父母、竹原の中に隠りて居りし時に、竹の葉動《あよ》げり。その時、食はえし男、「動々《あよあよ》」と云ひき。故《かれ》、阿欲と云ふ。〔割注　神亀三年に、字を阿用と改む。〕
>
> （風土記の引用は『日本古典文学大系・風土記』を基として諸本参照している）

なんとも悲惨なというか、哀れな、同情を引く話であるが、(3) ここでこの説話を提示したのは、この説話そのものについてどうこう議論したいというのではなく、『風土記』の地名起源説話とは何であるかの、大前提を提示しようと考えてのものである。そのためには、さらに、『伊勢物語』の第六段「芥河」、『今昔物語』の本朝世俗部巻第二十七の「在原業平中将の女、鬼に噉《くら》はるる語　第七」の話をも引用しなくてはならない。各々全文を掲げる。

まず、『伊勢物語』より。

むかし、男ありけり。女のえ得《う》まじかりけるを、年を経てよばひわたりけるを、からうじて盗みいでて、いと暗きに来けり。芥河といふ河を率《ゐ》ていきければ、草の上に置きたりける露を、「かれは何ぞ」となむ男に問ひける。ゆく先おほく、夜もふけにければ、鬼ある所ともしらで、神さへいといみじう鳴り、雨もいたう降りければ、あばらなる倉に、女をば奥におし入れて、男、弓、胡籙《やなぐひ》を負ひて戸口にをり、はや夜も明けなむと思ひつつゐたりけるに、鬼はや一口に食ひてけり。「あなや」といひけれど、神鳴るさわぎに、え聞かざりけり。やうやう夜も明けゆくに、見れば率て来し女もなし。足ずりをして泣けどもかひなし。

白玉か何ぞと人の問ひし時つゆとたこへて消えなましものを

これは二条の后の、いとこの女御の御もとに、仕うまつるやうにてゐたまへりけるを、かたちのいとめでたくおはしければ、盗みて負ひていでたりけるを、御兄、堀河の大臣、太郎国経の大納言、まだ下臈にて、内裏へ参りたまふに、いみじう泣く人あるを聞きつけて、とどめてとりかへしたまうてけり。それをかく鬼とはいふなりけり。まだいと若うて、后のただにおはしける時とや。

（本文引用は『日本古典文学全集』を基としている）

つづいて『今昔物語』より。

今は昔、右近中将在原業平と云ふ人有りけり。極《いみ》じき世の好色《いろごのみ》にて、世にある女の形美《かたちうるは》しと聞くをば、宮仕人《みやつかへびと》をも人の娘をも見残す無く、員《かず》を尽くして見むと思ひけるに、或る人の娘の形・有様、世に知らず微妙《めでた》しと聞けるを、心を尽くして極《いみ》じく仮借《けさう》しけれども、「止事無《やんごとな》からむ聟取《むことり》をせむ」と云ひて、祖共《おやども》の微妙《めでた》く伝《かしづ》きければ、業平の中将力無くして有りける程に、何にしてか構へけむ、彼の女を密かに盗み出だしてけり。

其れに、忽ちに将《ゐ》て隠すべき所の無かりければ、思ひ繚《あつか》ひて、北山科の辺《ほとり》に旧き山庄の荒れて人も住まぬが有りけるに、其の家の内に大きなるあぜ倉有りけり。片戸は倒れてなむ有りける。住みける屋は板敷の板も無くて、立ち寄るべき様も無かりければ、此の倉の内に畳一枚を具して、此の女を具して将て行きて臥せたりける程に、俄《にはか》に雷電霹靂《らいでんへきれき》して喤《ののし》りければ、中将太刀を抜きて、女をば後《しりへ》の方に押し遣りて、起き居てひらめかしける程に、雷も漸く鳴り止みにければ、夜も曙《あ》けぬ。

而る間、女、音為《せ》ざりければ、中将怪《あや》しんで、見返りて見るに、女の頭の限と、着たりける衣共と許《ばかり》残りたり。中将奇異《あさま》しく怖《おそろ》しくて、着物をも取り敢へず逃げて去《い》にけり。其れより後《のち》なむ、此の倉は人《ひと》取為《とりす》る倉とは知りける。然れば、雷電霹靂には非ずして、倉に住みける鬼のしけるにや有りけむ。

然れば、案内知らざらむ所には、努々《ゆめゆめ》立ち寄るまじきなり。況《いはむ》や宿せむ事は思ひ懸くべからずとなむ、語り伝へたるとや。

（本文引用は『新潮日本古典集成』を基としている）

いかがであろうか、『今昔物語』の「鬼説話」については、当物語を開けばうんざりするほどであるが、ここで注目していただきたいのは、結語の違いである。共通するモチーフである「鬼に食われる人」の話の本文の影響関係ということも、大いに興味はあるが、ここでは話の結びに注目したい。一つには時代性ということも挙げられようが、核になる「鬼に食われる人」の話を、『風土記』は地名起源を語ることに、「伊勢」は貴族世界の内部への取り込みに、『今昔』は教訓説話にしたてあげていっている。しかも、『風土記』と『伊勢物語』にあっては、食われる者の叫び声が「あよ」であり「あなや」である近さまである。であるにも係わらず、結びは全く違うものになっている。私たちは、この、おそらく偶然に残された類似説話を念頭に置いて、『風土記』の地名起源の説話を読み込んでいかなければならない。逆に言えば、この類似説話のおかげで『風土記』の地名起源説話の読み方が見えてくるはずなのである。どういうことかと言えば、『風土記』の地名起源説話は、実は、地名起源を知るための手掛かりとして読んでいくと、読み外れてしまうということである。地名起源の話を、地名起源を知るために利用できないというと、首をかしげる向きもあるかもしれない。しかし、「鬼に食われる人」の話を、強引に地名起源説話としてしまっているのだと考えてみれば、その地名起源のあやうさがわかるのではなかろうか。同じモチーフの話が、三つの結びのバリエーションを持つということは、どの結びでなければならないという必然性の無さを自ら宣言しているようなものなのである。であるから、『風土記』の地名起源説話は、実際の地名起源であるとするには疑わしいのだということを、まず踏まえておきたい。というより、地名起源としては信用できないと断言しても構わないような気もする。それでは、地名起源説話として読む意味がまったくないのかと言うと、それより以上の、読み方をすべきなのであると言わなくてはならない。つまり、「地名起源を語ること」を義務づけられた編纂者の苦労を、読み取るべき書なのである。しかも、大和の宮廷の命に従った編纂であれば（冒頭の『続日本紀』の条）、当然、その潤色も読み取らなければならない。『出雲国風土記』は、他風土記に比較すると、そのような潤色の少ない（天皇に関する説話が少ない）書であると言われているが(4)、だからと言って、「地名起源を語ること」を義務づけられた者の編集操作などを見逃してはならないのである。別の言い方をすれば、いささか不謹慎ではあろうが、謎解きの面白さを備えた書であると言ってもよいのである。例えば、著名な意宇郡・安来郷の「毘売埼伝承」の条である。全文を掲げる。

安来郷。郡家《こほりのみやけ》の東北二十七里一百八十歩なり。神須佐乃烏命、天の壁立《かきた》ち廻《めぐ》り坐しき。その時、此処に来坐して詔《の》りたまひしく、「吾が御心は、安平《やす》けく成りぬ。」と詔りたまひき。故《かれ》、安来と云ふなり。即ち北の海に毘売埼《ひめさき》あり。飛鳥浄御原宮御宇天皇（天武天皇）の御世、甲戌の歳七月十三日、語臣猪《かたりのおみゐ》麻呂《まろ》が女子《むすめ》、件の埼に逍遥《あそ》びて、邂逅《たまさか》に和爾《わに》に遇ひ、賊《そこな》はえて切《かへ》らざりき。その時、父の猪麻侶、賊はえし女子を浜の上に斂《をさ》め置き、大《いた》く苦憤《いきどほ》りて、天に号《さけ》び地に踊り、行きては吟《な》き、居ては嘆き、昼夜辛苦《たしな》みて、歛《をさ》めし所を避ること無し。是《か》くする間に、数日《ひかず》を経歴《へ》たり。然して後、慷慨《うれた》む志《こころ》を興《おこ》して、箭《や》を磨《と》ぎ鋒《ほこ》を鋭《と》くし、便《よろ》しき処を撰び居り。即ち擡《をろが》み訴《うた》へて云ひしく、「天神《あまつかみ》千五百万、地祇《くにつかみ》千五百万、并《ならび》に当国に静まります三百九十九社、及び海若《わかつみたち》等、大神の和魂《にぎみたま》は静まりて、荒魂《あらみたま》は皆悉《ことごと》に猪麻侶が乞《の》む所に依りたまへ。良《まこと》に神霊《みたま》ましまさば、吾《あ》を傷《いたは》らしめ給へ。此を以ちて神霊の神たるを知らむ。」といへり。その時、須臾《しまし》ありて、和爾百余り、静かに一つの和爾を圍繞《かく》みて、徐《おもぶる》に率《を》て依り来て、居る下《もと》に従《つ》きて、進まず退かず、猶《なほ》圍繞《かく》めるのみなりき。その時、鋒《ほこ》を挙げて、中央《まなか》なる一つの和爾を刃《さ》して殺し捕りき。已《すで》に訖《お》へて、然して後に、百余りの和爾解散《あら》けき。殺割《さ》けば、女子《むすめ》の一脛《はぎひとつ》を屠《ほふ》り出でき。仍《よ》りて、和爾をば殺割《さ》きて串に挂《か》け、路の垂《ほとり》に立てき。〔割注　安来の人、語臣與《あたふ》が父なり。その時より以来、今日に至までに六十歳を経たり。〕」

とあって、この話は終わる。(5) 冒頭、「神須佐乃袁命」が、「吾が御心は安平けく成りましぬ」と言ったので、「安来」という地名になったというのは引用したとおりであるが、ここでは、編纂者の何段階かにわたる潤色を考えるべきであろう。まず、意地悪く言えば、スサノヲが「安平けく成」った理由が、少なくとも、ここだけの説明では足りない。もっとも、この足りなさは他の説話にも言えないことはないのであるが、それはそれとして、更に付言すれば、『古事記』あるいは『日本書紀』に採用されたスサノヲの説話を、分かっていることが前提となっての地名起源になっている。大和の宮廷で読めば了解されるような内容であると言ってもよかろう。そういった曇りを払って、素直に読み返せば、「吾が御心安平《やす》けくなりましぬ」と言ったのは、むしろ、食われた娘の足をワニから取り返して、そのワニへの復讐を果たした時点での、ヰマロの言葉であったとすべきである。その根拠は、この説話が、『風土記』のなかでは、異例に属する、話の終わりに地名起源を持っていない説話であるということである。(6)『風土記』冒頭の、雄大なスケールの『風土記』のなかでは長編と言ってよい「国引き神話」ですら、結語は「意宇」の地名起源説話で閉じられている。その他の数行のささやかな説話も、ほとんどが地名起源で結ばれているのを見れば、この説話の結びに地名起源が無いのは、やはり、不自然なのである。この「毘売埼伝承」の説話が、現『風土記』の形となる、一つ前というべきか二つ前と言うべきか、ヰマロが娘の復讐を終えて、「安平けく成りぬ」と言い、それが「安来」の地名起源なのであるという話があったと推定できないであろうか。そう考えれば、この説話は地名起源説話として首尾が整い、『風土記』内での不自然さは無くなるのである。しかし編纂者は、ヰマロの説話は残したものの（残さざるをえなかったと言うべきか）、地名起源の部分についてだけは「スサノヲ」のものとして冒頭に追加した。そう考えるのは、それほど奇異な発想にはならないと思われる。では、何故、そのようにしたのか。当然推測となるが「語臣猪麻呂」の発した言葉では、地名起源として、おそらく効力がないのである。ヰマロは「語りの臣」でしかありえず、「神」でも「命」でもないのであるから。さらに、いま一点、やはりここにスサノヲを登場させたかったという、あわせて二点が考えられる。最終段階であったか否かは別にしても、そのどちらかを取って、あるいは双方を複合して、現『風土記』編纂者は現行のものとする判断を下したのであったろう。これが、編纂者の苦労である。苦労は、他にも随所に見られる。ともかく、郷・里の名前の、起源を語らなければならないという使命感にかられているようなのだから。

冒頭の「あよ」の地名起源でもそうであったが、地名の音の採用を何からにするかについての、編纂者の逡巡、あるいは潤色と言うべきようなものは、他でも見て取ることができる。意宇郡の拝志郷を見てみよう。

拝志郷。郡家の正西二十一里二百一十歩なり。天の下造らしし大神の、越《こし》の八口《やくち》を平《こと》けむとして幸《いで》まししし時、此処の樹林《はやし》茂《しげ》り盛《さか》りき。その時詔りたまひしく、「吾が御心の波夜志《はやし》と詔りたまひき。故《かれ》、林と云ふ。〔割注　神亀三年に宇拝志と改む。〕即ち正倉あり。

林があるから林になったで済まさずに、天の下造らしし大神の言葉の「波夜志」（栄やし）の方を地名起源にしているのは、編纂者の苦労である。これも、当初に採集した地名起源説話をそのまま『風土記』に採用するのではなく、天の下造らしし大神が発した言葉というものがなければならなかったのである。地名の発生は、というか誕生は、厳かなものでなければならないのであろう。そこでは、神々との関係を必要としたのであったろう。拝志郷のごとく、うまく「樹木《はやし》」を「栄やし」と同音で置き換えに成功（？）した場合はいいとしても、それができなかったものも残されている。例えば、島根郡山口郷である。

山口郷。郡家の正南四里二百九十八歩なり。須佐能烏命《すさのをのみこと》の御子、都留支日子《つるきひこ》命の詔りたまひしく、「吾が敷き坐す山口の処なり。」と詔りたまひて、何故、山口と負せ給ひき。

山口という地名については、恐らく、坂本という地名などと関連して、境界の問題が出てくる地名である。山と里との境界。里から山への入口を、山口と命名し、山から降り下った地点を、坂本と命名するのは、自然であったろう。その、境界地点というものは、現代の我々が思い及ばない何かがあったようである。そのためか否か、この山口郷の説話は地名起源の説話化がなされていない。「山口」という地名が、自明のことになっているのである。前の説話の「拝志」では、編纂者が「林」を「栄やし」にし、よって地名を「林」にして改字し「拝志」になったような経過の説話が、ここでは作られなかったと見るべきであろう。山口だから山口だ、と言っているだけなのだから。無論、「山口」という地名を発したのは、スサノヲの子ツルキヒコであるという説明を、編纂者は忘れてはならなかったようなのではあるが。

このように、地名起源説話についてはお手上げにした山口のような例に対して、原文の強引な訓読を要求する例もある。意宇郡の飯梨郷の条。

飯梨郷。郡家の東南三十二里なり。大國魂命、天降《あも》り坐《ま》しし時、此処に當りて御膳食《みいひをし》なし給ひき。故《かれ》、飯成と云ふ。〔割注　神亀三年に、字を飯梨と改む。〕

食事をしたので、飯を成した、それで飯成《いひなし》になったという場合は、それはそれで首尾整っていていいのだが、残念ながら、引用文でも分かるとおり、原文文字は「御膳食給故云飯成」となっていて、「いひなし」という地名になった元が、敬体・敬語表記になっているのである。現代の我々が普通に考えれば、「御膳食給」

をそのまま「いひなし」と訓んでしまうのには、無理がある。おそらく、ここには、一つに、『古事記』『日本書紀』と同じ訓読の問題がある。すべてが訓読できる（あるいはする）事を想定して書かれたのかどうかという問題である。(7) これは、重大な問題であろう。ここで、この問題に立ち入ることはできない。ここでは、単純に、「いひなし」と訓める地名起源説話に仕立てられたものが、当初あったものの、それを神の動作に由来する地名起源説話にするために、やむをえずしてか、本文を敬体・敬語表記へと改変したのではなかろうか、と推定することで、解釈を止めておきたい。無論、ここにも、神が（大國魂命である）地名起源に係わらなければならないという、編纂者の苦労というか、意図が見えているのは事実であろう。(8)

そして、それだけではなく、もう一点、読めない文字を読めた事にする論理があったことも忘れてはならない。その論理について触れておこう。ここまで見てきた説話だけでなく、『風土記』全体にかかわって、表現の問題での、「故」というつなぎ言葉についてである。通常「かれ」と訓読して、「かくあれば」の略、「であったので」くらいに現代口語訳する言葉だが、記紀においても同様の頻出語である。『風土記』にあっては、説話を地名起源に結びつける際の重要語であると言える。この一語のおかげで、地名起源説話が成立していると言っても過言ではない。「故」でつなぎ合わされたものに矛盾はなくなるという、あるいは、論理の破綻を見えなくするという了解のようなものが、『風土記』の世界にはあったと考えなければならないようなのである。意宇郡宍道郷を見てみよう。

宍道郷。郡家の正西三十七里なり。天の下造らしし大神の命の追ひ給ひし猪《しし》の像《かた》、南の山に二つあり。

〔割注　一つは長さ二丈七尺、高さ一丈、周り五丈七尺。一つは長さ二丈五尺、高さ八尺、周り四丈一尺。〕猪《しし》を追ひし犬の像、〔割注　長さ一丈、高さ四尺、周り一丈九尺。〕其の形石となりて、猪と犬とに異なることなし。今に至りても猶あり。故《かれ》、宍道と云ふ。

「猪《しし》を追った道」であるから「宍道《ししぢ》」と言うのだとでもあれば問題はないのであるが、そうではない。所造天下大神命が追い掛けた猪と犬の石像が今もある、だから、「宍道」と言うのだという論理は、現代人に通用する論理になっているであろうか。私には、とてもそうは思えない。これが、しかし、『風土記』の地名起源の論理である（この説話そのものの民俗学的な石像の信仰については、内田律雄氏の、卓抜な分析があり、それが、この地名起源説話の別の角度からの分析の突破口になるかもしれない(9)）。編纂者の伝家の宝刀とも言うべき「故」が、すべての疑問やら不整合を吸収してしまっていると言ってよかろう。

また、これと関連していると思われる地名起源説話がある。他の風土記には見られず、『出雲国風土記』に見られるという例であるが、島根郡の手染の郷である。

手染郷。郡家の正東一里二百六十歩なり。天の下造らしし大神の命、詔りたまひしく、「此の国は、丁寧《たし》に造れる国なり。」と詔りたまひて、故、丁寧と負せ給ひき。しかるに、今の人猶誤りて手染みの郷と謂へるのみ。

ここに登場する傍線部「誤りて」の事である。起源は「丁寧」であるのに、誤って「手染み」にしてしまったというのである。音読すれば「たし」に「み」が余計に付いてしまったということであるが、この「誤りて」が出てくるのは、全『風土記』中五例、『豊後国風土記』(日田郡石井郷)に一例みられるだけで、「手染み」を含めて他四例は、すべて『出雲国風土記』に登場する。[10]前の「宍道」も、「しし」に「ぢ」が付いた形であり、「誤りて」のパターンにされるやもしれなかった例であろうが、そうなるには、話の論理が余りにも飛躍していて、単なる誤りとして解決はできなかったのであろうか、つまりは、「故」で済ませてしまったようだ。さて、この「誤りて」についてである。『風土記』全体に登場する類似表記、他の「訛・改」ともども、『古事記』には全く出てこないものであるが、『日本書紀』については「訛」が出てくる。その点を踏まえて、近藤信義氏は「書承性の故に自覚された〈音〉の転移という言語現象に対する解釈であり判断を示す用語である」[11]とした。逆に『古事記』の口承性がここにも伺えるということであろう。口承であれば、多少の音の差などは当然のことであって、書承であるから、こまかな差についても説明を要するであろうし、「誤りて」とでもしなければ説明とならない場合も出てきたということなのであろう。『日本書紀』では「訛」であり、『出雲国風土記』では、「訛」を使わずに「誤」を使ったというのも、興味深いことである。

さて、終わりに、これも、『風土記』の地名起源を考える際の一つの心得を教えてくれる地名起源説話について述べておく。秋鹿郡恵曇郷である。

恵曇郷。郡家の東北のかた九里四十歩なり。須佐能乎《すさのを》命の御子、磐坂日子《いはさかひこ》命、国巡り行《い》でましし時、此処に至りまして、詔りたまひしく、「此処は国稚《くにわか》く美好《うるは》しかり。国形、畫鞆《ゑとも》の如き。吾が宮は是処に造事《つく》らむ」と詔りたまひき。故、恵伴《ゑとも》と云ふ。〔割注　神亀三年に、字を恵曇と改む。〕

地形が、「畫鞆」のようであったから、スサノヲの子のイハサカヒコが「恵伴」と命名したという。「日本古典文学大系」の秋本吉郎氏の頭注には、畫鞆とは「絵付けのある鞆。鞆は弓を射る時、左腕に着ける革製の防具」とある。問題はいくつかある。「畫鞆」に似ていたから「恵伴」にしたという論理は、「畫鞆」というものが地名命名以前にあったということでなくてはならない。それはおそらくそうであったとして、もう一つは、「畫鞆」が「恵伴」になるという文字の差異の問題。例の「故」で文字を換えてしまってあるが、これは、とりあえず冒頭の『続日本紀』の「好字」ということで解決してしまっていいことなのかもしれない。少なくとも、風土記編纂当時には恵曇であった地名は、それ以前（神亀三年の民部省の口宣以前）は恵伴であった。そして、それは同音の「畫鞆」に由来する、と起源説話は言っている。最終地名の恵曇も「好字」であるとして、双方に共通する「恵」は何を根拠としての「好字」であるのか。それは、『論語』「公冶長」の「その民を養ふや恵」[12]から考えれば、儒教の影響としての「好字」である。「伴」は「恵を伴う」でいいとして、現行の「曇」は何であろうか。それは、仏典に見える「優曇華」の文字から推察するとすれば[13]、仏教的な「好字」ということができるであろう。儒教や仏教が、地名に入り込んでいることも、当然、考えながら、読み取っていかなければならないということである。

冒頭に記したとおり、起源と起源を語ることとは違う。

起源が語られるのはいつも結果が定着してからである。しかし、結果が定着した時には、起源は忘れられているし、そもそも「起源」などと呼べるものがあったかどうかも、忘却の彼方かもしれない。そのなかで、『風土記』編纂に係わった者は悪戦苦闘したにちがいない。そしてそれは、現在の我々が何事かの起源を語らねばならないときのそれと、おそらく同じである。言い換えれば、今、地名起源を探ることと、『風土記』時代に地名起源を語ることとの、両者の間に違いはないということである。起源があるということと、起源を語るということとは、まったく、別なのである。ここに今、『風土記』を読む意義がある。

注

（1）関和彦「風土記と古代社会」『日本古代社会生活史の研究』所収　校倉書房（一九九四年）刊　等。

（2）秋本吉郎『風土記の研究』ミネルヴァ書房（一九六三年）刊参照のこと。この大著は、あらゆる面で先駆的な研究書であり、大いなる示唆を与え続けてくれる。

（3）瀧音能之「目ひとつの鬼」『風土記説話の古代史』所収　桜楓社（一九九二年）刊。ここに登場する鬼を鍛冶神の天目一箇命との関係で考察している。関連して、三舟隆之「スサノオと製鉄」『月刊　歴史手帖』一九九五年十一月号。しかしながら、この伝承は鉄生産とは何ら無関係であると主張するのは、内田律雄「古代出雲の塩と鉄」『古代王権と交流7　出雲世界と古代の山陰』瀧音能之編所収。名著出版（一九九五年）刊。筆者は内田氏の言われる、別の角度からの考察を試みた次第である。

（4）瀧音能之「『出雲国風土記』の性格」『風土記の考古学』所収　同成社（一九九五年）刊。

（5）関和彦「毘売埼伝承」『日本古代社会生活史の研究』所収（前掲）に教えられることが多い。

（6）秋本吉郎『風土記の研究』（前掲）。
（7）新しくは、山口佳紀『古事記の表記と訓読』有精堂（一九九五年）刊、参照。
（8）敬体・敬語表記になっていないものとなっているものの違いについては、別稿を用意している。
（9）内田律雄「『出雲国風土記』意宇郡宍道郷の地名起源説話」『風土記研究』第三号　風土記研究会（一九八六年）刊。
（10）他の三つとは、嶋根郡の蜛蝫《たこ》嶋、秋鹿郡の大野郷、大原郡の神原郷。
（11）近藤信義「地名起源と〈音〉―「訛」「誤り」および「改」をめぐって」『枕詞論』所収　桜楓社（一九九〇年）刊。
（12）白川静『字統』平凡社（一九八四年）刊　参照。
（13）注12に同じ。

（「出雲国風土記の地名起源説話抄」『古典評論』第２次創刊号　三一書房　一九九六年一〇月）

「クニ」が消えるということ

(一)

作品の舞台という言い方がある。『遠野物語』の遠野であったり、『死者の書』の当麻・二上山であったり、映画の大林宣彦監督の一連の作品の尾道だったりが、それにあたる。私は、そのような、作品の舞台を実地に求めるということに、以前はいささかの意味も認めてはいなかった。今でも、価値を認めているというわけではない。作品は作品でという考えは消えていないし、であるからそのような考え方を強く主張する人を、批判するつもりはまったくない。

だが、舞台を実見することは、作品によっては、かなり大きな解釈変更を強いてくるのではないかという考えも生じてきている。それは、『出雲国風土記』(以下『風土記』と略す)の現地探索を続けてきたために、自分のうちに生じたものであろうことは、否定できない。誤解されると困るから言っておくが、それは、出雲が特別な世界であるということを意味してはいない。言ってしまえば、現地というものも、作品ということでしかない。単に、作品文献と作品現地との、言わば二つの作品に、並行して関わり始めた者の実感の快感ということを、以下縷述するということになる。

（二）

『風土記』冒頭を飾る国引き神話は、その詞章についてかなりの数の論文があり、本文を理解するより、論文を理解することの方が数倍楽しいかもしれない(1)。

だが、地図を手にしつつ（机上で地図を眺めつつだけというのとは、やや違う）現地を行くと（本当はすべて歩けばいいのだが）、見えてくるものがある。

意宇《おう》郡の、国引き詞章を取り敢えず引用する（本文引用は、基本として、植垣節也校注『新編日本古典文学全集　風土記』を使わせていただく）。

意宇と号くる所以は、国引き坐しし八束水臣津野《やつかみづおみづの》の命、詔《の》りたまひしく、「八雲立つ出雲の国は、狭布《さぬの》の稚国《わかくに》なるかも。初国《はつくに》小さく作らせり。故《か》れ、作り縫はむ。」と詔りたまひて、栲衾志羅紀《たくぶすましらき》の三埼《みさき》を、国の余りありやと見れば、国の余りあり」と詔りたまひて、☆童女《をとめ》の胸鉏《むなすき》取らして、大魚《おふを》の支太《きだ》衝《つ》き別けて、波多須々支穂《はたすすきほ》振り別けて、三身《みつみ》の綱打ち挂《か》けて、霜《しも》黒葛《つづらくる》闇《くる》や闇やに、河船《かはふね》の毛曽呂毛曽呂《もそろもそろ》に、国来国来《くにこくにこ》と、引き来縫《きぬ》へる国は、去豆《こづ》の折絶《おりたえ》よりして、八穂《やほ》爾支豆支《にきづき》の御埼《みさき》なり。此《か》くて、堅《かた》め立てし加志《かし》は、石見《いはみ》の国と出雲の国との堺なる、名は佐比売山《さひめやま》、是なり。亦、持ち引ける綱は、薗《その》の長浜、是なり。

亦、「北門《きたど》の佐伎《さき》の国を、国の余りありやと見れば、国の余りあり」と詔りたまひて、

☆童女の胸鉏取らして、大魚の支太衝き別けて、波多須々支穂振り別けて、三身の綱打ち挂けて、霜黒葛闇や闇やに、河船の毛曽呂毛曽呂に、国来国来と、引き縫へる国は、多久《たく》の折絶《おりたえ》よりして、狭田《さだ》の国、是なり。亦、「北門の波良《はら》の国を、国の余りありやと見れば、国の余りあり」と詔りたまひて、

☆童女の胸鉏取らして、大魚の支太衝き別けて、波多須々支穂振り別けて、三身の綱打ち挂けて、霜黒葛闇や闇やに、河船の毛曽呂毛曽呂に、国来国来と、引き縫へる国は、宇波の折絶よりして、闇見《くらみ》の国、是なり。亦、「高志《こし》の都都の三埼《みさき》を、国の余りありやと見れば、国の余りあり」と詔りたまひて、

☆童女の胸鉏取らして、大魚の支太衝き別けて、波多須々支穂振り別けて、三身の綱打ち挂けて、霜黒葛闇や闇やに、河船の毛曽呂毛曽呂に、国来国来と、引き縫へる国は、三穂《みほ》の埼なり。持ち引ける綱は、夜見《よみ》の嶋なり。固堅《かた》め立てし加志《かし》は、伯耆《ははき》の国なる火神岳《ひのかみだけ》、是なり。「今国は引き訖《を》へつ。」と詔りたまひて、意宇《おう》の杜《もり》に、御杖衝き立てて、「意恵《おゑ》」と詔りたまひき。故れ、意宇《おう》と云ふ。

これは、伝承されていたものであろう。☆印を付した繰り返しが、読解のヒントとなるのであろうが、おそらく、単調さを紛らすための、労働歌が下地になっての歌であろうと思われる。「童女の胸鉏取らして」（童女のような、未発達の胸の湾曲をもった鉏を取って）という、エロチックな表現の繰り返しは、記憶すべき、あるいは伝承すべきものとの判断から、あるのであろうが、その判断の読解に成功した論稿は、管見の限りでは、無い。残念ながらここでもこの問題には立ち入らず、引かれ来た後の「国」の順番に注目して、論を進めたい。地名を順にあげていけば、

去豆《こづ》、八穂爾支豆支《やほにきづき》の御埼、
多久の折絶、狭田の国、
宇波の折絶、闇見の国、
三穂の埼、である。

これは、国の造られた順が、島根半島の、西、現在の出雲大社近辺から、東へ、今の美保埼へと、時計の針の回りと同じようになっていることを、教えてくれる。素朴に受け止めれば、この詞章では、それが出雲の国の出来た過程である。支豆支《きづき》の方が御埼で、美保の方が三穂である違い、御と三の違いは、支豆支の方が、敬語になっている訳だが、当然というか、ここには、既に、杵築《きづき》大社にたいする敬意が見えている。

平地を散策していれば、見えてはこないが、小高い山などに登ると、この四つの国引きは、地形的に、島根半島の、四つの区切りに合致しているのが分かる。(無論、この詞章を読んだ後の目で見ると、この四つの区切りで島根半島を見るように意識が働いてしまうという事もあるのだろうが)航空写真などというもののなかった時代に、うまく、地形を認識していたというべきかもしれない。

ところが、その国引きの順は、残された『風土記』の序にあたる総記では、国という言葉が消えて、郡制が敷かれたために、郡に統一されて、次の順になって記されて、本文もそれに従って記述される。

意宇郡、島根郡、秋鹿《あいか》郡、楯縫郡、出雲郡、神門《かんど》郡、飯石郡、仁多郡、大原郡、の順である。

これは、時計の針の回りと反対である。島根半島を東側からぐるりと宍道湖を回る順である。国引き詞章とは反対になっている。

『風土記』編纂者の意識と、国引き詞章の伝承とでは、領土とでもいうべき観念のできあがっていた点に共通項は見られるが、「国（郡）」の認識の順が、逆という違いがある。どこかで認識の転換があったのだろう。単純に考えて、国引き詞章の成立した時期と、『風土記』編纂の時期とでは、前者の方が古いのは、疑問の余地がない。とすると、郡（評）制以前にあったと考えられる、詞章の中の国（国名）は『風土記』編纂に際して、本文からは消えてしまっているということになる。

（三）

さて、遠回りをする事になるかもしれないが、『風土記』時代の史的背景を知っておく必要がある。『風土記』の編纂は、例の和銅六年（七一三年）の宣命にあること周知であるが、そこには、以下の指示がある。

① 畿内七道諸国の郡郷名に好き字を着ける。
② 郡内に生ずる銀銅・彩色・草木・禽獣・魚虫等の色目。
③ 土地の沃堉《よくせき》について。
④ 山川・原野の名の由来。
⑤ 古老の伝える旧聞・異事。

できあがった『風土記』は、奥付をみると、天平五（七三三）年とあるから、宣命から、二十年後ということになる。しかも、出雲国造兼意宇郡大領の出雲臣廣嶋が委嘱され、秋鹿郡の神宅臣全太理が書いたとある。『常陸国風土記』に見られるとおり、風土記は、国司の解文《げぶみ》として成立している筈のものであるが、出雲では、大化の改新よりはるか後でも、国造の名称が生きていて、『風土記』を完成させている。国司のものが官撰であれば、出雲国造のものは、国造の私撰であろうという説が出てくるのも当然であろう。(2) しかし、これが話を複雑にするのだが、各郡末には、郡司の名前が出てくる。とすれば、全体は、郡司の上にいるべき、国司が束ねてもいいようなものであるが、そうではなく、国造なのである。国造と国司と郡司の、制度と現実のかみ合わない問題がここにある。(3) ついでということでは失礼にあたることは承知の上で、言い添えれば、乱暴な言い方ながら、出雲国造は現在もなお健在である。大和政権が、そもそも『風土記』を思い立ったのは、当然、中央集権国家の完成をめざしてである。地名の命名基準を強制し、特産物を報告させ、土地の肥沃さから農作物の取れ高をはかるのが、まず、目的であったとすべきであろう。しかし、それにもまして、『出雲国風土記』には、神々の記載が多い。これは、出雲の特徴である。更に、山川原野の名前の由来は無く、あるのは郷・里の名の由来である。土地の肥沃についての記載も無い。『風土記』は、宣命には素直ではない。もっと注目すべきは、天皇の巡行説話が無い。巡行説話以外で、天皇の名前が登場するのが四例でしかない。国司が関与していないということの一つの表れであろうか。なぜ国司が関与していないのか。国司の力をもってしてだけでは国造は、抑えられなかったということなのか。残された『風土記』の編纂は、国造によってなされている。

（四）

詞章に戻るが、ここには、「狭田の国」「闇見《くらみ》の国」という言葉が出てくる。「クニ」である。現在使われている国家という概念とは当然異なるであろうが、ある地域を表しているのは分かる。（クニという言葉自体は、『隋書倭国伝』に出てくる「軍尼」が、クニと訓んで良いであろうとする点、文脈から「国造」の意であろうとする、大方の見解に従う）しかし、現存『風土記』本文中には、先にも触れたが、この二つの国の名は無い。郡名に統一された各地域名のなかには、残されなかったのである。分割されて、新たな郡名を付せられたのか、統合されてそうなったのか。しかしながら、『風土記』の中と現地には、佐太神社と久良《くら》弥《み》社の二神社が残されている。この神社の残されているあたりが、それぞれ、「狭田の国」であり「闇見の国」であったろうと推定する研究があるが、(4)反対すべくも無い。が、ここでは、もう一つの興味深い問題に入っていきたい。

逸文の『尾張国風土記』「吾縵《あづら》の郷《さと》」条。

巻向《まきむく》の珠城《たまき》の宮に御宇《あめのしたしろ》しめす天皇《すめらみこと》の世、品津別《ほむつわけ》の皇子《みこ》、生七歳にして語《ことど》ひたまはず。群《もろもろ》の臣《おみ》たちに傍問《と》ひたまへど、言ふこと能《あた》はずありき。その後、皇后《おほきさき》の夢に神ありて告《つ》げて曰《の》りたまはく、「吾《あ》は多《た》具《く》の国の神、名は阿麻乃弥加都比女《アマノミカツヒメ》と曰ふ。吾祝《い》はえず。もし吾がために祝人《はふり》を宛《あ》つれば、皇子能《よ》く言ひまた寿考《いのちなが》からむ」とのりたまひき。

ホムツワケノミコが七歳まで言葉を発しなかったが、ある夜、皇后の夢の中に、多具の国の神、アマノミカツヒメがあらわれて、自分を祭ってくれるなら、ものを喋るようになるだろうとのお告げがあったというのである。このあと、日置部《へきべ》の祖である建岡の君が派遣されて、アマノミカツヒメを祭ったとあるのだが、ここに、多具の国の神、アマノミカツヒメが登場しているのである。アマノミカツヒメは『出雲国風土記』の秋鹿《あいか》郡にその名を残している。

説話そのものは、「ホムチワケ説話」と登録されている、記紀の中の説話に呼応する話である。ただし、記紀ではアマノミカツヒメは登場しない。垂仁（記紀）では、ホムチワケが、成人に達しても言葉を喋らないのは、出雲大神の祟りであると、それではと出雲参拝をして言葉を発するようになる話が、『尾張国風土記』では、多具の国の神の話となって記録されている。多具の国という名が出てくる。

（五）

多具の国は、国引き詞章のなかの「多久の折り絶え」の多久である。そして、『風土記』には多久神社が二社あり、現にある。「狭田の国」「闇見の国」は、詞章の中に国の名として残り、神社も残った。多久は、国引き詞章の中に、「折り絶え」として残されただけで、他には何の記述も残されていないが、神社が二つ残された。「折り絶え」とは、境界ということであろう。多久川も現にある。

二つの神社とは、島根郡と楯縫郡にある二社である。『延喜式』に残るのは、楯縫郡の方である。現在の平田市多久町。小高い山の上に祭られている神は、多伎都彦命、天御梶姫命である。訓むとすれば、タキツヒコとアマノミカヂヒメである。タキツヒコはタキのヒコであり、タキは、多久に通じているかもしれない。「多久の男神」の意である可能性がある。アマノミカヂヒメは、『尾張国風土記』のアマノミカツヒメのこととしていいかどうかは迷う。ツとヂの違いと、秋鹿郡と楯縫郡の違いがあるからだが、甕（ミカ、容器のかめ）の共通項があることで、同じと見なしておく。ミカが甕《かめ》であろうとするのは、吉野裕説(5)であるが、私は賛成である。そうなると、タキツヒコは、滝の神である可能性が出てくる。水甕と滝の取り合わせは、容器と中身の関係になるから、このペアはうまく成立することになる。滝の水の神と、水甕の女神の組み合せはできすぎかもしれないが、現に、信仰対象の滝が、近くにあることはある。

アメノミカヂヒメは、タキツヒコの母であり、阿遅須枳高日子命《あぢすきたかひこ》の后である（楯縫郡）。アヂスキタカヒコノミコトは、所造天下大神命《あめのしたつくらししおほかみ》（大穴持命）の子である。神門郡高岸の郷に、次の話がある。

所造天下大神命の御子、阿遅須枳高日子命、甚《いた》く、昼夜哭《ひるよるな》き坐《ま》しき、仍りて、其の処に高屋《たかきや》を造りて坐《ま》せき。即ち高椅を建てて、登り降《くだ》らせて養《ひた》し奉《まつ》りき。故れ、高崖《たかきし》と云ふ。

子は総じてそのようであるが、アヂスキタカヒコも、手のかかる子だったのである。『尾張国風土記』で見たように、手のかかる、ホムツ（チ）ワケが、アメノミカツヒメを祭ることで、問題は解消したという。

手のかかる子であったアヂスキタカヒコを夫とした、アメノミカヂ（ツ）ヒメを祭る、多久神社。

（六）

多久神社は、「狭田の国」の佐太神社、「闇見の国」の久良弥社と同様に、「多久（具）の国」が残した神社であろう。しかし、クニという言葉は詞章の中では消されている。『風土記』の段階では、狭田と闇見については、国引き詞章の中ではあるが、クニの名を付されて残すことを許されていた。しかし多久は詞章の段階で、すでにクニの名を外されていた。詞章成立の時点で、既にそうであったのか、それとも『風土記』編纂時で改変がなされたのか、どちらであるかとするなら、おそらく前者であろう。編纂時に改変がなされたとするなら、他にも改変すべき箇所はあったはずであろうから。

話が突然飛ぶようではあるが、明治維新における廃藩置県で各県の名称の制定がおこなわれ、維新政府は、その名称を、維新に功績のあった側の藩と、反維新政府側であったそれでは、露骨に基準を変えた。藩の名がそのまま残されたか、消されたかである。忠勤藩＝皇政復古に勲功のあった藩は、藩名をそのまま県名として残し、朝敵藩、または曖昧な態度であった藩は、郡名・山名川名等を県名とされてしまったという事実がある。(6) 藩名が残るということは、政権側に従順であったか否かであったのである。明治維新の時だけが、特別にそうであったとは思われない。

話を戻すが、多久の国の名は、大和政権の息のかかる『風土記』編纂よりずっと以前、国引き詞章の成立時点で、おそらく、既に消されていた。これは何を意味するか。国引きされて造られた国以前にあった「クニ」としての「多久の国」、その領域は、二つの神社地域と、さらに蜛蝫島《たこ》（現在の大根島）までがそうであったとすれば、[7]島根半島のほとんどという、大きなものであった。それが、国引き詞章の中では、国の文字は消されて「多久の折絶」と、境界の名として残されるだけになってしまった。それだけでも良しとすべきなのか。あるいは、ともかくも「多久」という名は、残さなければならないという、配慮が働いたのか。私たちは政治力学における境界線引きが、時の流れによって流動的なのを知っている。逆に言えば、政治がもたらす境界線は、必要に応じて、人々は無視するのである。多久の国は消されても、多久の神社は残り、多久川も残った。私は自分を、神社神道の護教論者などと意識したことはないが、文字は消せる、「クニ」も消せる。しかし、神社（信仰あるいは文化とでも言えようか）までは、消し去ることはできなかったのだという思いにかられる。平田市の多久神社の背後に、心をなごませるように、悠容とそびえる大船山は、『風土記』に神名樋《かんなび》（火）山と記録されている、四つの山の一つである。

注

（1）三浦佑之『古代叙事伝承の研究』一九九二年、勉誠社刊等。

（2）瀧音能之編『出雲世界と古代の山陰』一九九五年、名著出版刊。
上田正昭編『古代を考える　出雲』一九九三年、吉川弘文館刊。
直接私撰官撰の問題を扱っているということではないが、その他多くの問題を、両者所収の論文から教えられる事が多い。

(3)上田正昭『日本古代国家論究』一九六八年、塙書房刊。

(4)関和彦『古代出雲世界の思想と実像』一九九七年、大社文化事業団刊。現地調査を踏まえての、貴重な書。

(5)吉野裕『風土記世界と鉄王神話』一九七二年、三一書房刊。

(6)宮武外骨『府藩縣制史』『著作集　参』一九八八年、河出書房新社。

(7)注4と同じ。

(「『クニ』が消えるということ―『出雲国風土記』から」―『古典評論』第2次第2号　三一書房　一九九八年一〇月)

国引き詞章の成立

『風土記』の話を主軸にして進めたいが、大国主命について、もう少しだけ続ける。大国主命は出雲大社の祭神である。出雲大社は中世、スサノヲノミコトを祭神としていた時期もあったようだが、現在、スサノヲ神は本殿の真後ろに祭られている。繰り返すが、祭神は大国主命である。しかし、大国主命が登場する文献は『古事記』であって、『出雲国風土記』ではない。ただし、大国主命という名前に吸収されてしまったのであろう神が『風土記』に登場する。所造天下《あめのしたつくらしし》大神《おほかみ》大穴《おほな》持命《もちのみこと》である。別の所で大国主命の亦の名と記録されている神である。本当は逆で、亦の名が大国主命なのであるが、その問題には深入りしないことにして、出雲大社の祭神ではないことを強調しておく。『古事記』で、大国主命が「国譲り」をし、その替わりに、神殿を造営してもらう、と、従来はそう読んできた箇所があった。それが、出雲大社ではないか、そういうことだった。本文にこうある。

出雲国多芸志の小浜に、天の御舎を造りて、

「出雲の国タギシのヲバマ」と場所が指定されているが、風土記に「タキ」という地名は出てきても、タギシは無い。ちなみに、「タキ」が「タギシ」の事であるとしても、そこは出雲大社とは異なる場所である。

つまり、どこだかわからない。更に服従する方が、服従の代わりに神殿を建ててもらうというのは、ある得ることなのだろうか。勝ったものが負けたものにそこまでするだろうか。そんなこともあってか、最近では、その神殿は、服属の儀礼を行うために、大国主命の方が建てたとする説が、有力になってきている(『新編日本古典文学全集　古事記』頭注、関和彦著『新古代出雲史』藤原書店など)。『古事記』に「天の御舎」とある、その建物は出雲大社ではない。付言しておくと、『風土記』では出雲大社とは呼ばれていない。杵築《きづき》大社と呼ばれている。その呼ばれ方は、明治初年頃まで続いた。さて、『風土記』に登場しない神が、なぜか、永い間、『風土記』の舞台の総元締めの大社の祭神であったということは事実である。この問題を引きずっていくと、いつまでたっても、『風土記』に話がもどらなくなるので、どのみち別のところで扱わざるをえないだろうから、大国主命と出雲大社の話は一旦終わりとする。ここでは、前回引用した、「国引き詞章」について話題にしたい。杵築大社は当然関係してくる。

『風土記』は、律令国家が編纂した書物である。当然のことながら、その作為が見え隠れする。というより、律令国家以前の世界の消し忘れ(意図的な消し忘れ、そういう方が適切なのかもしれない)を、随所に見いだす事ができる。その大きな一つが、この「国引き詞章」なのである。

出雲国、島根県は、宍道湖を中心にかかえている。斐伊川の流れは古代と今では変わってしまっているが、宍道湖があったということについては、変わらない。『出雲国風土記』を開くと、「総記」から始まって、意宇郡、島根郡、秋鹿郡、楯縫郡、出雲郡、神門郡、飯石郡、仁多郡、大原郡、巻末記となって終わる。これは、宍道湖を中央にして、普通の地図で見て、現在の松江の下方から、日本海側、島根半島を、時計の針と反対まわりにぐるりと回って、また宍道湖の下に戻ってくるという記述である。その冒頭の総記は次のように始まっている。

国の大体は、震《ひむがし》を首《はじめ》とし、坤を尾とす。東と南とは山にして、西と北とは海に属く。

東を起点として、西南を終点とするということである。これは一見すると、大和の側の意向が反映した記述であるように思われる。例えば、備前、備中、備後の、前中後の順は近畿へ向いてのものであるが、それと同じように、一番大和に近い部分を起点としている、と考えるのが素直である。しかしそれが「国引き詞章」では違っている。「詞章」は『風土記』のなかに引用されている歌であるのだから、『風土記』編纂時よりも、古くに出来上がっていたものである。その中で、国が出来上がった順番をどのように記録しているかを見てみると、『風土記』の順番とは違っているのが見て取れる。

まず、志羅紀《しらき》の三崎から引いてきたのは、八穂爾支豆支の御崎である。キヅキの御崎というのは先に述べた、杵築大社のある所である。言わば島根半島の、大和からは一番遠い、最西端である。

ついで、北門の佐伎の国から引いてきたのは、多久の折絶えから、狭田の国まで。

次は、同じく北門の良波の国から引いてきたのは、宇波の折絶えから、闇見の国まで。

終わりが、高志《こし》の都都《つつ》の三崎から引いてきた三穂の埼。

この「詞章」の国造りの順は、先に記した現存する『出雲国風土記』の郡名の順とは逆になっている。出雲大社（杵築大社）から、時計の針と同じように、今の美保崎に向かって、国が造られていく。日時計の影は今の時計の運針と同じである。

脱線するが、「国《くに》」という言葉が、何気なく使われているが、これは、現在、私達が使っている「国家」とは全く違う。たんに、境界を意味しているだけのものである。それは「くね」という言葉と同源のものであろう。また「折り絶え」については、地溝体ということで納得すべきだろう。地溝体は境界になる自然条件なのだから。

さて、現行の『出雲国風土記』は、大和に最も近い意宇《おう》を国の始まりとした。しかし、その『風土記』の中に引用された、古伝承と考えられる「詞章」では、国は大和から最も遠いキヅキから造られているのである。これは何を意味するのであろうか。答えはそんなに難しいことではない。『風土記』編纂時点以前の出雲国の成立が、八穂爾支豆支《やほにきづき》の御崎から始まっていたのである。キヅキの首長が、意宇郡の熊野大社から、出雲郡の杵築大社へ移ったのは八世紀であると推定されるから、『風土記』編纂の時期と重なる。先にも掲げたが、現行の『風土記』の郡の記載順は、意宇郡から始まり、時計の針と反対まわりに、島根半島をまわり、杵築大社のある出雲郡をとおり、大原郡にもどってくるものである。杵築の首長が熊野大社から杵築大社へ移動した方向と同じである。つまり大和の意向と、杵築首長の経路は重なっている。それは偶然であるのか、意図があるのかはまだ分からないが、「詞章」については、逆になっている。ということは、「詞章」のクニの造られ方は、杵築の首長の移動以前のものということになる。

もう少し丁寧に、「詞章」を見てみよう。国引きの発端は「初めの国が小さかった」ので、「縫い直し」をして広げようという、八束水臣津野命の命令に始まる。まず国引きしたのが、志羅紀の三崎であり、これを、杵築大社のある所に持ってきた（脱線するが、フィクションながらも、大陸の一端を持ってきたのは誰かという問いかけをすることで、それは巨人を想定しなければなるまいということになり、ダイダラボッチ伝説を援用するという説もあったが、それは位相が違うと思われる）。シラキは新羅であろう。当然、その時代の朝鮮半島との関係の有無が問題になる。『出雲国風土記』には、韓銍《からかま》社と加夜社という神社が記載されてある。これは朝鮮半島との交流の証拠となる神社であると、瀧音能之氏は述べる（『「出雲」からたどる古代日本の謎』青春出版社プレイブックス）。それに賛成したい。もちろん、大和との交流を介してではなく、出雲との直接のものと考えたい。『風土記』の中の「詞章」と「神社名」で「消し忘れた」のは、その点で、多分意図的であったと思われる。

順序が前後するが、「童女の胸鉏《すき》取らして」については、鉏の湾曲が、幼女の胸の未発達さを連想させるという、エロティックな比喩表現になっていると言っていいだろう。さらに、西郷信綱氏は、もう一歩踏み込んで、ここで、志羅紀の枕詞になっているタクブスマ＝白（志羅紀）の、白い夜具が、この「童女の白い胸を喚び起こす役をしている」と指摘しているのに惹かれる（『出雲国風土記　国引き考』《リキエスタの会》）。

ついで、北門《きたど》の佐伎国から引いてきたのが、多久の折り絶えと、狭田の国だという。支豆支の御崎には、杵築大社があるように、多久には多久神社があり、狭田には、佐太大社がある。ついで良波の国から引いてきたのが、宇波の折り絶えから闇見《くらみ》の国だという。闇見については、闇見社があるが、宇波については、宇波社はない。神社の話に移る前に、北門の佐伎国と良波国についてみておこう（内田律雄著『出雲国造の祭祀とその世界』大社事業団刊から)。

隠岐島は島前三島と島後一島の計四島からなり、佐伎国はそのうちの島前三島の古い「クニ」名であったと考えられよう。北門の今一つの「クニ」の良波国は今のところ遺称地を見出せない。しかし、いずれも北門にあることから隠岐島のいずれかであり、島後を指している可能性が高い。

良波を逆写とみて、波良として、ハラ(原)という地名に比定する説がある(植垣節也氏、瀧音能之氏)。いまだに決定はしていないというべきか。宇波については、「うなみ」と読めば、その地がどこにも見当たらない。関和彦氏は「ウバ」と読むことを提唱して、美保関町の、下宇部尾と松江氏の上宇部尾の当たりを考えているようである(『出雲国風土記註論　総記　意宇郡条』島根県古代文化センター)。

神社である。終わりの三穂崎には美保神社がある。宇波以外は神社がある。つい、何故かと問いたくなる。だがこの問いは、文献に書かれてある地名には、必ず比定されるべき現地があるという前提に立ってのものである。現地調査をすればするほど、この考えに取りつかれるのは止むを得ないが、執着しすぎると、どこかに比定すべき現地を作り上げてしまうという、落とし穴も待っている。

繰り返しになるが見てみる。最初に引いてきた国は、支豆支の御崎である。次に引いてきた国は、狭田の国である。ついで引いてきた国は、闇見の国であり、最後に引いてきた国が、三穂の崎である。そして、国引きを終えたのが、意宇の杜となる。ところが、現行の『風土記』を見ると、律令制定後に郡名に統一整理されたなかにこれらの「国名」は無いのである。しかし、その国名にかかわるであろう神社名は記録されて残り、神社も残されてある。どういうことだろうか。簡単に考えれば、『風土記』編纂者は、神社名や神社は消すことはできなかったが、「国名」を「郡名」にすることはできた。それに際して、「国名」を消せたということである。

支豆支の崎は出雲郡に、狭田の国、佐太神社は秋鹿郡に、闇見の国、久良弥社は島根郡に、美保神社も島根郡に、所属することになった。国《くに》が郡《くに》に変更を強制されたときに、このような配置になったのである。そういうことを、この「詞章」は教えてくれる。そしてそれは、律令制国家が、編纂過程で、敢えて残したもの、あるいは残さざるをえなかったものがあったと解すべきではなかろうか。なぜ、残さざるを得なかったのか。それは残さないと、統治が円滑にいかないという問題が当然あるだろう。大和が残したいもの消したいもの、あるいは出雲国造が残したいもの消したいもの、その双方の折り合いの結果が、いまある『風土記』と言えるのではなかろうか。

（「風土記散抄（2）」『白鳥』第11巻第7号（通巻一二七号）二〇〇四年七月）

八束水臣津野命

一九八四（昭和五九）年、島根県斐川町の神庭荒神谷《かんばこうじんだに》で、銅剣が発見された。その数、三五八本。それまでに日本中で発見されていた銅剣の総数を上回る本数が一か所から出てきた。そこは、現在では「荒神谷史跡公園」となって整備されて、レプリカが発見当時の様子を再現してくれている。言うまでもなく、古代史研究者の認識変換を余儀なく迫る発見であった。後日談になるが、地元の研究者が雑談の中で「三九九本だったら面白かったのにな」と言ったので、思わず笑ってしまったことを思い出す。『出雲国風土記』冒頭に、「出雲国には神社が三九九社ある」と書いてあるからだ。そうすれば、神社に一本ずつという仮説が立てられるということだった。そうなれば「神国出雲」のイメージがさらに補強されたであろう。無論、冗談以上にはならなかったのだが。

ついで一九九六（平成八）年、今度は加茂岩倉から、銅鐸が三九個出土した。その時は、中途半端な数に対して「もう一個どこかにあるのではないか」というお粗末な冗談が誰からともなく出ていたが、それはともかく、漠然とながら、この二つの出来事は、古代出雲を、『古事記』『日本書紀』の世界から分かつような気にさせはじめたのだった。記・紀神話の中で重きをなす「出雲神話」を、最近は「出雲系神話」と呼んで、出雲在地のものを「出雲神話」と呼ぶように区別するようになっているが、その「出雲系神話」で、つまり、『古事記』や『日本書紀』で出雲に目を向けるようになり、現地を訪ねるようになった者としては、いささか複雑な気分にならざるをえなくなり始めていた。出雲に惹かれたのは、『古事記』の「出雲系神話」であるからだ。出雲神話を知りたいのなら、『出雲国風土記』を読むべし、と押しつけられるのも、気持ちのいいものではない。『風土記』だけを読んで、記・紀を見て見ぬふりというわけにもいかないだろう。

三九九の神社がある（正確には、神社名が記されてあると言うべきか）と書いたけれども、実は、軽く読み過ごすような問題ではない。神社の社格を言うときに、よく「式内社」という言い方をする。これは『延喜式』の「神名帳」に記載されているか否かを言っている。つまり、『延喜式』編纂時期に存立していた由緒ある神社というお墨付きがあるかないかということなのだが、その『延喜式』の完成が九二七年。『出雲国風土記』の出来上がりは、それよりも遡ること二百年ほど前の、七三三（天平五）年であるから、「式内社」よりも古い由緒ということになる。その三九九の神社が、すべて今でもそのままの姿で残っているなどとは、無論、言えない。言えないが、そうであろうと比定できる神社は、残っている。残っているなどと訳知り風に言っているが、正直に言って、私が実地見聞に出かけたのは、たかだか百余社にすぎない（近々刊行されるはずの、関和彦著『出雲国風土記註論』には、本文注に加えて主要な神社が写真入りで収められている）。神社である以上は、祭られる神があるわけで、それは『出雲国風土記』に登場する神々であること、いうまでもない。しかし、そこに大きな謎が一つある。『出雲国風土記』冒頭の、著名な「国引き神話」の主人公である神、八束水臣津野命《やつかみずおみづぬのみこと》を祭る神社が無いという謎である。これは、本居宣長が『古事記伝』でおまけのように指摘していて、西郷信綱著『古事記注釈』ではそのまま紹介されている。長くなるが、八束水臣津野命の「国引き神話」を引用しておこう（引用は『新編　日本古典文学全集』を基にしている）。

意宇《おう》と号くる所以は、国引き坐しし八束水臣津野の命、詔りたまひしく、
「八雲立つ出雲の国は、挟布の稚国なるかも。初国小さく作らせり。故れ、作り縫はむ」と語りたまひて、
「栲衾志羅紀《たくぶすましらぎ》の三埼を、国の余りありやと見れば、国の余りあり」と詔りたまひて、
童女の胸鉏《むなすき》取らして、大魚の支太《きだ》衝き別けて、波多須々支穂《はたすすきほ》振り別けて、三身の綱打ち　挂けて、
霜黒葛闇《しもつづらくる》や闇やに、河船の、毛曽呂毛曽呂に、国来国来《くにこくにこ》と引き来縫へる国は、去豆《こづ》の折絶《おりたえ》よりして、
八穂爾支豆支《やほにきづき》の御埼なり。此くて、堅め立てし加志は、石見の国と出雲の国との堺なる、名は佐比売山、
是なり。亦、持ち引ける綱は、薗の長浜、是なり。亦、「北門の佐伎の国を、国の余りありやと見れば、
国の余りあり」と詔りたまひて、
童女の胸鉏取らして、大魚の支太衝き別けて、波多須々支穂振り別けて、三身の綱打ち挂けて、
霜黒葛闇や闇やに、河船の、毛曽呂毛曽呂にに、国来国来と引き来縫へる国は、多久《たく》の折絶えよりして、
狭田の国、是なり。亦、「北門の良波の国を、国の余りありやと見れば、国の余りあり」と詔りたまひて、
童女の胸鉏取らして、大魚の支太衝き別けて、波多須々支穂振り別けて、三身の綱打ち挂けて、
霜黒葛闇や闇やに、河船の、毛曽呂毛曽呂にに、国来国来と引き来縫へる国は、宇波の折絶えよりして、
闇見《くらみ》の国是なり。亦、「高志の都都の三埼を、国の余りありやと見れば、国の余りあり」と詔りたまひて、
童女の胸鉏取らして、大魚の支太衝き別けて、波多須々支穂振り別けて、三身の綱打ち挂けて、
霜黒葛闇や闇やに、河船の、毛曽呂毛曽呂にに、国来国来と引き来縫へる国は、三穂の埼なり。持ち

引ける綱は、夜見の嶋なり。固堅め立てし加志は、伯耆の国なる火神岳是なり。「今は国は引き訖へつ」と詔りたまひて、意宇の杜に、御杖衝き立てて、「意恵」と詔りたまひき。故れ意宇と云ふ。

意宇という地名の起源説話という体裁をとっているが、国土を奪いとる神話である。「おゑ」つまり「終えた」と言ったので、意宇という地名となったということである。その地に比定されている場所は、なんとも貧相な所であり、なんでここが国引き神話と係わるのだろうかという体のものでしかない。地名の由緒の大切さは、由緒がなければ、地名として価値がないと言ってもいいくらいのものだが、それについては、後で論じてみたい。今は、八束水臣津野命についてである。先にも述べたように、本居宣長は、この神を祭っている神社が出雲にはないと指摘していた。しかしながら現在はある。ただし、いつ祭神にしたのかというややこしい問題があるので、宣長を支持しておきたい。この神はどのような神であるのか。『古事記』上巻の、「八俣の大蛇退治」の神話終わり、ハヤスサノヲからオホクニヌシまでの系譜語りの中に「淤美豆奴神《おみづぬのかみ》」(大水の神)が出てくる。この神が、八束水臣津野ではなかろうかと、推測やら断定する説が出されている。断定して構わないと考える。その根拠の第一は、出雲系神話の中に登場していて、「オミヅヌ」という名前であれば、その可能性は十分と言える。次なる根拠として挙げられるのは、その系譜を見れば、オミヅヌの祖母が「日河比売《ひかはひめ》」であることである。これは、出雲の斐伊川を神格化した神と言えよう。地名と神名では、地名が先にあったと考えるのが順当である。ここは、出雲の地名を、『古事記』の系譜が吸収したと神名と考えるべきである。ちなみに、斐伊川はひかわと読む。もとは樋河で、樋一文字であったのが、のちに二文字にさせられた。

話はそれるが、上代特殊仮名遣いからみると、樋と斐は乙類、『古事記』での表記は「肥河」となっていて、肥も乙類で、齟齬はないのだが、「日河比売」の日は甲類である。神名と地名で、甲乙分かれている点は気になるが、これは、地名と神名との差異化をはかったものと考えておきたい。蛇足ながら、上代特殊仮名遣いの、甲乙の分類も、そろそろ限界が見えてきているようでもあることを、付加しておこう。

話をもどすが、日河比売がそうならば、「オミヅヌ」も、『古事記』が出雲の神を吸収したのかというと、宣長の疑問にもあるように、地元に祭られてない神が『風土記』に登場しているという点を考慮すれば、これは、『古事記』が『風土記』に押しつけた神であると考えるべきということになろう。八束水臣津野は土着神ではないのである。次に、同一性の三つ目の根拠を提示しよう。実は、『風土記』内に、オミヅヌが二回登場している。出雲郡と神門郡だが、そこを読めばますます疑問の余地はなくなる。出雲郡の方を引用する。

伊努郷。郡家の正北八里七十二歩なり。国引き坐しし意美豆努の命の御子、赤衾伊努意保須美比古《あかぶすまいぬおほすみひこ》佐倭気能命《さわけのみこと》の社、すなはち郷の中に坐す。故れ、伊農と云ふ。

「国引き坐しし」と振られているのだから、これは八束水臣津野と同神と考えるしかない。イヌの地名起源となった、子の神の名、その意味するところは、アカブスマイヌオホスミヒコサワケノミコトについては、『出雲国風土記参究』（加藤義成著。この著書は、初版、再版、修訂版の三版がある。それぞれ微妙に違っている）は次のように解説している。

赤衾は寝具、すなわち夜具の意で、地名の伊努が寝る意の古語寝ぬに通ずるので、赤い衾（寝具＝臥す裳の意という）をかけて寝ぬるの意で地名の枕詞としたのである意保須美比古は大州見日子、すなわち斐伊川の沖積地の砂州を見守る彦神、すなわち男神。

オホスミを、「大住み」と解釈して、大地に住む神と考える説もあるが、オミヅヌの子であるのであれば、加藤説も首肯できるのではないか。回り道をしているが、要は、オミヅヌそのものを祭っている神社はないということだ。そうすると大問題がある。『古事記』中の系譜の事だ（中西進著『天つ神の世界 古事記を読む1』参照のこと）。スサノヲとクシナダヒメとの間に、ヤシマジヌミが生まれる。ヤシマジヌミはコノハナチルヒメ（木花知流比売、花が散るということの意味については、ここでは、単に不吉さの予兆としておくにとどめたい）とのあいだにフハノモジクヌスヌを産むが、これがヒカハヒメ（日河比売）と結ばれて、フカフチノミズヤレハナを産む。「水破れ」の意と考えられる。その神とアメノツドヘチネとの間に、オミヅヌが生まれるのである。アメノツドへのツドへは、「集へ」であろう。川の神から、「水破れ」と「集へ」が生まれるのを、川の氾濫と修復の神の誕生と考えていい。『古事記』では、そこから、オミヅヌ（大水）の神が誕生する。それと同神と考えられる八束水臣津野が、『風土記』では国引き神話の主人公となるのである。引用した国引き神話を読めば、八束水臣津野は、土木灌漑の作業に近い仕事を、中心となって行っている神である。そのオミヅヌの子が天之冬衣神であり、その神と刺国若比売との間に生まれるのが、大国主命ということである。冬衣と若比売とは、冬から春への再生を含んだ名前であろう。そこから整えられた大地の主としての大国主命が誕生するという系譜は、お見事である。ここまで見てくれば、大きな問題がここに隠されているということに気づかないだろうか。それは、「国譲り」の神であるはずの大国主命が、実は、在地の神ではないオミヅヌに「国譲り」されていたのではないかということだ。大地を造成して小さな国々を整えたオミヅヌが大国主に国を渡すという神話が、ここに来て見えてきたということが言えないだろうか。

（「風土記散抄（1）」『白鳥』第11巻第4号（通巻一二四号）二〇〇四年四月）

秋鹿郡大野郷の「狩人」

確として、こうあるべしという結論にはならないが、誤写説を一つ提出したい。

『出雲国風土記』「秋鹿郡」の「大野郷」の条である。

大野郷、郡家正西一十里廿歩。和加布都努志命、御狩為坐時、即郷西山狩人立賜而追㆓猪犀㆒、北方上之、至㆓阿内而谷㆒而其猪之跡亡失。爾時詔、自然哉、猪之跡亡失。詔。故云㆓内野㆒。然今人猶誤大野号耳。

大野郷、郡家の正西一十里廿歩なり。和加布都努志命、御狩し坐しし時、この郷の西の山に狩人を立て賜ひて、猪犀を追ひて北の方に上りたまふに、阿内の谷に至りてその猪の跡亡失せき。爾時詔りたまひしく、「自然なるかも、猪の跡亡失せぬ。」と詔りたまひき。故、内野と云ふ。然るに今の人誤りて大野と号くるのみ。(1)

原文ならびに訓読文の傍線部、「狩人」の文字についての疑問をここに記して、大方のご批判をいただきたいというのが、この小文の目的である。

私の読みえる活字本の諸本、ほとんどが、ここを「狩人」としている(2)。引用に利用させていただいた、田中卓氏の「校訂・出雲国風土記」も、頭注に「狩—萬本モ同ジ。倉本・畑本作『持』非ナリ。」とされてあり、底本とされた『出雲風土記鈔』、萬葉緯本は「狩人」。倉野氏甲本と細川氏本は「持人」としているが、それは取らないとされている。確かに、「持人」では本文の意味をとりかねる。

幸いなことに、秋本吉徳氏編の『出雲国風土記諸本集』（勉誠社刊）という、ありがたい書物がある。田中氏が底本とされた『出雲国風土記鈔』はないものの、細川氏本、倉野氏本、萬葉緯本、さらに日御碕本の影印本が掲載されている。当該部分のコピーを掲げる。

A　萬葉緯本（勉誠社刊本、四八三ページ）

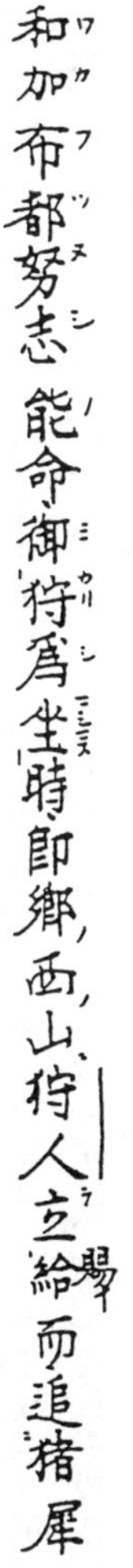
和加布都努志能命御狩爲坐時即郷西山狩人立給而追猪犀

B　日御碕本（同、三二六ページ）

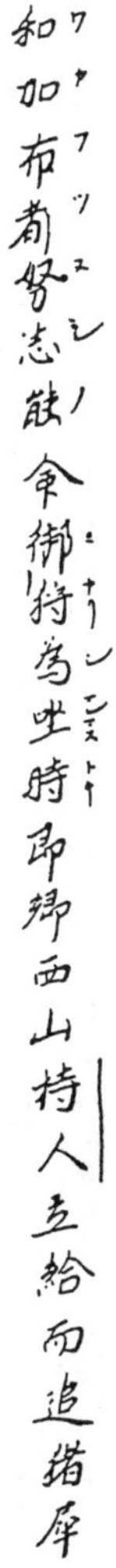
和加布都努志能命御狩爲坐時即郷西山持人立給而追猪犀

C　倉野氏本（同、一九二ページ）

和加布都努志能命御狩爲坐時即郷西山持人立給而追猪犀

D　細川氏本（同、五四ページ）

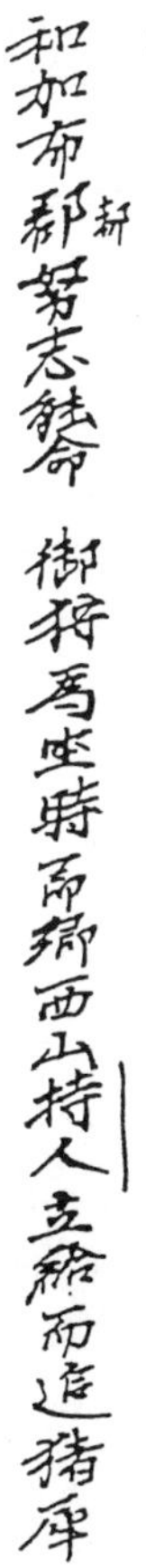
和加布都努志能命　御狩爲坐時即郷西山持人立給而追猪犀

それぞれの傍線部に注目していただきたい。田中氏の頭注に書かれてあるとおりだが、B・Cの日御碕本と倉野氏本の「持」という文字がいささか、私が活字慣れしているためか、不完全な「持」の字にしかみえない。が、やはり「持」の字であるというところか。いや、実は活字慣れというばかりではなく、次の『古事記』の説話を連想すると、どうしても、「持」の字が気になる。

『古事記』上巻、大国主命（大穴牟遅神）の件。そこに、猪の説話があるのは、知られているとおりである。八上比売を得られなかった八十神が怒って、大穴牟遅神を殺そうとする件である。

大穴牟遅神を殺さむとし、共に議りて、伯岐の国の手間の山本に至りて云ひしく、「赤き猪、この山にあり。かれ、われ、共に追ひ下せば、なれ待ち取れ。もし待ち取らずは、必ずなれを殺さむ」と、云ひて、火持ちて猪に似たる大きな石を焼きて転ばし落としき。しかして、追ひ下すを取らす時に、すなはちその石に焼き著かえて死にき。

（『新潮日本古典集成　古事記』西宮一民　校注より）

猪には失礼ながら、首が思うようには使えない習性で、臨機応変に左右に進めず真っ直ぐに、つまり、猪突猛進がこの生き物の特徴であってみれば、この大国主命（大穴牟遅神）の説話はよくわかる。真っ直ぐに落下する焼かれた赤岩と赤猪とは、間違えやすいモノということであろう。そこで、追う側が、追う方向に誰かを待たせておけばそれなりにうまくいくという狩猟の仕方のあったことを、この説話は教えている。換言すれば、冒頭に引用の、大野郷の説話と同類の「猪狩説話」であると言えないか。であるならば、追われた猪を、「狩人」が待つのも確かにわかりやすいのであるが、「待人」という役割の者があってもいいのではないかと、考えたしだいである。つまり、「狩人」の誤写としての「持人」などという小さな飛躍でなく、別系統の写本があり、[3]「持人」は「待人」の誤写ではなかったかと、推測したしだいなのである。

推測の根拠は、他にもある。倉野氏本・細川氏本ともに、「寺」を旁とする文字の共通の誤写が別箇所にもあるのだ。次に先に引用の『諸本集』より同じくコピーで掲げる。

倉野氏本（二四八ページ）

細川氏本（二一〇ページ）

誤写というには初歩的にすぎるものではあろうが、ここでは傍線部双方とも「持」とすべきを「時」としている。とすれば、先学の研究を利用させていただきつつも、この部分だけで言えば、「持」を「時」としている元の本があったと言えよう。それを双方が忠実に筆写したのであり、誤写はそもそもその元の方であったのだ。とすれば、それと同じく、「待」を「持」としている、倉野氏本・細川氏本の元になった共通の

本があったとの説を支持すべきであろう。[4] おしむらくは、「待人」という語句そのものを、『風土記』の中から私が探し出していないということがあるが、このような仕方での、誤写説の提起もありえるかと考えたしだいである。

推測の根拠の別のもう一つは、猪狩りの仕方にある。島根県飯石郡頓原町の青少年健全育成会議で発行している「ふるさととんばら　みんぐ」という冊子のなかに、「ししやり」の項目があり、「追われて激しく走ってくるのを待ち受け、突くのであるが、突くというより猪が走り寄ってくる速力を利用して、槍と体で猪を受け止めて突くという恰好である[5]」という記述が見られる。ここにいるのも「待人」ではなかろうか。

冒頭、『出雲国風土記』の大野郡の条の、和加布都努志命が狩りをする際に、「西の山に」「狩人」を立たせたのか、「待人[6]」を立たせたのか、どちらでも意味が通ずることになるであろう。しかし、写本に「持人」とあるのを「待人」の誤写であるとできるならば「持人」という、意味不明な文字も生きてくるということになる。誤写説として、このようなアプローチもあろうかという、ささやかな提起である。

注

（1）引用は、『田中卓著作集8　出雲国風土記の研究』（国書刊行会）所収の「校訂・出雲国風土記」をもととしている。また、この逸話そのものについての考察は、別稿を用意している。

（2）『日本古典文学大系本』『角川文庫本』『修訂出雲国風土記参究』など。

（3）注1に所収の、「出雲国風土記諸本の研究」。

（4）注3並びに、秋本吉徳編『出雲国風土記諸本集』（勉誠社）の、秋本氏の解説を踏まえさせていただいている。
（5）島根県飯石郡頓原町頓原町青少年健全育成会議編集、『ふるさと　とんばら　民具』。
（6）「待人」の訓みについては、決定的な私案を得ていないが、「マチヒト」もしくは「マツヒト」になるかと想定している。

（「出雲国風土記・大野郷の「狩人」をめぐって」『風土記研究』第18号　風土記研究会　一九九四年六月）

出雲びとと猪

猪の肉は、美味である。今も昔もかわらないようだ。いまでは人を欺くのに、羊頭狗肉という熟語が定着しているが、かつては、猪頭狗肉という言葉もあった(1)。猪は、身近な動物であったのだ。

ここでは、古代出雲びとが、どのように猪とつき合っていたかを見てみたい。

『出雲国風土記』の各郡末の、山野に生息する「禽獣」の記載のされかたには、一定の基準がある(2)。半島側には、熊と猿はいない。そして『出雲国風土記』の世界では、猪と鹿はまんべんなく生息し、記載は猪が先行しているということになる。逆に言えば、どの地域でも猪は重要な動物であったということである。無論、猪は「いのしし」であり、鹿は「かのしし」であれば、双方とも、「しし」であることに違いはなく、あえて猪が先行していると言う必要もないのであろうが、しかし、記載者の、猪の先行記載を、やはり重視したい(3)。それでは『出雲国風土記』の説話の中の猪を見ていこう。意宇《おう》郡の宍道《しじ》郷である。

宍道郷。郡家の正西卅七里なり。天の下造らしし大神命の追ひ給ひし猪の像、南の山に二つあり。一つは長さ二丈七尺、高さ一丈、周り五丈七尺。一つは長さ二丈五尺、高さ八尺、周り四丈一尺。猪を追ひし犬の像長さ一丈、高さ四尺、周り一丈九尺。その形石となりて、猪と犬とに異なることなし。今に至りても猶あり。故《かれ》、宍道と云ふ。

説話そのものの考察は別にして、(2)ここでは、狩猟形態として、猪を犬に追いかけさせる形態の記述があること、石に対する信仰がそれに絡んでいるらしいことを確認できればよいであろう。特に前者については、弥生時代の銅鐸《どうたく》に描かれた絵を思わされて(4)興味深い。猪狩りということになると、『古事記』の出雲神話と称されるなか、大国主命《おおくにぬしのみこと》が、八十神に殺される話も思い出さなくてはならないが、しかし、なんといっても、『出雲国風土記』の次の説話が、謎をはらんでいて面白い。秋鹿郡《あいか》である。

大野郷。郡家の正西一十里二十歩なり。和加布都努志能命《わかふつぬしのみこと》御狩りしましし時、即ち、この郷の西の山に待人を立て給ひて、猪犀を追ひて北の方に上りたまひしに、阿内《くまぬち》の谷に至りて、その猪の跡、亡《う》失せき。そのとき詔りたまひしく、自然なるかも、猪の跡亡失せぬ。と詔りたまひき。故、内野と云ふ。然るに今の人、猶誤りて大野と号くるのみ。

ワカフツヌシの、猪犀の狩りの失敗譚として、読まれる可能性の高い内容である。西の山に待人を立たせて、北の方角へ上るという記述の、その不自然さについては「巻狩り」(5)説という、狩猟形態からの解釈が魅力的である。ここでは、別の一点、「自然なるかも（自然哉）」といった点を問題にしてみたい。猪を見失って「なるべくしてなった」と呟くその理由が、釈然としていないからである。ここに、どうも古代出雲びとの信仰の一端をかいま見ることができるような気がするのである。考えるヒントは、南米、アマゾンの隣に位置する、パンタナールの森の精「カイポーラ」の話である。

「カイポーラはすべての動物を支配しており、人間（インジオ）に対してどの動物をいくらぐらい獲ってよいかの許可を与える。許可の範囲で動物を獲るぶんにはまったく問題はないのだが、許可の範囲を超えて人間が乱獲するとカイポーラは怒り出す。怒ったカイポーラはケイシャーダにとび乗って森の中を走り回り、棒をふりまわしてすべての動物を逃がしてしまう。また、カイポーラは超能力をもっており、雨や風や雷を自由に呼ぶことが出来るから、暴風や雷に猟師を襲わせ動けなくしてしまう。（略）とにかく、カイポーラとの約束を破ったら、人間は徹底的に痛めつけられるし、またそれが当然なのである。[6]」

南米の話を古代出雲にあてはめるのは無理であろうと言われれば、それはそうかもしれないと答えるしかないが、逆に、これで説明ができればこれほど面白い例もないというものであろう。猪は貴重な資源であったのである。乱獲による資源の消滅は、自分たちの消滅をも意味した。それを神が教えてくれる。無論、神は人々がつくったものである。人々は自分たちにそのような神が必要であるとして、誕生させたのである。それは信仰としてつづいた。このカイポーラの話は、考えれば、痛烈な現代文明批判となっていないか。

ワカフツヌシの猪狩りの説話を、森の精（山の神という言い方でもいいのであろうが）による、乱獲を戒める話として読み取れば、「自然なるかも」としたワカフツヌシの言葉が解釈可能となる。狩猟の民としての、古代出雲びとの一つの信仰であり、乱獲への警告としての神の行いなのである。そのように考えれば、猪狩りの現場で、取り逃がした猪に対して、「自然なるかも」という台詞を呟くのは、それこそ、自然なものとなるのである。では、視点を変えて、その森の精（山の神）を古代出雲びとが祀《まつ》った形跡はあるのか、それについて述べておきたい。ある、と断定するにはいささか心細いのではあるが、一つのある神社を、その形跡として想定し得るのではと考えている。神社名を明らかにする前に、説明が要る。

出雲という地域に限定されるものではないが、「のたうちまわる」という言葉がある。現代でも広く通用している言葉だが、語源は、猪に関係しているらしい。「猪や鹿は、水のじくじく湧き出すような所で、泥の中に転がり、松などの根元へ、体をすりつける。これを『ヌタ打チ』といい、その場所をヌタ場という[7]」。「『ぬた』とは『沼田』で、猪が転げまわって泥を背や腹になすりつける場所のこと。（略）そこで、ひとりきりで獲物を待ち受ける狩りのことをぬたまちという[8]」。「のたうちまわる」のは、猪や鹿が「ぬたうちまわる」ことなのである。その「ヌタ」を名前に冠する神社が、『出雲国風土記』に見えている。先に見たワカフツヌシの説話と場所を同じくする、秋鹿郡の大野に鎮座する「奴多之社《ぬたし》」である。現在も、それに比定される神社が同名で現存しており、ひっそりというべきか、地元の人々に祀られている。「ヌタ」を湿地とする考えには反対すべくもないが、であるからと言って「ヌタシ社」を、単に湿地の神社と解する見解には賛成できない。神社の成立がそれほど簡単であるだろうか。「奴多之社」の創建は、猪や鹿にかかわる信仰からである可能性を重視したい。現在、「奴多之社」の前には水田が広がる。古代、どうであったかは分からないが、水田であったかもしれない。しかも、猪や鹿に対する信仰は、決して、狩猟の民の活躍する猟場、山の中だけではなく、農耕の民の生活する場にもあったことを、次の資料から知ることができる。逸文《いつぶん》であるが、同じ風土記の、『山城国風土記』である。

妹《いろせ》、玉依日子《たまよりひこ》は、今の賀茂の県主《あがたぬし》等が遠つ祖《おや》なり。其の祭祀の日、馬に乗ることは、志貴島の宮に御《あめの》宇《したしろ》しめしし天皇の御世、天の下国こぞりて風吹き雨零《ふ》りて、百姓《おおみたから》含愁《うれ》へき。その時、卜部《うらべ》、伊吉《いき》の若《わか》日子《ひこ》に勅して卜《うら》へしめたまふに、すなはち卜へて賀茂の神の祟《たたり》なりと奏しき。よりて四月の吉日を撰びて祀《まつ》るに、馬は鈴を係け、人は猪の頭を蒙りて駆馳《は》せて、以て、祭祀をなして、能禱《よくね》ぎ祀らしめたまひき。よりて五穀成就《ごこくみの》り、天の下豊平《ゆたか》になりき。馬に乗るはここに始まれり。

この説話の眼目は、乗馬の始まりであろうが、やはり猪の頭をかぶって、祭祀に参加する人々の光景の描写は見逃せない。しかも、この説話から、「猪の頭」と「五穀成就」という、狩猟と農耕の混合した祭祀形態が見てとれる。ワカフツヌシの狩猟の場面では、農耕社会の側面は見えない。しかし、ここには出雲国の資料ではないとしても、猪が農耕社会に協力する形で登場している。おそらくこのような祭祀は、「奴多之社」のあることを考えると、出雲でも同様に行われていたのではなかろうか。猪は農耕の民に敵視されてばかりいた存在ではなかったのである。

注

(1) 太田晶二郎「ブタの初見」『太田晶二郎著作集』三　吉川弘文館　一九九二年。
(2) 内田律雄「『出雲国風土記』意宇郡宍道郷の地名起源説話」『風土記研究』第3号　一九八六年。
(3) 『万葉集』中には「鹿猪」と鹿を先行させる記載（巻12等）もある。
(4) 佐原真「銅鐸」『日本の原始美術』7　講談社　一九七九年。

（5）関和彦「『出雲国風土記』註論　その一　秋鹿郡条」『古代文化研究』第4号　一九九六年。
（6）中隅哲郎『パンタナール』無明舎出版　一九九〇年。
（7）石上堅『日本民俗語大辞典』おうふう　一九八三年。
（8）網野善彦・大西廣・佐竹昭広編『鳥獣戯語』（『いまは昔むかしは今』3）福音館書店　一九九三年。
（「古代出雲びとと猪―『出雲国風土記』の説話から―」『古代出雲文化展―神々の国　悠久の歴史―』島根県教育委員会　一九九七年四月）

比売埼伝承のこと

古典を読んでいて、困ったなと思わされる時が多々ある。たまたま写本（多くの場合影印本であるが）を確認したところ、翻刻された文字とは全く異なっている文字と出会うというのも、その一つである。近代文学でも、自筆原稿と初出雑誌と単行本との本文異同チェックが、似たような問題を抱えていよう。テキストクリティクの基本なのだけれども、その基本に係わる問題が、『出雲国風土記』の本文にも当然ある。「比売《ひめ》埼《さき》伝承」と呼ばれている有名な説話の比売埼の文字は、ほとんどの写本では「邑売埼」となっていて、これでは「イフメサキ」あるいは「オフメサキ」とでも読むしかないはずなのだが、現在流通している諸本では、すべて「比（毘）売埼」となっている。さかのぼって、江戸時代の版本ですでに「毘売埼」となっているのだから、思考停止という訳になる。無論、いままでの研究者が目をつぶっていたわけではなく、誤写説（加藤義成氏他）、そのままオフ（イフ）メサキと読むべき説等々が出されたりしてはいるが、結局のところ誤写説を柱にして、実際安来市には「ひめさき」があり（ヒメを葬ったとされる「古墳」もある）、そこを舞台にした伝承ということでいいのではないか、そういうことで諸本は「比（毘）売埼伝承」と決めているのである。さらにまた「毘」の字の方が「邑」字に似ているから、「毘」の字を優先させる場合が多いようだが、これは、随分と危ない、姑息な結論と指摘されても仕方のない「通説」ということになるだろう。その事を述べた後で、こう言うのも自らを裏切る行為なのだが、ここで別案を提示できない以上、残念ながら私も、姑息な通例の「比売埼」をつかわせていただかざるを得ない。『出雲国風土記』の比売埼伝承の概略を以下に提示する。

天武天皇時、甲戌の歳（六七四年）の七月十三日に、語臣《かたりのおみ》である猪麻呂《ゐまろ》の、娘が、比売埼にいたところ、ワニが出てきて、襲われて殺されてしまった。父は殺された娘を、浜のほとりに埋葬して、怒り、天に叫び、地に踊り、歩いては嘆き、娘の周りを去ることはなかった。そして、娘を殺したワニを、私に殺させよと、復讐の要求を神に訴える。するとその訴えが通じたかのように、百余のワニが一匹のワニを囲むようにして現れ、猪麻呂のもとへとやって来る。猪麻呂はその囲まれて運ばれてきた一匹のワニを鋒で刺し殺す。そこで囲んでいた百余のワニは去っていく。猪麻呂は殺したワニの腹を割く、と、そこからは殺された娘の片足が出てくる。その後、そのワニの肉を切り裂いて、串に刺して道のほとりに立てたのであった。（猪麻呂は安来の人で、語臣与《あたふ》の父である。その時から今まで六十年が経った。）

概略であるから、正確さに欠けるかもしれないが、要点は押さえたつもりである。順を追って考えてみよう。甲戌（六七四）の年についてである。最後の（　）に入れた割注に六十年前の事とあるから、加算すれば、記述の現在年は七三四年となる。『出雲国風土記』の成立年は七三三年とされているから、年代的にはうまい具合に計算が合う。編纂者が数合わせをしたかという詮索はよそう。七月十三日という、これまたはっきりとした期日が示されるのは、語り手に重く伝承されていたということではあるまいか。これは、命日ということになるのだろうか。

その日、猪麻呂の娘が比売埼をさまよっていたということになる。地名が先なのか、それともこの事件があって比売埼という地名が定着したのかという先後関係は、議論する必要はない。地名が先にあったのである。『風土記』によくある地名起源説話のパターン、事件があって比売埼という地名ができたのだと、ここでは書かれていないのだから、地名が先にあったと、解釈していいはずである。そこのところは、本文を引用して確認しておこう。

北の海に比売崎あり。飛鳥浄御原の宮に御宇しめしし天皇の御世、甲戌の年七月十三日、語臣猪麻呂の女子、件の埼に逍遥ひてたまさかに和爾に遇ひ賊はえて皈らざりき。

先掲の概略の冒頭部分の本文ということになるが、「件の埼」でワニと出会ったとあるとおり、比売埼は、ヒメが殺される前にすでにあったのである。

ついで、娘が殺された後の、父、猪麻呂の動きである。これも、本文を提示しておこう。

大《いた》く苦憤《いきどお》りを発《おこ》して、天に叫び地に踊り、行きては吟《さま》よい居ては嘆き、昼夜辛苦して斂《おさ》めし所を避ることなし。

これを、葬送儀礼ということで解釈していいのだろうか。それとも、娘を失った父親の普通の行為として解釈すべきなのだろうか。このあとに、神に向かって、ワニへの復讐を求める父親の行為を読めば、葬送儀礼のように解釈できる。不幸な死に襲われた身内についての、家主がとるべき行動の決まりだったのだろうか。シャーマン的な動きであるようにも読み取れる。特に、この父親は「語りの臣」だったのである。語りの臣とは何か？

『新撰姓氏録』には「天語連」が出てくる。この「語りの臣」と関連があるのだろうか。それよりも「語部（カタリベ）」の問題がある。積極的に語部の存在を認めようとする、上田正昭氏のような歴史学者は少数派であって、多くの歴史家たちはあっさりとその存在を否定してしまうのだ。無論、否定するには根拠があって、史料の少ない部民制のなかで「語部」の史料が更に少なく、文献的証拠がないに等しいからと言うわけだ。「部」とする以上は、当時の権力制度の側にいたことになり、その性格もはっきりできるはずなのに、それができていないのが現状だからである。私としては部民制のなかに組み込まれていなくても、「語りの集団」があったというだけでもいいのだが、そうなると歴史学からは離れた問題になるかもしれない。歴史学から離れることにためらいはないが、できれば歴史学と併走していたいとは思っている。それはそれとして、ここでは語りの臣が、どのように語りをしていたかを問題にしてみたい。ただ淡々と語っていたわけではあるまい。シャーマン的に動きながら、あるいは踊り舞いながら、語っていた可能性が高い。そうすると、語りの臣猪麻呂はシャーマンであった可能性も出てくる。死んだ娘の再生を祈ったのだ。しかし、娘は甦ってはこない。次なる行動はワニに対する復讐となるしかなかろう。

ワニについては、当時、この近辺に生息していたのだろうと考えるべきだが、しかし、動物園にいるアリゲーターとかクロコダイルのようなワニではなかったと考えるのが普通だろう。いや、研究者のなかには、かつては温暖な海だったので、いまでは南方にいるワニが当時は出雲にもいたのだろうとする面白い説もある。が、私はそれは採らない。サメの事を出雲地方ではワニザメと呼んでいるから、それの事だろうという説に賛成するしかない。

猪麻呂は、娘を殺したワニを私によこせと、神に要求するのである。すると、一匹のワニを囲んで百余匹のワニが現れる。シャーマン猪麻呂と神との交感が成立したのである。祈り訴えが通じたというよりは、交感という方がここでは相応しい。百余匹のワニは、犯罪者たる一匹のワニを猪麻呂に差し出すように、謝罪の念がこめられていたかは別にして、おそらく神に命じられて囲んで連れてきたのである。この神が何であったのかを問うならば、海を支配する神であり、語りの臣、猪麻呂と交感し合える神なのであったろう。別の視点から言えば、これは、語りの臣が、神と交感する力を持っていたと信じられた時代の物語だということだ。伝承の最後に、六十年前の出来事だとある。今ではこのようなことは不可能だが、与《あたふ》の父猪麻呂の時代には可能だったのだという、語りの臣の家の名誉を再確認するメッセージとして読み取れないこともない。

猪麻呂は、殺したワニの腹を割く。するとそこから、娘の片足が出てくるのである。娘は、片足を食いちぎられていたという訳だ。実は、JR山陰線の安来駅のすぐ裏手に「毘売塚古墳」がある。小さな山であるが、頂上からは見晴らしがよく、風土記時代は砥神島《とがみしま》であり、いまでは陸続きになっていて十神山といわれている秀麗な山と、駅をはさんで向かい合っている。伝承では、ここに娘を葬ったことになっている。発掘された古墳の頂上の石棺には、遺骸が残されていた。『日本の古墳遺跡20島根』（前島己基著・保育社）に写真が掲載されている。この写真を見るかぎりでは、なんと右足の脛から下が無いのである。かつ、ここからは武器用のホコも出ているのである。これには、想像力をかき立てられるというものだが、残念なことに、この遺骸は女性ではなく男性であったという。また、この古墳は、考古学では五世紀後半と見られているので、説話伝承の六七四年とは食い違う。五世紀後半という考古学の年代決定に逆らうのは難しい。かと言って、考古学に隷属するのも口惜しい。

この物語は終わらない。猪麻呂が、切り取ったワニの肉片を、串にさして道のほとりに立てるというところまでいくのである。これを、単に復讐としてしまっては、もちろん、この話が読めてないことになるだろう。関和彦氏は、民俗事例の「みちきり」を重ねて、これは今後、悪霊がこのムラに入って来られないようにするためのまじないだというのである。この説を否定するつもりはないが、私には気になる話が一つある。『日本書紀』の巻二十一、崇峻天皇即位前紀の条である。そこに、蘇我馬子が物部守屋を攻める記事がある。中に守屋の資人である捕鳥部《ととりべ》の万《よろづ》が出てくる。万は奮戦するも、結局は負傷し、自死する。万による味方の被害がひどかったので、朝廷は、「八段に切り裂いて、八つの国に散らして、串刺しの刑に処せ」と命じる。ワニの串刺しから、この話をどうしても連想せざるを得ないのである。つまり、串刺しというのは、処刑なのであって、比売崎伝承では、猪麻呂の、私刑ということになるのではないだろうか。相手がワニだから私刑というのもいささか変ではあるのだけれど。確かにみちきり説に比べると、単純なつまらない説明にしかならないのだが、私としては、これは捨てきれない連想である。話の読みに誤解が生じると困るので、付言してもおかしくはない。捕鳥部の万の話は、その後に眼目があって、串刺しにしようとしたら、雷鳴がとどろき、大雨が降ってきて、「このとき、万の飼っていた白犬が、首を振り、悲しそうに吠えながら遺骸の側をまわっていたが、やがて万の頭をくわえると、古い墓に収めおき、自分はその側に横たわって、ついに飢え死んだ」（井上光貞監訳『日本書紀』より）というところにあることだ。これによって、結果的には、犬と万は同族の手によって墓に葬られることになった。比売埼のワニの結末とは違ったのである。無論、串刺しの私刑が、「みちきり」説と矛盾するわけではなく、串刺しして立てる行為のもつ両面性と考えてもいいわけであるから、強弁することもないのだが。

先の概略では、終わりに（　）の中にいれる形で記したけれども、割注がある。当時としての現在、安来に生存している語りの臣与、その父猪麻呂が主人公なのだという説明の件である。この語りの臣が持っていた物語を『風土記』に編入するに際して、冒頭に天皇の名を出して、天皇の側の話であることを編纂者はまず明記した。これは当然物語の改変と言える。そこで終わりの方では、交感の霊力を持っていた（あるいは、持っている）出雲の語りの臣族の栄誉を称揚する話で終わらせる、それによって、編纂者と語りの臣の双方が納得する、そういう感覚で書かれた割注だと解釈したい。

（本文中に書名を掲げなかった参考文献）

加藤義成『出雲国風土記論究　上』島根県古代文化センター
上田正昭『古代伝承史の研究』塙書房

関和彦『日本古代社会生活史の研究』校倉書房

（「風土記散抄（3）」『白鳥』第11巻第10号（通巻一三〇号）二〇〇四年一〇月）

水辺の祈祷師

上田正昭氏の論文「語部の機能と実体」[1]は、語部を考察する者にとっては、柱となってくれるありがたい論文である。この論文の考察を、超えたり修正を求めたりの提言は寡聞にして知らない。ただ、歴史学からなされたものであるという点に、文学あるいは民俗学・宗教学サイドからの補強の可能性はまだまだ残されているのではないかと思わせる点はある。以下、「語部」を念頭に起きつつ、「水辺の祈祷師」と呼んでみたいような存在について、ノートを綴っておく[2]。

『常陸国風土記』信太郡に、「碓井」の話がある。

古老いはく、大足日子の天皇、浮島の帳宮に幸しに、水の供御なかりき。すなはち、卜部を遣はして、占訪はしめて、所所穿らしめき。今、雄栗の村に存れり。

（『角川文庫』版一二一ページ、大系本四三ページ）

同じく、行方郡の田余《たまり》の地名起源説話。

郡の東十里に、桑原の岳あり。昔、倭武の天皇、岳に停留まりたまひて、御膳を進へ奉る時、水部《もひとりべ》をして新たに清井を掘らしめしに、出泉浄く香り、飲喫に尤好かりき。勅りたまひしく、「能く渟れる水かな」と。〔俗に「よくたまれるみづかな」といふ。〕ここによりて里の名を、今に田余といふ。

（同一二四ページ、大系本四九ページ～）

ここから私に要点を抽出すると、

1　天皇の供御に水が必要であること。

2　井戸を造るのに卜部（卜者）あるいは水部が必要であること。

ということになる。1については、足を洗い、顔を拭き、茶を飲むためにという現実的なことがらということであれば、今の旅行と変わりはない（無論、「天皇」という記述をそのまま信用するわけにはいかない。この説話に限らず、『風土記』の説話には無理やり「天皇」と関連づけたがるものが多すぎるからだ。『風土記』編者の苦労が、現在、『風土記』を読む者には邪魔でしかない）。

2についても、「井戸」の位置を確定するための「技術者」としての「卜者」と考えてしまえば、問題はないように見受けられる。

しかし、やはり、水にかかわる「卜部」あるいは「水部」があるということは読み流せない。順序は逆になったが、『常陸国風土記』冒頭の総説には、「ひたち」の訓みにかかわっての話が出ている。

倭武の天皇、東の夷の国をめぐりて、新治の県に幸過ししに、遣はされし国造毘那良珠の命、新たに井を掘らしめししに、流水浄く澄み、尤好愛しかりき。時に、乗輿を停めて、水を翫び手を洗ひたまひしに、御衣の袖、泉に垂りて沾ぢぬ。すなはち、袖を漬たす義によりて、この国の名となせり。風俗の諺に、「筑波の丘に黒雲かかり、衣の袖漬の国」といふはこれなり。

（同・一一六ページ、大系本三五ページ）

倭健が天皇とされている部分についてはここでも触れない。問題は、前出の「卜部」「水部」がこちらの「国造毘那良珠の命《くにのみやつこひならすみこと》」に対応するのではないかということである。この「ひならすのみこと」については、各説・新治郡にさらに詳しく出てくる。引用しておこう。

古老いはく、昔、美麻貴の天皇の馭宇世、東の夷の荒ぶる賊〔俗に「あらぶるにしもの」といふ〕を平討けむために、新治の国造が祖、名は比奈良珠の命といふを遣はしき。この人罷り到りて、すなはち新しき井を穿りしに、〔今に新治の里に存れり。時に随ひて祭りを致す。〕その水浄く流れき。すなはち井を治りしをもちて、よりて郡の号に着けつ。それより今に至るまで、その名を改めず。〔風俗の諺に「白遠新治の国」といふ。以下略す。〕

（同一一七、大系本・三七ページ）

前出の説話が「ひたち」の地名起源であり、ここでは「にひばり」のそれになっている。また倭武と美麻貴（崇神天皇）とが対応するかたちになっている。その入れ代わりについてはここでは触れない。

周知のとおり、『常陸国風土記』は総説ののち各説は新治郡から始まっていて、それがこの引用の箇所である。地名起源に目を奪われがちであるが井戸造りからはじまっていることは注目すべきであろう。河野辰雄氏は「全般を通していえることは、水の信仰、山の信仰に関する記事が特色と言ってよいほどに多く、新治郡の命名から全部が記述される方式をとるほどで、これは常陸国の国土事業が主に農業開拓を主体とすることを証明するものではなかろうか（略）清い真清水に対する清浄観が、古代の人々の思想の中心であったもので（略）この信仰によって生活の根拠をつかみ、そして農業を実施したものではなかろうか。収穫すればこれを神にささげ、ともに祝福する常陸開拓の本義は、まさに、この点に存したものと思われる(3)」と指摘されている。

つまり、碓井と田余の地名起源は、1で指摘したごとく、天皇への水の供御として水が必要であったが、新治郡の方は本文に具体的には書かれていないものの、農業・灌漑・国土開発のための井戸であったろうことを読み取るべきかもしれない。

はたしてどちらなのだろうか。両方の可能性もある。とりあえず課題として残して置くべきだろう。それよりも、問題にすべきは、引用のなかに割注として〔今に新治の里に存れり。時に随ひて祭りを致す。〕と記された部分である。単に井戸を探し、掘るための占い師や技術者と考えるだけでは済まされない問題がここにある。無論、井戸を探し、掘るという行為は特殊なあるいは神秘的な能力によってなされるという了解が当時の人々の間にあったであろうことは想像できるが、やはり、それだけではなく、井戸を守る、あるいは井戸を祭る役割を担わされた存在であるように解釈できる。現代から見れば、技術者であるより呪術者・宗教者に近い。

さて、話題をもどすが、『常陸国風土記』総説に登場する「ひならすの命」と各説新治郡に登場する「ひならすの命」には違いがある。文字の違いもそうではあるが、総説では「国造ひならすの命」であるのに各説は「国造の祖ひならすの命」である。前者が倭武の時代に設定されて、後者が崇神天皇の時代に比定されているためであるのか、時間的な差のために後者を「祖」とせざるを得なかったということなのだろうか。そのために、「ひならす」という同音ではあるが、とりあえず文字を換えて編集したということなのか。

この「国造」の制度そのものについての考察は別になされているが[4]、ただ、始めにも指摘したとおり、「卜部」「水部」「ひならすの命」は説話の構造から言えば、ほぼ同じ役割を担っているにもかかわらず、「ひならすの命」だけが「国造」であり名前があるのはどうしてなのだろうかという疑問は残る。史学サイドからすれば、律令国家体制に一歩くみこまれたのが「ひならすの命」であり、「卜部」と「水部」はその前段階ということになるのだろうか[5]。

しかし、実は、私が問題にしたいのは、国家体制の進捗などということではなく、言い換えると、いつかは「国造」の問題にかかわるかもしれないが、やはり「水辺の存在」としての「卜部」であり「水部」であり「国造ひならすの命」なのだ。

それでは、その「水辺の存在」とは、どのような存在であるのか。記紀のアマテラスとスサノオの誓約《うけひ》を想起すればあるイメージが浮かんでくるかもしれない。『古事記』の方から引用してみる。

かれしかして、おのもおのも天の安の河を中に置きてうけふ時に、天照大御神、先づ建速須佐之男の命の佩かせる十拳釼を乞ひ渡して、三段に打ち折りて、ぬなとももゆらに天の真名井に振り滌きて、さがみにかみて、吹き棄つる気吹の狭霧に成りませる神の御名は、多紀理毘売の命。亦の御名は奥津嶋比売の命といふ。次に市寸嶋比売の命。亦の名は狭依毘売の命といふ。次に多岐都比売の命。

（新潮日本古典集成『古事記』四六ページ）

この聖なる井戸のほとりでの天照大御神の行為は、シャーマニスティックであると言ってもよいように思うが、シャーマニズムの定義が多様になっていて、それをともかく整理した佐々木宏幹氏の考えを適用すれば、「憑依型」のシャーマンということになろうか。(6)

剣を折って、井戸の水で滌いで、噛んで吹き出すという行為が自然な行為であるとは誰も思わないであろう。この行為が井戸のほとりでなされていると指摘するだけでなく、「天の安の河」を間に挟んでいるということも見逃せない。「安は八洲か」という頭注が西宮一民氏によって付せられているが、(7)この場は、井戸のほとりでもあり河のほとりでもあるのだ。(8)つまり、水辺ということだ。

天照大御神については、つとに、筑紫中真氏の著書『アマテラスの誕生』に注目すべき問題が提起されてある。(9)

筑紫氏は、一地方神であった「天照」が国家神「天照大神」になった過程をあとづけて見せてくれている。

もともとのアマテルは、数多くみられる「水神」の一つであったというわけだ。極論すれば、冒頭に引用した、『風土記』の「水部」であり「卜者」と同じということになるかもしれない。

＊

水辺の祈祷ということであれば、当然引用しておかなければならないのは『出雲国風土記』の「語臣猪麻呂」の話になる。正確には海辺になるのだが。ノートだからそのあたりの詳細については本稿の際にまわさせていただこう。有名ながら取り合えず引用する。

北の海に毘売埼あり。飛鳥の浄御原の宮に御宇天皇の御代、甲戌の年七月十三日、語臣猪麻呂が女子、件の埼に逍遙びで、邂逅にわにに遇ひ、賊はえて帰らざりき。その時、父猪麻呂、賊はえし女子を毘売埼の上に歛め、大きに声を発てて憤り、天に号び地に踊り、行きては吟ひ居ては嘆き、昼夜辛苦みて、歛めし所を避ることなし。かく作る間に、数日を経歴たり。然して後、慷慨の志を興して、箭を磨ぎ鋒を鋭くし、便の処を撰びて居り。やがて擡み訴へていひしく、「天つ神千五百万、地つ祇千五百万、并に当国に静まります三百九十九の社、また海若等、大神の和魂は静まりて、荒魂は皆悉に猪麻呂が乞むところに依り給へ。良に神霊しましまさば、吾が傷めるを助け給へ。ここをもちて神霊の神たるを知らむ」といへれば、その時、須臾ありて、わに百余り、静かに一つのわにを囲繞みて、徐に率依り来て、居る下に従りて、進まず退かず、なほ囲繞めるのみなりき。その時、鋒を挙げて中央なる一つのわにを刃して殺して捕りき。已に訖へて然して後に、百余りのわに解散けき。殺割せば、女子の一脛屠り出でき。よりてわにをば、殺割きて串に掛け、路の垂に立てき。〔安来の郷人、語臣与の父なり。その時より以来今日に至るまでに六十歳を経たり〕
（角川文庫三十九〜四十頁、大系本一〇五ページ）

この説話についての私の考察はここには記さない。関和彦氏と三浦佑之氏の論稿を取り合えず紹介しておくにとどめる。(10)

この部分について思いをめぐらすと、どうしても連想してしまうのは『太平記』の次の部分である。ノートであることに免じて、どのように関連するかは明確ではないのだが、引用しておきたい。

追手百四十・五十騎ほどが近づいて来ている、親の仇を討った阿新（くまわか・十二〜三歳）は自害も一時は考えたがまだまだし残していることもあると考え、逃げる。がしかし、稚児の足では思うに任せない。そこへ年老いた山伏とゆき逢う。「どうした」「これこれの理由」と会話があって、山伏は助けようと決意する。山伏は阿新を背負って、船に乗せるために湊に辿り着く。ところが船は一艘もない。どうしたと聞けば、沖に一艘順風になったというので動き始めるところ。山伏大声で戻れと呼ぶが舟人は聞き入れず漕ぎ出す。そこで山伏は大いに腹を立てて、（以下原文）

柿の衣の露を結んで肩にかけ、沖行く舟に立ち向かって、いらたか数珠をさらさらと押し揉みて、「『一持秘密呪、生々而加護、奉仕修行者、猶如薄伽梵』と言へり。いはんや多年の勤行においてをや。明王の本誓あやまらずは、権現・金剛・童子・天龍夜叉・八大龍王、その船こなたへ漕ぎ戻してたばせたまへ」と。跳り上がり跳り上がり、肝胆を砕いてぞ祈りける。行者の祈り神に通じて、明王擁護やしたまひけん、沖の方よりにはかに悪風吹き来たつて、この舟たちまち覆らんとしけるあひだ、舟人どもあわてて、「山伏の御坊、先づわれらを助け候へ」と手を合わせ膝をかがめて、手に手に舟を漕ぎもどす。

（『新潮日本古典集成　太平記二』八一〜八三）

このあと、無事に阿新と山伏は舟に乗って漕ぎ出て、追手が湊に到着した時は既に遅いということになる（山伏の柿の衣についてはここでは触れない）。

この『太平記』からはまた時間が戻るが、気になる資料をやはり提示しておきたい。『続日本紀』「天平勝宝二年四月」の次の一節である。大赦の記事末尾にこうある。

また、中臣卜部、紀直平麻呂は減じて中流に配す。

以下は、空想と事実とが入り混じる。そうならざるを得ない。「中臣卜部」という文字がわかるようでわからない。また、「平麻呂」が何の罪で「遠流」にされていて「中流」に減じられたのかわからない。ただ、「中臣」と「卜部」が近しい言葉であったろうことを教える資料であると思う。「中臣」に率いられていた「卜部」という解釈よりも、この二つはそもそも同義なのではないだろうか。つまり（ここから空想に入る）、「なかつおみ」はそもそも「卜者」ではないのか。崇仏派の蘇我家を滅ぼしたということになっている中臣＝藤原とは、点在する民間信仰の「卜者」であり、語部であったのではなかろうか。何を語るのか。その土地土地の「神語り」である。その「神語り」の徒の幾人が、「中臣」という名のもとに集結したのかもしれない。乙巳の変（言われるところの大化の改新）があったのなら、それは、やはり、原因は権力争いであり宗教間の争いであったとしか言えないように思われる。蛇足ながら、宗教を否定するつもりなどまったくない。ただ、他の宗教を否定する独善的な思想をもった宗教については否定していかないと、こちらに害が及ぶ。

以下、弘法大師信仰に関わる全国に点在する「井戸伝説」の問題（弘法大師もまた、水辺の祈祷師の系譜に連なっていたのではないか、というより、最近の成果では、弘法大師は海辺の祈祷師でもあったことが知れている(11)）、また、中国古代における「水の祈祷師」の例とヨーロッパにおける例をも引用しておきたかったが、薄いのが慣例の本校の紀要を厚くするのも申し訳ないので、藤原という姓が、平安物語文学の中でやはり水に関わって出てくることを添えて、ノートを一段落させたい。

注

（1）『日本古代国家論究』所収、昭和四三年、塙書房刊。

（2）読み流す書物は、別として、いささか考えてみようと思いつつ向かう書物の場合は、単独で密かに読む方法と同行の諸氏と歩調を合わせて読むという手段などいろいろあろうが、後者の方が蒙を啓かれる事が多々ある。このノートも、職場での読書会からヒントを得ている部分が少なくない。さらに、このノートがたたき台になり、批判をいただいて改稿ができれば、「ノート」を表題から外した成稿を発表する予定でいる。

（3）『常陸国風土記の史的概観』昭和五二年、崙書房刊二〇八頁。
（4）新野直吉『研究史　国造』吉川弘文館刊行参照。
（5）この問題についての言及があるわけではないが、文献史学からの国造についての考察は、井上光貞の「国造制の成立」（『著作集第三巻』所収）が必読文献。
　また、国造本紀の成務朝、新治国造には比奈羅布命が定められたとあり、同人であろう。天穂日命の裔。ヒテラスとヒナラフのちがいは方言の問題だけだろうか。
（6）『シャーマニズム』中公新書、昭和五五年刊、三三一頁。
（7）『新潮日本古典集成　古事記』四六頁。
（8）蛇足めいているが、「天の真名井」について、本居宣長は『古事記伝』では次のように解説している。
　思ふに、真渟名井を約たる名にて、真は美称、（略）此はただ井をほめている称にて、一つの名にはあらず。

（以下略）全集第九巻、三一八頁。

　以降現代の新しい注釈まで、この見解の大幅な変更は無い。ただ、「真」だけでなく「まな」が美称であるというのが大勢のようではある。
（9）『アマテラスの誕生』（角川新書・昭和三七年刊、索引を付して昭和四六年・秀英出版再刊）。
（10）関和彦「風土記社会の諸相（その2）」『風土記研究』第七号。
三浦佑之「古代説話論・試論」『説話伝承の日本・アジア・世界』桜楓社刊、昭和五八年。

（11）五来重『遊行と巡礼』角川選書、平成元年。これは、一読に値する。

〈付記〉

ここまで記述してきて、岡田精司氏の論文「大王と井水の祭儀」（『講座日本の古代信仰3　呪ないと祭』所収）のことを、迂闊にも失念していることに気付いた。類似した題材を提示されているが、テーマは、あくまでも「祭儀の内容」についての考察であって、「水辺と語部」の問題ではない。しかし、氏の提起された問題を吸収できていなかった点、ノートから成稿へと脱皮させる際注意したい。

（一九九〇年頃）

加賀神埼伝承をめぐって

『出雲国風土記』の島根郡に、「加賀の神埼伝承《かかのかんざき》」がある。『風土記』では「加賀」を「カカ」と澄んで読む。舞台は、潜戸《くけど》と呼ばれている八束郡島根町の、日本海に突き出た岬にある大きな洞窟である。何度か訪れた。神秘的な所と言うべきか。宗教学者のミルチャ・エリアーデの著作に惹かれていた頃だったら、思わず「聖なる場所」とでも言ってしまったかもしれない。しかし、「聖」という概念が実につかみにくいというか、定義できないものであることに思いいたってから、この言葉はうかつに使えないと自分を戒めることにした。洞窟とか岩屋、あるいは磐座《いわくら》というのは、神が宿る場所という形で人々に認識されるようだ。古代といっても旧石器時代あたりを念頭に置くと、洞窟は住居であり、葬送の場でもあるということになるだろう。実際常陸国や九州の『風土記』では、土蜘蛛と呼ばれた人々が住むのは洞窟ということになっている。無論土蜘蛛と命名されたがために洞窟に住んでいると潤色されている可能性もあるのだが、それはそれとして、日が沈み暗闇の世界になれば、ヒトは身を守れる所にいなければならない。

その条件を満たす場というのは限られたものであったであろう。洞窟や岩に囲まれたあたりは最適だったのではなかろうか。そういう生活の時代を長く続けた人間は、やはり洞窟に心ひかれるのではないだろうか。加賀の潜戸に似たようなモノと言えば、三重県熊野の、イザナミの葬地の一つと目されている花の窟《いわや》も海岸の浸食洞窟の名残りであり、似ていると言えば似ている。しかし申し訳ないけれども、現在のそれは、私の見た限りでは規模と神秘さとではとても潜戸には及ばない。沖縄のウタキ（御嶽）やテラも連想させられる。ウタキには大小さまざまなものがあるので、ここでは大がかりな海岸ウタキを想像できれば、かなり近いイメージということになりそうだ。テラは洞窟そのものだが研究が進んでいない。ちなみにウタキという名称は、神々の宿る場所というような意味合いで様々な呼ばれ方をしていたものを、琉球王朝が統一命名したものであり、古来からのものではないようだ。さて、加賀の潜戸である。三〇メートルほどの高さの洞窟が二つ並んでいる。岬の根元の方の一つは、旧潜戸と呼ばれていて、一〇メートルほど入ると終わりである。奥が「賽の河原」と呼ばれていて、幼くして他界した子どもの供養の場となっている。霊場である。岬の先端の新潜戸と呼ばれている方は、船で入っていける。二〇人乗り程度の漁船のような観光船だが、漕ぎ手の巧みな操作で中に入っていけるのである。洞窟の中は当然暗い。波が荒いと、いや、洞窟の中はいつも波が岸壁にあたり、荒いのだが、冷たい海の水が時折顔やら体にかかる。光の具合では、海底が見えたりする。中の崖に素朴なつくりの鳥居が見える。異界にでも迷い込んだような気にさせられるのが、なんとも小気味よい。加賀の神埼伝承の大筋を紹介しておこう。

今、岩屋がある。高さは十丈、周囲五百二歩ほど。東と西と北は外海に通じている。いわゆる佐太《さだ》の大神の誕生した所である。生まれようとする時に臨んで弓矢がなくなった。その時、御祖神魂《みおやかみむすび》の命の御子、枳佐加比売《きさかひめ》の命が、「私の御子が麻須羅神の御子であるのならば、なくなった弓矢よ出てきなさい」とお願いした。すると、角の弓矢が水に流されて出てきた。しかしそれを手に取ると「この弓矢ではない」と仰って投げ捨てなさった。次いで金の弓矢が流れ出てきた。それを手に取ると「暗い岩屋だなあ」と仰って、岩屋を矢で射通された。なお、御祖支佐加比売の命の社が、ここに鎮座されている。今、人がこの岩屋のあたりを行く時には、かならず大声をとどろかせて行く。もし密かに行けば、神が現れて、旋風がおこり、行く船は必ずひっくりかえる。

ずいぶんと混乱複合を呈している話である。

1　岩屋（洞窟）の話
2　佐太の大神の誕生譚
3　角と金の弓矢の伝承譚
4　麻須羅神の話
5　枳佐加比売命の話
6　旋風の話（1との関連があろうか）

この六つの話素があるのは分かる。そもそも物語という言葉が始まるのはこの後の平安時代である。小説という名称はさらにずっとあとであることは言うまでもない。そういう時代のお話に、ストーリー性の不備やら混乱やら不整合性を指摘するのはお門違いというものであろう。逆に言えば近代の文章に馴らされている私たちの脳はこの話をうまく咀嚼できなくなっているのだとも言える。当然謎解き風の読みをするしかなくなる。例えば3の角の矢を拒絶して金の矢を取り、その弓矢で洞窟を貫くという話は武器の材質の角製から金属製への移行という伝承があったことを思わせる。武器の歴史として、角製の武器を使うグループを駆逐した、金属製の武器を使う集団の登場という歴史的変遷の伝承を匂わせているという事だ。また２と３を組み合わせて、多くの研究者は類話として、逸文ながら『山城国風土記』の丹塗り矢伝承を挙げる。日向の国に降臨した賀茂《かも》建《たける》角身《つのみ》の命と丹波の国の女性、伊可古夜日女《いかこよひめ》との間にもうけた玉依比売《たまよりひめ》の話である。比売が賀茂川で遊んでいたら、丹塗りの矢が流れてきて、それを持ち帰り、寝床に挿しておいたところ、身ごもり賀茂の別雷《わけいかづち》を産んだ。丹塗り矢は実は火雷命《ほのいかづちのみこと》であったという話である。矢は男性でありその矢を父として子を生むという伝承は少なくない。引用はしないけれど、『古事記』の神武条にも勢夜陀多良比売《せやだたらひめ》の丹塗り矢伝承がある。『古事記』と『山城国風土記』を重ねれば、当然カモ氏の問題に目を向けなければならないだろうが、神埼の伝承にはそれはない。かつ、神埼では矢が父親にはなっていない。あえてメタファーを読み取って、矢が洞窟を射抜くので、洞窟が女性で矢が男性だと解釈することも可能かもしれない、しかしそれには慎重でなければならない。そうなると矢を射たのが女性であるキサカヒメである事を説明しなければならないだろう。『神武記』においては「ホト」という具体性が出てくるのだから、性的な解釈をあてはめるのに無理はない。そのように具体性のある場合は別として、すべてを性的なメタファーとして解釈してしまうのは、ある種の危険が伴う。言い換えれば、矢を男性と見立ててパターン化して了解するのは、問題を単純化してしまう恐れがあるということなのだ。単純化するということは、他の側面を見えなくしてしまうということだ。ためしにパターン化できる他の一例を挙げて見よう。３と５の話に着目して、キサカヒメのお願い話については、実は「椀貸伝説」が連想できるのだ。不意に食器が必要となった時に、ある場所で「お椀」を貸してほしいと頼むと、翌朝そこに必要な数のお椀が置いてあったという伝説である（『日本伝説大系第五巻』みずうみ書房刊では、「椀　貸淵」のタイトルで収録されている）。その題名から推測できるとおり、川淵や水辺で祈ることが多い。柳田國男の『一つ目小僧その他』の中には「隠れ里」という題名で、「椀貸伝説」への考察がある。前回書かせていただいた、比売埼伝承も、娘を襲ったワニをよこせと父親が願い祈り、それが叶ったのである。これも似ていると言えば似たようなモチーフの話である。素っ気なく言ってしまえば、祈願成就伝説とでもいうパターンである。こうなってくると類型化作業や話型作りになるだけで錯綜の積み重ねということになりかねない。この伝承を素朴に読み直してみよう。神の宿っている岩屋がある。中は暗くて何も見えない。その岩屋で佐太大神が誕生した。どのように誕生したのか。キサカヒメがお祈りをして、今度生まれてくる子がマスラ神の子であるなら、金の矢を返しておくれと。始めは願いが叶わす角の矢が流れて来たが、もう一度願ったら金の矢が流れてきた。そこで、この岩屋は暗いぞと言って暗闇を切り裂くようにその金の矢を射込んだら、暗闇が明るくなり、そこで神の誕生がはっきりと分かった。その神を誕生させる役割を担ったのがキサカヒメである。『古事記』でウムガヒヒメとともにオホナムチを生き返らせたあのキサガヒヒメである。蘇生の神は再生誕生の神でもある。ついでながら、オホナムチは漢字では大穴牟遅と記し、穴は洞窟を意味するという説がある。キサカヒメは洞窟との縁が深いとでもいうべきか。穴を火山であろうとした益田勝美氏説もあった。漢字の意味論に捕らわれないで「ナムチ」を単に大地とした説もあった。どれも面白い。ここでは洞窟説を意識したい。やはり洞窟やら岩屋は神に深く係わっている。

この話には「麻須羅神」という謎の神が登場している。他のどの文献にも登場しない、ここにだけ出てくる神である。どのような神であるのか。漢字の字面を無視して、意味から漢字をあてはめるとすれば「坐すら神」がいいのではないかと思われる。洞窟の暗闇の中に、正体不明で見えないけれども確かに居るはずの神、「坐す」神である。「ら」は名詞化するさいの接尾語として理解すればいいだろう。とりあえずは洞窟の主のような神と言っておこう。

古社には、多く洞窟やら磐座が関係している。巨石信仰とでも言ったらよいのだろうか。人は石の中には入ってはいけない。しかし洞窟のなかになら入っていけるのである。洞窟の中を巡る遊びのことを胎内巡りと称するところがあるが、再生を意識しての名称といえるであろう。石あるいは岩を永遠を生きるものとして理解し、洞窟はその石・岩の世界への入り口であったと了解している認識があるのではないか。

潜戸で誕生した神はそのマスラ神の子であり、佐太神社の祭神佐太大神である。サダというのは、岬あるいは先端を意味する。そうなると猿田彦《さるだひこ》に触れざるを得ない。『古事記』天孫降臨譚で、天孫を先導するのが猿田彦である。琉球語で先導を意味する「サダル」が転化したのが猿田彦ではないかという説（伊波普猷その他）がある。しかしサダルがサルダになったという転化の論理は苦しい。確かに「サダ」が陸地の先端を意味するとすれば、幾つもある岬の名のサダ・サタは納得する事ができる。しかしそれがサルダになって、猿田彦と重なるというのはどうだろうか。サルダがサダに縮約されることはあるだろうから、佐太神社がサダルとつながっている可能性は高い。しかしサダルがサルダになってサダとなるという経路には無理がある。猿田彦については保留としておくしかない。佐太神社についてのもう一つの問題について触れておこう。

加賀潜戸は島根郡にある。それなのに佐太神社は秋鹿《あいか》郡の筆頭神社（佐太御子神社）としてある。秋鹿郡にはその名を冠した秋鹿神社があるのにである。この錯綜の原因は判明している。実は『風土記』時代以前にサダ（狭田）のクニがあり、それが分裂しての島根郡と秋鹿郡に分かれたということなのだ（関和彦氏、瀧音能之氏）。島根郡で誕生して秋鹿郡に祭られているというのではなく、もともと広い狭田のクニの信仰の中心が佐太神社であったということだ。『風土記』以前の洞窟（岩・石・磐座）の信仰と、琉球のサダルの名前とがつながっていた時代があったことをうかがわせる「証拠」、それが佐太神社ということになろうか。マスラ神のいた、そして佐太大神の誕生した潜戸は、大声をあげて許しを請いながら近づかなければならない禁断の場所であったのだ。今でもその様相は残っている。

（「風土記散抄（4）―加賀神崎伝承をめぐって―」『白鳥』第12巻第1号（通算一三三号）二〇〇五年一月）

黄金の箱の中の龍蛇

『出雲国風土記』にのみ登場する神の中に、加賀神埼の条の、マスラ神がある。「マスラヲ」を連想して「雄々しい」とする注がほとんどであるが、なんとも素っ気ない。いささか物足りなく、釈然としないのは、私だけであろうか。このマスラ神について、少し考えてみたい。当然のことながら、このマスラ神の登場する説話を詳しく読んでみるしかない。

加賀神埼。即有窟。高一十丈許、周五百二歩許。東西北通。（以下、割注）

所謂佐太大神之所産生処也。所産生臨時弓箭亡坐。尓時、御祖神魂命之御子枳佐加比売願、吾御子麻須羅神御子坐者、所亡弓箭出来。願坐。尓時。角弓箭随水流出。尓時、取之詔、此者非弓箭。詔而、擲廃給。又金弓箭流出来。即待取之坐而、闇鬱窟哉。詔而射通坐。即御祖支佐加地比売命社坐此処。今人是窟辺行時、必声磅礚而行。若密行者、神現而飄風起、行船者必覆。

訓読

加賀神埼、即ち窟あり。高さ一十丈許り、周り、五百二歩許り。東西北に通ふ。

解釈以前のこととして、新潜戸のこと（関和彦氏に、新は神であろうとする説がある(1)）。以下、分けて割注訓読していくこととする。

割注訓読　1

[1]いはゆる佐太大神の産れまし処なり。産れまさむ時に、[2]弓箭亡せ坐しき。その時、御祖神魂命の御子、枳佐加比売命、願ぎたまひしく、吾が御子麻須羅神の[3]御子に坐せば、

傍線部1については、同じ島根郡の加賀郷の条に、類似の説話が記載されている。当然それを参照しつつ論を展開すべきではあろうが、平野卓治氏の研究に従って、加賀郷の方は、新しく作られた可能性が高いと判断して、参照はしない(2)。

それでは、佐太大神誕生の場所の話として始まるこの条のこの佐太大神とはどのような神であるのか。それは、誕生（妊娠）と弓矢と水の流れの話が重なれば、いわゆる「丹塗り矢伝説」の話型、というこの用語（この用語の、このという指示語は、「丹塗り矢伝説」と「話型」との双方を指してここでは使っている）が、現在の見解を決定づける。つまり、佐太大神は龍蛇神であるというところに、落ちつくということになる(3)。先学の研究に付け加えるものは今のところない。その佐太大神の性格を究明する際、関和彦氏は、父神たる、マスラ神に注目し、まず、父神の性格を知ろうとする。そこで引用される資料が、『日本書紀』崇神十年の条である。

倭《やまと》迹迹《とと》日《ひ》百襲《ももそ》姫命《ひめのみこと》、大物主神《おほものぬしのかみ》の妻となる。然《しか》れども、其《そ》の神常《つね》に昼は見えずして、夜のみ来ます。倭《やまと》迹迹《とと》姫命《ひめのみこと》、夫《せ》に語りて曰《いは》く、「君、常に昼は見えたまはねば、分明《あきらか》に其の尊顔《みかほ》を視《み》たてまつること得ず。願はくは暫留《しましとど》まりたまへ。明旦《くるつあした》に仰ぎて美麗《うるは》しき威儀《みすがた》を覩《み》たてまつらむと欲《おも》ふ」といふ。大神対《こた》へて曰く、「言理灼然《ことはりいやちこ》なり。吾、明旦《くるつあした》に汝《な》が櫛笥《くしげ》に入りて居《ゐ》む。願はくは吾が形にな驚きそ」とのたまふ。爰《ここ》に倭迹迹姫命、心の裏《うち》に密かに異《あや》しび、明くるを待ちて櫛笥を見れば、遂に美麗《うるは》しき小蛇《こをろち》あり。其の長さ大さ衣の紐《ひも》の如し。則ち驚きて叫《さけ》啼ぶ。時に大神、恥ぢて、忽《たちま》ちに人の形に化《な》り、其の妻に謂《かた》りて曰く、「汝《なれ》、忍びずて吾に羞《はぢみ》せつ。吾、還《かへ》りて汝に羞《はぢみ》せむ」とのたまふ。仍《よ》りて大虚《おほぞら》を践《ふ》みて御諸山《みもろのやま》に登ります。

この引用の必要は、実は、大物主神が蛇神であったということよりも、私にとっては、「櫛笥《くしげ》」の中の「小蛇《こをろち》」の部分にある。まず、「櫛笥」とは何か。文字そのものから理解すれば、櫛を入れる容器であるが、『古事記』上巻、「黄泉の国」における、イザナキ・イザナミの「ユツツマクシ」の話を想起すれば、竹でできた、「奇しきもの」としての「クシ」を容れる物であろう。言うまでもなく、地面に挿す串も同様のクシであり、髪に使う櫛ばかりがクシではない。であれば、「クシゲ」は単なる櫛の容れ物というものではなく、その中にしまわれるものは、「クシキモノ」ということになる。ここでは、小蛇がしまわれている。容器の中の小蛇ということになると、時代は下るが、謡曲の「大社《おほやしろ》」を考慮しなくてはならないだろう。

というよりも、観世弥二郎長俊(4)がこの説話にヒントを得ての作かもしれないが、そのあたりはともかくとして、出雲の信仰を考えるには、貴重な資料の一つであることに違いはない。

時は十月（神在月）、場所はもちろん、出雲の大社である。諸神影向して舞楽を奏して、夜も更けゆくと……以下引用する。

沖より疾風。吹き立つ波は。海龍王の。出現かやそもそもこれは。海龍王とは。わが事なり。さても毎年龍宮より。黄金の箱に小龍を入れ。神前に捧げ申すなり。龍神即ち現れて。龍神即ち現れて。波を払い。潮を退け汀にあがり御箱をする置き。神前を拝し。渇仰せりその時龍神御箱の蓋を。その時龍神御箱の蓋を。忽ち開き。小龍を取り出し。即ち神前に捧げ申し。海陸共に。治まる御代の。げにありがたき。恵みかな。四海安全に国治まり。四海安全に国治まつて。五穀成就。福寿円満にいよいよ君を守るべしと。(5)

そして、龍神は海へと帰っていく。ここに、海の彼方よりやって来て、海の彼方へと去っていく神が、龍蛇として現れているのは、興味深いが、注目すべきは、傍線部の、クシキモノとしての小龍を入れた、クシゲとしての「黄金の箱」である。ずいぶんと遠回りをしてきたが、出雲の国における、黄金と箱と龍（蛇）神との関係の深さを、指摘しておきたかったのである。それは、次に訓読する「金の矢」の理解に係わる。

その前に、「丹塗り矢伝説」の再確認をしておきたい。『古事記』神武天皇の皇后選定の条である。

此間《ここ》に媛女《をとめ》在り。是《これ》、神の御子《みこ》と謂《い》ふ。其の、神の御子と謂ふ所以《ゆゑ》は、三島の湟咋《みぞくひ》が女《むすめ》、名は勢夜陀多《せやだた》良比売《らひめ》、其の容姿《かたち》麗美《うるは》しきが故《ゆえ》に、美和《みわ》の大物主神《おほものぬしのかみ》、見感《みめ》でて、其の美人《をとめ》の大便《くそま》らむと為《せ》し時に、丹《に》塗矢《ぬりや》と化《な》りて、その大便《くそま》らむと為《せ》し溝《みぞ》より流れ下りて、其の美人《をとめ》のほとを突きき。爾《しか》くして、其の美人、驚きて、立ち走りいすすきき。乃《すなは》ち、其の矢を将《も》ち来《き》て、床《とこ》の辺《へ》に置くに、忽《たちま》ちに麗《うるは》しき壮夫《をとこ》と成《な》りき。即ち其の美人を娶《めと》りて、生みし子の名は、富登多々良伊須々岐比売命《ほとたたらいすすきひめのみこと》と謂ふ。亦の名は、比売多々良伊《ひめたたらい》須気余理比売《つけよりひめ》と謂ふ。

ついで『山城国風土記』逸文から。

玉依日売、石川の瀬見の小川に川遊びせし時、丹塗矢《にぬりや》、川上より流れ下りき。乃《すなは》ち取りて、床辺《とこのべ》に挿《さ》し置き、遂に孕《はら》みて男子《をのこご》を生みき。人と成りて、外祖父《おほぢ》、建角身命《たてつぬみのみこと》、八尋屋《やひろや》を造り、八戸《やと》の扉を竪《た》て、八腹《やはら》の酒を醸《か》みて、神集《かむつど》へ集《つど》へて、七日七夜楽遊《うたげ》したまひて、然《しか》して子と語らひて言ひたまはく、「汝《いまし》の父と思はむ人に此の酒を飲ましめよ」と言ふ。即ち酒杯《さかづき》を挙げて、天に向きて祭らむと為て、屋の甍《いらか》を分けて穿《うが》ちて天に升《のぼ》りき。乃ち、外祖父のみ名に因りて、可茂別雷命《かもわけいかづちのみこと》と号く。謂はゆる丹塗矢は、乙訓《おとくに》の郡の社に坐せる火の雷の神なり。

これらの三種の説話から、矢と蛇と男性器とは、それぞれが相互にメタファー（隠喩）となりうる関係にあることを知る。矢は蛇であったり、男性器であったり、そのまた逆であったりするのである。おそらくそれらは、また、全く別のもののメタファーとしてあったはずである。『古事記』の方では、矢は大物主神の男性器のメタファーとなり、『日本書紀』の説話では、小蛇が大物主神のメタファーとなっているのは、読める通りである（無論メタファーは限りなく覆われていくから、大物主神もまた、何物かのメタファーということになるのだが……）。

さて、傍線部2に、「弓箭亡せ坐しき」とあるが、弓箭を亡くした（失った）のは誰か、これは、誕生する御子の母たる、枳佐加比売命とすべきであろう。さらに、この説話のメタファーを、私なりの物語として解読してしまえば、「今度生まれて来る子どもは、マスラ神の子としてなのだが、私は金の矢を失ってしまい、父親不在となっている矢を、つまり、その父親であるマスラ神を返していただいて、子どもを生みたいのです。」という読みとなる。「金の矢」を、ここでは、マスラ神のメタファーとして読んでみた。

であれば、傍線部3の原文「御子坐者」をどのように訓読するかが見えてくる。つまり、「坐さば」か「坐せば」なのか。諸本、「坐さば」と、「坐す」を動詞未然形として訓読しているが、とすれば「もし、マスラ神の子であるならば」の意となる。已然形での読みの後者であれば、「マスラ神の子としてなのだが」という訳し方になろう。これが、この説話の解釈にあたって、微妙な分かれ目になりそうなのである。私なりのメタファー読解でいけば、後者の訓読を採用すべきである。

割注訓読　2

亡せたる弓箭出て来、と願ぎ坐しき。爾時、角の弓箭、水の随に流れ出でく。爾時、之を取りて詔りたまはく、此の弓箭に非ず、と詔りたまひて、擲げ廃て給ふ。また、金の弓箭流れ出で来つ。

諸注においては、傍線部4の動作の主体は、母ということになって定着しているようであるが、子（佐太大神）であることが、完全に否定されたとも言いがたい。が、ここでは、とりあえず主体は母としておく。

さて、動物の角でできた矢（当然、鏃を意味するのであろうが）は、父マスラ神ではないからダメだと廃棄する。ついで流れ来た「金」の矢を良しとするということは、先に読んだとおり、マスラ神は、金の矢であると理解すれば、問題はない（ただし、ここに、角の鏃と金属の鏃の交替という物語が読み取れるとすれば、話は、もう一つの層を読み取るべきであろうが、ここでは、深入りしない）。

さて、それでは「金の矢」である。まず、「金」をどう訓むのか。「かね」であり、「金属」として理解していいのか、それとも「ゴールド」とすべきなのか。例えば、『イソップ寓話の世界』(6)という著書の中で、中務哲郎氏は、イソップ寓話の「樵夫とヘルメス」、川に斧を落としてしまった話で、神が探してきてくれた黄金と銀の斧は、自分のものではないと正直に言った話を引き合いに出して、この神埼の説話との底流を示唆する。興味深い指摘ではある。それはそれとして、金（ゴールド）であるならばここになぜそれが登場するのか、その問いについても考えてみよう。

諸注を見る。

（大系本）金属（鉄）あるいは黄金。

（参究）黄金。

（新編）一部分が黄金または鉄で作ってある弓矢。(7)

金（ゴールド）であることを、否定する注釈はない。

金の「くがね」（黄金）の訓みは『万葉集』に見える。(8) イソップとの関連の追求は無理としても、ここを金（こがね）としておくべきであろう。その理由の一端は、先に引用した、謡曲『大社』の中で、小龍のしまわれた黄金の箱、つまりはその龍とその容器の材質の関係。別の一つには、この説話の次の部分が根拠となる。

割注訓読　3

すなはち、待ち取らし坐して、「闇鬱き窟なるかも」と詔りたまひて、射通し坐しき。すなはち、御祖枳佐加比売命の社、此処に坐す。今の人、是の窟の辺を行く時に、必ず声磅礚して行く。若し密かに行かば、神現れて、飄風起こり、行く船は必ず覆る。

関和彦氏は、「窟」に矢を射る行為は、女性器たる「窟」に男性器を通す行為であると、そのメタファーを解読したが、(9) もう一歩踏み込めば、窟は枳佐加比売命であり、この男性器は、マスラ神のそれであり、それはとりもなおさず、輝く金の矢なのである。暗く陰鬱な窟を、明るくするために貫通する輝く矢でなければならない。輝く矢とは、すなわち黄金の矢であろう。それを終えて、佐太大神が誕生するということになる。

では、龍蛇神とされる佐太大神の、父の「マスラ」という名前に、龍蛇や矢、あるいは男性器の意味を読み取ることが可能であろうか。

マスラ（麻須羅）の文字から、あるいは音から、龍蛇神等の性格を導き出すのは、無理である。それは、佐太という名前そのものから、龍蛇神の性格を読み取ることが不可能なのと同じである。(10) 関氏も説いているように、マスラ神は、「雷神・水神・農耕神・稲妻(11)」の性格を持った神である可能性がある。では、その名前そのものよって来るものは何か。龍蛇神である子の、その父たるマスラ神のマスラとは何か。先の謡曲「大社」、あるいは、小蛇を入れていた櫛笥から連想するに、これもまた、容れ物の一つである、「升」の事なのではなかろうか。ラは接尾語として理解すれば、マスラ（麻須羅）となる。橋《はし》が柱《はしら》となり、笹《ささ》が簓《ささら》となるのと同類である。「ら」が付くと、神に関係してくるのかもしれない。神を入れる、つまりここでは、佐太大神たる龍蛇の容れ物の名前であろうと考えてみた。神を祭る者が神となるように、神を容れる器もまた、神になるのであろう。

有り難いことに、容器のマスを『風土記』の中にみることができる。『播磨国風土記』の賀古の郡に、「石を以ちて斗《ます》と乎気《をけ》とを作れり」と出てくるのがそれである。ここでも、斗は神器のメタファーとして登場しているはずである。

ちなみに、『和名類聚鈔』で、「升」を引くと、その読み（音）として、「麻須」と表記されているのであるが、この麻須羅神のマスとの文字の一致は、偶然ではあるまい。

注

(1) 関和彦『出雲国風土記とその世界』(NHK文化セミナー歴史に学ぶテキスト) NHK出版。本稿は、細部には注記しないが、多くの示唆をこの書物から受けている。
(2) 平野卓治「『出雲国風土記』島根郡加賀郷条について」『古代文化研究』(島根県古代文化センター刊) 5号所収。
(3) 小島瓔禮編著『蛇の宇宙誌』東京美術刊。三舟隆之「丹塗矢伝承」『風土記の神と宗教的世界』おうふう刊所収。
(4) 日本古典文学大辞典によれば、観世長俊の生没は以下のとおり。一四八八〜一五四一。
(5) 訂正著作者 廿四世 観世左近「大社」檜書店刊 昭和九年。
(6) 中務哲郎『イソップ寓話の世界』(ちくま新書)。
(7) (大系) は秋本吉郎校注『日本古典文学大系 風土記』岩波書店刊。
(参究) は、加藤義成校注『出雲国風土記参究』初版・私家版、再版・原書房刊、修訂版・今井書店刊。

(新編) は、植垣節也校注訳『新編日本古典文学全集』小学館刊を指す。
(8)『万葉集』四〇九七。
(9) 注 (1) と同じ。
(10) 佐太大神の「サダ」について、猿田彦であることを論ずる説があるが、ここでは、それについては、言及せず、保留しておくこととする。
(11) 関和彦『古代出雲世界の思想と実像』一四五頁。大社文化事業団刊。
「黄金の箱の中の龍蛇—マスラ神をめぐって—」『出雲古代史研究』第7・8合併号 出雲古代史研究会 一九九八年七月)

大原郡阿用郷の鬼伝承

鬼の出てくる話が、『風土記』には二つある。一つは『常陸国風土記』で、いまひとつは『出雲国風土記』である。ここでは『出雲国風土記』の話を紹介して、話を進めることとする。実に興味深い話であり、訓読にも面白い問題を抱えており、その一つ二つを分かっていただくのが、本稿の目的である。概略を記そう。

大原郡の条。

阿用《あよ》の郷。郡家の東南一十三歩なり。古老が伝えて云うには、昔、或る人が、此処に山田を佃《つく》って守っていた。すると、目一つの鬼がやって来て、山田を佃る男を食った。その時、男の両親は竹原の中に隠れた。しかしその隠れていた竹原に強く風が吹き、竹の幹と葉が揺れてこすれて音がした（「竹の葉動《あよ》げり」）。その音を聞き、食われた男はとっさの判断で「動《あよ》く動く」と口に出して、鬼が親の隠れている竹原の方に気を取られないようにしたのだった。だからこの地名を阿欲《あよ》と云う。神亀三年に文字を阿用と改めた。

終わりで分かるとおり、他の説話と同じく、地名起源説話としての結構に納まっている。内容は鬼の話である。だが、その鬼の話の面白さを説明する前に、この説話を読むと、どうしても連想させられる歌があるので、その歌について記しておきたい。『古事記』中巻、神武条の有名な歌である。

佐韋川よ　雲立ちわたり　畝傍山　木の葉さやぎぬ　風吹かむとす
畝傍山　昼は雲とゐ　夕されば　風吹かむとぞ　木の葉さやげる

風が木々の間を通りすぎる音というのは、それだけのものではない何かを、読み取らなければならないのであろう。風土記のここでは竹原であるけれども、景色と音のそのままの描写が伝えているものはなんであるのか、気になるところである。もう一歩踏み込むとしよう。この二首の歌は、はたして叙景歌なのか抒情歌なのかという問い掛けに、歌人はどのように答えるだろうか。折口信夫の『古代研究（国文学篇）』のなかに「叙景詩の発生」という論文があって、そこにこの二首が引用されている。とすると、単純に考えれば、この歌を叙景として扱っていたということになる。ところが折口信夫晩年の著書『日本古代抒情詩集』にも、この歌は採られていて、当然、抒情詩として収載されている訳だから、私などはここで混乱の世界へと入る。混乱をひとまず収束させるには、それなりの理由を見つけ出して、自分を納得させるしかない。私のような歌についての素人が探しだせる理由といえば、叙景詩も深読みするとみな抒情詩になるのではないかなどというい加減な情けないものでしかない。少し言い換えれば、メタファー（隠喩）として読み取れば、歌はすべて抒情詩になるのではないかという事だ。竹原の音の不気味さが、鬼を呼び出したというのが、たぶんこの話の元々の姿だったのだろうと想像をしているのだが、二首の歌も、木の葉さやげり、が何かを招来するという共通理解のようなものが、元々のモチーフだったのではあるまいか。あくまでも空想の域を出ていないのだが。

さて、鬼である。鬼というのは、日本文学というか日本文化を、なんとも魅力的にしている存在の一つと言える（存在の一つだなどと言ったが、存在しているのを見たものはいない）。しかしながら、鬼とは何かという問いには、決定的な答えのないのが実情だろう。だからといって、研究の歴史がないわけではない。歴史的な視点から、あるいは民俗行事の観点から、更には自然事象の怪異現象から等々、考察はなされている。それなりに進展してはいるということだ。その中で、圧倒的な説得力と魅力をもって迫ってくる研究は、折口信夫の一連の「冬祭り論」あるいは「春来る鬼」論であろう。これを超えている「鬼論」は無いといってよい。民俗行事の、特に節分などには、鬼が登場するものが多い。折口はその鬼についてを、冬から春への移行の儀礼に必要な存在として、提示して見せた。一年の終わりの「冬」とは、魂の増殖の時であり、（フユとは殖ゆからきた言葉であったとする）その増殖を終えて、活気づいた魂が新春を迎える。もう少し別の視点から述べると、収穫の季節を終えて（飽き食いのアキ・秋の季節を終えて）、大地からの恵みを感謝し、その感謝の形態として、大地の主たる神（鬼）に自分たちが食われる事によって、生まれ清まり、春を迎えるという、その人々を新生させるための祭りに登場してくるのが、鬼というわけだ。学生時代に奈良の薬師寺の「修正会」に参加・拝観する機会があった。記憶は薄らいでいるが、夜、お堂の暗闇の中で鬼に扮した何人もの寺僧が、竹の棒を振り回しながらあちこちを叩き、暴力的に走り回る（呪師走り）。参加している人々は恐怖状態に陥る。参加している人を脅しているのだが、意味としては鬼に食われることと同義ということになろう。終えてお堂から出てきた私たちは、生まれ変わったということになったのだろうが、鈍感な学生であった私には、そういう実感はなかった。しかし三十年を経ていまだに記憶しているというのは、強烈な体験であったというべきか。新たな一年を始めるのに、鬼が手助けをしてくれるというわけだ。その折口説を、最近協力に復活させたのが、中沢新一氏『熊から王へ』(講談社選書メチエ)である。鬼をまだこの世から消滅させてはいけないと主張している面白い書物だ。中沢氏の言説をも借りつつ、風土記のこの部分の記述を少し詳しく読んでみたい。この風土記の鬼には、折口・中沢の論理展開に合致する部分があるように思われるからである。山田をつくった、とある。これは、人の山への侵入であると読める。本来の居住範囲を越えて、人が山を開墾して田を造ったのである。民俗学的に言えば、山の神に対する無謀な挑戦、あるいは冒涜とでもいえる行為を実行に移したと言っていいのではなかろうか。案の定、山の神は、目一つの鬼というかたちで、田を造る男の所にやって来て、その男を食ってしまうのである。具体的に書かれていないが、人を食うところから、この鬼の大きさを推測してもよかろう。人よりは当然大きいに違いない。その男(息子?)が食われるのを見ていた父母は、竹林に隠れる。救助に向かえないほどの鬼の存在感を読み取るべきだろう。その時、竹原に強い風でも吹いたのか、葉擦れの音と幹と幹がこすれあう音が「あよくあよく」と響いた。風の強い日に竹林に入ると、このような音を耳にすることがままある。ここはリアリズムだ。体験的にもこれは、小さな音ではあるまいと想像される。それを察知した、鬼に食われかかっている男が、自分の声で「あよくあよく」と言って、おそらく、鬼の注意を竹原へ向けないようにしたということだろうか、そうすることで少なくとも親を助けようとした。それが、地名の語源になったというわけだ。

本来、山は、人の入ってはいけない領域だった。古くからある「山口」という地名は、里と山との境界、あるいは里と山とを行き来できる場所として名付けられたものだろう。その境界線は守られるべきものであった。しかし、人は、自分たちの生活のために、山を切り開く。そこは山の神の領域であったはずなのだ。人は生きていくために、あるいは今となっては窺い知れない何かの理由で、山の土地を必要として侵入する。そうなれば、山の神々は黙ってはいない。そこで鬼が現れて、神々の領域を侵した人を食ってしまうという逆襲に出る。山を食った人が今度は鬼に食われるのだ。これで山と人との関係のバランスが保たれる（これを中沢氏は丁寧に説明して「対称性」と名付けている）。それによって、生きのびる者もいる。鬼が人を食うというだけの話なら、日本文学史をのぞけば、『今昔物語』などにないわけではない。しかしながら、ここでは、山を開墾して、神々の領域を侵して田を造った人が、鬼に食われるという、実に象徴的な話型になっているのである。

目一つの鬼というのも気になる。柳田國男が「目一つ五郎考」（『一つ目小僧その他』所収）で、一つ目と鍛冶屋との関係に触れた。谷川健一氏は『青銅の神の足跡』ついで『鍛冶屋の母』で、柳田の仮説を批判しつつ、金属精錬の技術者が一つ目となり、神と崇められたと提起された仮説は、興味深いものがある。出雲は質の高い砂鉄の産地なのである。何年か前、雨の少なかった年の夏、本来は宍道湖に水を注ぐはずの、干上がった斐伊川が赤く蛇行しているのを見たことがあった。川砂の鉄分が錆びて赤くなっていたのだ。八岐大蛇とは斐伊川のことだという仮説を想起したのは言うまでもない。奥出雲の菅谷《すがや》には、たたらの施設が保存されている。鉄産業は、一時出雲地方の有数の産業の一つとなっていた。今、和鋼博物館という、一風変わったテーマでまとめられた博物館が安来駅の近くに建っている。「阿用」の鬼の話は、鬼の持つ性格の重層性が次から次へと出てくる。腑分けをするのにはまだ時間がかかりそうである。鬼の話から離れて、訓読の問題に移りたい。これがまた面白い。この説話に登場する言葉「あよ」についてだ。引用した概略では、私は原文「動々」を「あよくあよく」と読むようにした。しかし、岩波の大系、朝日の日本古典全書、加藤義成『参究』(初版・二版・修訂版)、田中卓氏『和訓・出雲国風土記』は、すべて「あよあよ」と読んでいる。一番新しい、新編日本古典文学全集『風土記』(小学館)で、校注者植垣節也氏は新しく「あよくあよく」と訓んだ。私はこれを支持する。植垣氏は頭注で次のように説明されている。

父母の隠れている竹藪の笹が動くので、鬼に気づかれるのを案じて、自分が食われながら危険を知らせた。感動詞アヨアヨと訓む説もあるが、他例がない。

他例がないという指摘が重要である。「動々」を「あよあよ」と訓むのは、かなりの冒険の筈である。現在では、学生の使う古語辞典では、この「あよあよ」を見出し語に採用しているものは見かけない。代表的な国語辞典、『日本国語大辞典二版』(小学館・二〇〇〇年)は、方言を大量に採用して大きく生まれ変わったのだが、「あよあよ」を立項している。だが、意味説明に関しては、初版(一九七二年)との変動がない。なぜ無いのか。三十年近くたって出た「新版」の説明に、斧鉞を加える必要の無い理由は、しごく簡単な事である。「あよ」という語は、『出雲国風土記』のここにしか登場しない、いわば、孤立例でありつづけているからなのだ。そうであれば、語釈の変更の余地は全くないということだ。そして、植垣氏は、それをあっさりと捨てた。私は、竹林の中における、風が通り抜ける際の幹と幹がこすれる音の実感から、「あよく」説を支持する気になった。また、信頼している古語辞典、角川古語大辞典は、見出し語に「あよく」は採っているが、「あよあよ」は採っていない。採っていないのだが、『万葉集』から「あよく」を引用しつつも、『風土記』の「あよ」を説明に入れて、木に竹を接ぐような説明になってしまっているのだ。「あよあよ」を捨てられないでいるのが見て取れる。もう一度確認しておこう。「あよあよ」が登場するのは、ここだけであり、ここでの「あよあよ」の訓みが否定されると、この言葉は、無かったことになるのである。「阿用」という地名の起源説話なのだから「あよ」と訓んでいいではないかという判断は、『風土記』説話の他の例に目を通していない人のものであって、むしろ「あよくあよく」と男が言ったので、「あよ」になったという記述の方が、根拠提示を省くけれども、『風土記』にはお似合いなのである。「あよあよ」という言葉は、幻の古語になるかもしれない。

（「風土記散抄（5）」『白鳥』第12巻第4号（通巻一三六号）二〇〇五年四月）

アマノミカツ姫と多具の国

逸文の『尾張国風土記』に興味深い記事がある。それはホムツ（チ）ワケに係わる記事である。紹介するその前に「逸文」について一言述べておきたい。『続日本紀』の和銅六年の条に、地域史書を作成せよという命令のあったことが記録されている。そこには『風土記』を作成せよという命が見当たらないので、いま私たちが目にしている『風土記』のことであるか否かは断定できない。しかし、おそらくそれであろうと推断するしかない。とすると、当時の六十余国では、そこから『風土記』の作成が始まった可能性が高い。高いのだけれど現在、完本で残っている『風土記』は一書もない。『出雲国風土記』がほぼ完本に近い形で残っていると言われている。その他、完本に近いのは常陸、播磨、豊後、肥前、これらの書物を総称して五風土記、あるいは古風土記と呼んでいる。それ以外の『風土記』は古文献に断片的に引用されたりするという形で残っているので、それらを「逸文風土記」あるいは「風土記逸文」と称している。逸文の『尾張国風土記』を引用する。

丹羽郡の吾縵《あづら》の郷、巻向に天下を治めた垂仁天皇の皇子、ホムツワケの皇子は、七歳になっても物を言うことができなかった。天皇はそのわけを臣下に問うたが誰一人説明出来る者がいなかった。後、皇后の夢に神が現れて言うには、「私は多具の国の神で、名をアマノミカツヒメという。私は、私を祝ってくれる者をもっていない。もし私のために祝う者を仕立ててくれるならば、皇子はものを言うことが出来るようになり、長生きするであろう」と。そこで、天皇は、祝い人として適切な者を占ったところ、「日置部たちの祖先である、建岡の君」が、占いに出た。そこで、建岡の君を召しだした。建岡の君は命を受けて美濃の国の花鹿山に行き、榊の枝を引き寄せて、それで縵《かつら》を作って神意を問うて言う。「自分の縵の落ちる処に、必ずこの神がいらっしゃるだろう」と。縵は飛んで行って、この地（吾縵の郷）に落ちた。そこで、この地に神がいることを知り、神社を建てた。その社名にちなんで郷の名としたのである。しかし、後の世の人は、訛って「アヅラ」の里といっているのである。

カツラが訛ってアヅラになったという、地名起源説話である。その訛りの問題からは離れて、この説話で重要と私が判断するのは四つ、「ホムツワケが登場していること」「多具の国の名前があること」「アマノミカツヒメが出てくること」「日置部の名が見えること」である。二番目の、多具の国とは、その後出雲国となった地域のことであると、考えていいはずだ。また、アマノミカツヒメを祭るのに、日置部の祖を任命したということは、アマノミカツヒメと日置部の関係の近しさを意味していよう。あとで触れる。

順番に見てみよう。まず、ホムツワケである。『古事記』では垂仁天皇条、サホビコの叛乱の物語のなかでの誕生である。サホビコの妹、サホビメが垂仁天皇の皇后となっていたが、ある日、サホビコが天皇を亡き者とし、自分と二人でこの世をわがものにしようと妹にもちかける。同意したサホビメはサホビコから与えられた小刀で、天皇を三度刺そうとするが、できずに、逆にサホビコの叛乱の企みを天皇に告げてしまう。

天皇のサホビコへの逆襲が始まると、サホビメは、兄サホビコのたてこもる稲城に逃げ込み、そこでホムツワケを出産する。その後、稲城は焼かれて、サホビコ・サホビメは死ぬこととなる。箇条書きでもう少し詳しく紹介する。

1 厳密に読むと、『古事記』の説話の中では、ホムツワケは火中で誕生はしていないのだが、サホビメは命名にあたって「火中で誕生したから」と言っている。ホムツワケのホは火だとしたいのかもしれない。ホムツワケは両親の死の前に天皇に手渡されていた。

2 八拳髭心前（ヤツカヒゲムナサキ）に至るまで物を言わない子であったが、鵠（クグヒ・白鳥）の声でアギトヒした（アギは顎であり、顎を動かすということか）。

3 そこでその白鳥を追いかけさせて、幾つもの国を行く。その中の一つに尾張がある。

4 やっとその鳥を捕まえて持ってきてそれをホムツワケに見せたが、物はいわなかった（白鳥の献上が功を奏しなかったということなのだが、日本書紀では成功している）。

5 ものを言わない理由は出雲大神の祟りであったこと。

6 出雲の神を拝むことによってものを言うことができるようになる。

7 ホムツワケはヒナガヒメ（肥長比売）と一夜を過ごす。ヒナガヒメは蛇であったのを知るとあわてて逃げる。

8 出雲の大神の社を造る。

『古事記』では以上のようになっている。『日本書紀』では火中出産などということには全く触れられていない。『尾張国風土記』は、先に掲げたように、皇后の夢の中にアマノミカツヒメが登場してくる。アマノミカツヒメは「私は多具の国の神」だといって登場してくるのである。アマノミカツヒメは『記』『紀』には登場せず、風土記にだけ登場している神である。それも引用した『尾張国風土記』と、『出雲国風土記』とにだけ登場している神なのである。だが、「物言わぬホムツワケ」、「出雲の神の祟り」、「神社を建立した」点は共通している。その、「ものを言わない」ということの意味についてだが、これを「器官的な障害」と考えてしまうと、おそらく読みがずれる。なぜなら、祝うことによってものを言うようになったからである。確かに、古代においては、神に祈る、あるいは祝うことで、マジックが解けて、願いがかなうということがあると信じられていただろう。だが、AとBの関係において、言語の交通不能であった部分が交通可能になったということとの説話だと考えると、「障害」はホムツワケの身体にあったのではなく、AとBとの関係にあったのだと考えれば、分かりやすいのではないだろうか。どういうことか。大和と「出雲」の関係性ということである。三谷栄一氏の説に共感することが大きいので、その説を紹介しておく。

仁徳即位前紀に、出雲の臣の祖、游宇宿禰《おうのすくね》が、屯田《みた》の司という地位で登場している。十六世出雲国の祖が、屯田の司という下級の地位で登場するというのは不思議な話である。かつ、次代の十七世からは、「国《こく》造《そう》」を名乗ることになり、游宇宿禰はその名乗りのために貢献したはずである。三谷氏は、ここで、出雲が大和に征服されて、一時、游宇宿禰が大和に召し捕られたのだろうとする。その間、游宇宿禰の発言権は、一切奪われていた。その後は大和朝廷に服属することとなり、出雲「国造」として帰国を許されたのであろうとする。それが、物言わぬホムツワケの話に反映されているのではないかというのだ(『日本神話の基盤』)。

游宇宿禰の游宇は、『出雲国風土記』に登場する、意宇郡の意宇と考えていいだろう。出雲国の東部に位置する。

物言わぬホムツワケを考えるもう一つのヒントがある。『出雲国風土記』の仁多郡三沢郷条の、アヂスキタカヒコの話である。

オホナモチの子であるアヂスキタカヒコは、ひげが伸びて大人になるまで、昼夜哭きつづけていて、言葉が分からないでいた。親のオホナモチは、子を船に乗せて多くの島島をめぐって慰めたが、泣くことはやまなかった。神に泣くことのわけを祈り尋ねると、その夜、御子と言葉が通じるようになった夢を見た。そこで、目覚めて聞くと「御沢」と言った。それはどこかと聞くと、歩きはじめて、その場所まで案内して、「ここだ」と言った。そこで、その水でオホナモチは身を清めた。そのゆえに、国造が神吉事《かんよごと》を大和朝廷に奏上しにでかける時には、この水で身を清めるのだ。このことがあって、今も妊娠中の婦人は、その村の稲を食べない。食べると、生まれてくる子が、ものを言わなくなるからである。

出雲大社(当時は杵築大社)の神主(国造)は、他の国造と違って、代替わりには、大和朝廷への神賀詞《かんよごと》の奏上を行った。それを、服属儀礼だとする説がある。しかしながら、「王権の宗教的世界観における出雲説（菊地照夫「出雲国造神賀詞奏上儀礼の意義」）の特別な位置づけにしたがっ」たものとするのだという説の方を支持したい。その奏上の際には、沐浴が必要とされ、その場所がこの三沢だったのである。その三沢については、現在、比定地がいくつかあり、決定しているわけではない（三沢という地名も三津ではないかと疑われているしだいなのだ）。そして、その地の水で育った稲を妊婦が食べると、子どもが物を言わなくなるので、妊婦はそれを食べてはいけないという、禁忌の言い伝えがあるという。単純に理解すると、国造が沐浴する場所には、余人が近づいてはならないということで、タブーが生じたということになろうか。しかし、物を言わない子が言うようになった三沢なのに、婦人がその水を飲むと、物を言わない子が生まれるという逆さまの論理を簡単に了解する事はできないが、いまは触れない。

さて、多具のアマノミカツヒメのことである。『出雲国風土記』には、多久《たく》の折り絶えという地名が、例の国引き詞章の中に出てくる。現在、古来よりの多久川もある。多久神社もある。多具とは、この多久のことだろう。実は、多久神社は二つ残されていて、『延喜式』掲載の神社の祭神は、タキツヒコノミコト（多伎津彦命）とアマノミカヂヒメノミコト（天御梶姫命）である。後者は、ヂとツの違い、夫の違い、があって、同定するには問題があるのだが、アマノミカツヒメと同じと見ておく。もの言わぬホムツワケを救う端緒となったアマノミカツヒメ、もの言わぬアヂスキタカヒコの夫であるアマノミカツヒメ、アマノミカツヒメとはいったいどのような神であるのか。冒頭でみたように、『尾張国風土記』に多具の国の神であるとして登場している女神である。

『出雲国風土記』中に、クニとしては登場していないのだが、「多具のクニ」というのがあった形跡がある。

それは、例の国引き詞章中に、「多久のクニ」というのがあるからである。それは、現在の大根島（ダイコンジマ・タコジマ・タク？）から、二つの多久神社・多久川などを含む、かなりの領域だったであろうと推測される。そしてそれは、『出雲国風土記』の成立時点では、すでに消えていたクニだったのである。そうすると、タクという、古くは広範囲の勢力を有していたクニがあったと言っていいだろう（関和彦『古代出雲世界の思想と実像』）。残されたいま一つの問題は、『尾張国風土記』に、日置部が顔を見せていることである。『出雲国風土記』では「日置氏は意宇郡山国郷新造院の建立者や大原郡と飯石郡の郡司にもなっており、出雲臣一族に匹敵する、特に寺院建立に関しては積極的な有力氏族であった」（内田律雄『出雲国造の祭祀とその世界』）という指摘がある。『尾張国風土記』では、日置部の祖先である建岡の君が登場している。そして、まさしく神社を建てているのである。日置部は、「ヘキベ」と訓むか「ヒオキベ」と訓むか、いまだに迷うところなのであるが、『出雲国風土記』ではかなりの数を目にする名前である。『出雲国風土記』以外でも、氏族名や地名で大きく分布していて、大和朝廷成立以前からあった、火あるいは日に係わる神事に従事していた祭祀集団ではなかったかと見られている。その中にあって、物言えぬ男の支えになっていた女神、それがアマノミカツヒメだったと言えそうである。ミカの意味については、「瓶」「御食」等の意味が提案されている。それぞれ一理あるが、日置部が祭る神ということなのであれば、「御日」が妥当ではなかろうかと思われる。

（「風土記散抄（6）」『白鳥』第12巻第7号（通巻一三九号）二〇〇五年七月）

出雲大社の古伝新嘗祭

出雲大社へは幾度となくたずねている。参詣のためばかりではない。かつては、それまでは知らなかった秋の古伝新嘗祭を拝観させていただいたことがあった。祭式が始まって、その間中に鳴り響いていた雷雨が、祭りが終わるころにはピタリと止み、拝殿から出て、大社本殿の方へと目をやると、雨上がりのもやに包まれた神殿の、それまでに見たことのない荘厳な神域の光景に、息が止まった。私は、無神論者に近いところがあると自覚しているのだが、まさに神の坐す場所がそこにあると思わされた。あの体験感覚は、いまだに記憶から消えていない。「ヌミノーゼ」（オットー）体験なのだろう。神社はどこにでも建立されるわけではなく、建てられるべき場所があるのではないだろうか。

出雲の地を散策していると、神社の建てられ方に一つの姿が見えたりする。宍道湖に向かって、扇状地になっている地形は、水利の面からも、稲作に好適である。いまでも水田がきれいに広がっている。そして、その扇状地の要、水田の一番高いところに、神社がある。しかもそれは出雲国風土記に掲出されている古社なのである。一つ尾根を越えると、そういう古社にまた出会う。その繰り返しである。「出雲には古代が残っている」と何度か聞かされたことがあるが、稲作開始時代から続いている光景、そういうことになると、確かに古代が眼前にあるということになる。そういう古社は、当然のことながら、農耕生活のなかから生まれたものであるといえるであろう。しかし、出雲大社のような、大がかりの古社は、また別格というべきだろう。無論、現在の場所に建立されるにいたった経緯を含めて、人工的な、いわば政治的な事情で造られた側面が大きい。とくに、出雲大社は、その顔を大陸に向けて建立されているのだから。

出雲大社について知り得たいささかを記しておきたい。それは、『出雲国風土記』に大きくかかわっているからである。

平成一二（二〇〇〇）年のこと、思わぬ発見があった。大社の地下に祭礼準備室を作るための調査が行われて、その時巨大柱（宇豆柱、心御柱：シンノミハシラ）の根が発見されたのである。それまでに流布されていた、出雲大社は巨大高層建築物であったという、その伝説を証明する物的証拠が出てきたのだった。その柱とは、人間よりも太い一本の木を、三本にして束ねて一本の柱にしたというものであった。その太い柱を九本使っての、いわば大社造りの巨大高層建築物があったということである。想像復元模型は、一九九七年の「古代出雲文化展」に出品されたので、それを見た人は、ほぼそのままを思い浮かべればよいだろう。

さらにそれを一気に、平安時代の『口遊』（源為憲）に残された言葉につなげる解説まで発表された。それは、「雲太和二京三」と記し残されているものに重ねる説で、出雲の大社が一番、大和の東大寺大仏殿が二番、三番が平安宮大極殿と、当時の建造物の大きさの順位を教える唱えごとのようなものだ。『口遊』の時代は、出雲大社が最大の建築物であったということになる。しかしながら、発掘された柱をそこに直結させるのには無理があったようだ。二〇〇四年に大社町教育委員会は、その柱についてだけの、五百頁を超える報告書を刊行した（『出雲大社境内遺跡』）。それによれば、発掘された柱そのものは、中世にまでしかさかのぼれないことだった。それにしても、この柱の発見は事件であった。今後、『口遊』の時代にまでさかのぼれる考古学的発見の可能性は多いにあるし、無論、それ以前にさかのぼる可能性も当然あるのだから。

実は、「出雲大社（イヅモタイシャあるいはイヅモノオホヤシロ）」という通称・名称は、古代から連綿と継続しているものではない。風土記時代は杵築大社であり、明治一〇年に至っても、当時の文部省が刊行した『日本地誌略』に「杵築ノ神社」と記されてある事から、キヅキの名称の方が、由緒あるものなのだ（出雲大社という名前が全くなかったということではない。文献にその名前は出てくる）。さらにまた不思議なことなのだが、現在でも、宮司は「国造《こくそう》さん」と呼ばれていて、簡単に言ってしまえば、ここはクニノミヤツコが遺されている空間ということになるのだ。国造というのも未解明の部分が多い。例の九州筑紫の「磐井の乱」あたりから、大和王権が地方の有力豪族に与えた名称ではないかという、そのあたりの理解で、とりあえずはいいと思われる。その豪族には当然、政治的な力や宗教的な威力やらがなければならなかったはずだ。その後、国郡制へと移る中で、郡司と名称を変えていくのが制度上の形なのだが、出雲の国造は、国造として現在まで残った。これを見ても、出雲はいまだに古代の残されている部分のある場所と言えよう。だから特別だと言うつもりはまったくない。

『出雲国風土記』を開けば、巻末の編集責任者に、出雲の臣広島の名が見られる。広島は、出雲の国造であった。国造が『風土記』の編集をしているのは、出雲だけである。出雲の国造の祖は、天穂日命《アメノホヒノミコト》ということになっている。しかし、その系図は疑わしい。いや、系図というものはそもそも疑わしい。

アメノホヒとは、『古事記』の誓約神話の中で、アマテラスとスサノヲの間に生成した、二番目の男神である。『古事記』では葦原中国の平定のために、最初に天上から派遣された神で、派遣後三年間音信不通となる。『日本書紀』では平定後オオナムチの祭祀をしたと伝えている（一書の二）。出雲国造神賀詞でも返り事をした後オオナムチを祭祀している。『古事記』だけが多少異なっている。現在の出雲大社の宮司（国造）が、八十四代目ということになるが、途中の系譜が、一筋縄ではいかない。なぜなら、出雲国造に係わる資料は、久安五（一一四九）年に国造館と一緒に焼失しているからだ。系図の消失である。ということは、今残る系図は、その火事の後に新たに作りなおされたということになる。そして系図は一つではなくなった。一つではなくなったとは、どういうことか。

出雲大社に向かって、左（西）の横には宮司の「国造館」がある。そして、「国造館」は、大社をはさんで、もう一つある。「国造館」が二つあるということは、「国造」が二人いるということである。しかし、出雲大社の宮司は、西側にある「国造館」の千家氏である。そして、千家氏は、「出雲大社教」を掲げている。では、もう一人の「国造」はと言えば、大社の東側の「国造館」の北島氏であり、「出雲教」を掲げている。以下、千家氏の側からの主張である。「後村上天皇の興国四（一三四三）年、五十五代の孝宗が国造になった。弟の貞孝は「時の出雲での実力者塩谷判官高貞の女が生母なので、その実力を背景に別家し」、兄弟で約定を結び、祭祀・所領を分掌することとなった。ここで、国造が二つに分かれた（『出雲大社』千家尊統著）というのである。出雲に住まいしている出雲古代史研究家の石塚尊俊氏は、次のように説明している。

国造家は古来もちろん一家であった。ところが建武中興の直後、国造孝時《のりとき》が病没したのち、その所職を継承した三郎清孝《きよのり》が、在職八年にして興国四年（一三四三）、その職を弟五郎孝宗《のりむね》に譲った。しかし、これに対してその弟六郎貞孝《さだのり》は、すでに父存世の建武二年（一三三五）、清孝の国造は一代限りという約定であり、その後は自分であるとの譲状を受けているといって譲らず、かくしてここに国造家は二分することになった。以後、孝宗流は千家氏と称し、貞孝流は北島氏と称し、ともに国造と称して公にもこれを認め……明治維新に及んだ。（「出雲大社の成立と発展」）（ルビは引用者のもの）

祭祀に関しては、奇数月を千家氏が、偶数月を北島氏が受け持つということになった。しかし、明治維新前後から現在まで、千家氏が、いまある出雲大社の宮司職を単独で受け持つようになっていて、北島氏は、出雲大社の右側に住まいする「国造」となっているというわけだ。そして、系図は、どうも江戸時代あたりに、千家氏と北島氏との双方が独自に造り合うという事になった。よって、すくなくとも、出雲国造家の系図は二つあるということになる。その二つは大きくではないが、異なっている。高嶋弘志氏の「出雲国造の成立と展開」（『出雲世界と古代の山陰』瀧音能之編所収）によれば、「天穂日命から伊幣根命までの一一代は、出雲国造としては新しく架上された系譜である」ということになる。さらにその後も系図の違いは続く。『古事記』では、よく欠史八代と呼ばれて、綏靖天皇から開化天皇までを、実在しなかった天皇とする。それを真似て言うなら、出雲では、欠史十一代とでも呼んでいいような事態になっているのである。そもそも天穂日命ですら出雲では存在感の希薄な神なのである。ただし、残されているその「系図」によれば、アマテラスにつながるのだから、天皇家と同じ古さということになる。

出雲大社の祭神の問題に移ろう。祭神は、大国主命ということなのだが、これも、まったく問題がないというわけではない。北島家文書（一三六五年）の一つに祭神スサノヲとあり、出雲大社境内というか入り口にある、銅の鳥居には、スサノヲが出雲大社の祭神であると刻まれているからである。この鳥居は寛文六（一六六六）年のものであるから、この二つを信じると、中世から近世にかけての三〇〇年間ほどは、祭神はスサノヲだったということになる。今では、スサノヲは、本殿の背後の祠に祭られている。祭神にも宮司にも変遷があるというわけだ。無論、神社の祭神に変遷があるというのは、珍しいことではないし、宮司が変わるというのも、よくある話である。しかし、この出雲大社の話となれば、黙殺するというわけにはいかないだろう。

話を、冒頭の古伝新嘗祭に戻したい。拝観して、「シャーマニズムが目の前にある」と思わざるを得ない、そういう儀式であった。もともとは、神魂《かもす》神社に出雲国造が出向いて行っていた儀式ということだが、いまでは、大社拝殿で行われている。一一月二三日の夕方七時からである。秘儀ということではないので、信者やら拝観の人々が多く集まる。中身は、大きく、「歯固め式」と、「百番の舞」とからなる。土器のなかの二つの小石を噛む神事と、同じ舞を百度繰り返す、百番の神事である。その舞とは、「国造さん」が白い壁に向かって、鳥が空を飛ぶように両手を広げる簡素なものであるが、その舞の繰り返しも、百度に及ぶと、国造がシャーマンになっているように見えてくるのである。憑依現象といったらいいのか、脱魂現象に分類すべきなのかは、ここでは問わない。「国造さん」の弟にあたられる、千家和比古氏は、次のように記している。

出雲大社の「祭儀」の「不易な様相は祭儀の核心である相嘗・百番の舞などの諸儀であり、それらの儀礼行為が生み出す象徴的死と再生の論理における霊威の継承とその更新、かつ媒体としてそこに存在する火・水に対する基層、深層的思念である。この意味的儀礼行為に「日継」「新嘗」という名が冠されたのがいつ以来のことかは別にして、この思念がけっして中世・近世に成立したものでないことはあきらかである。」（「出雲大社と祭祀」『古代を考える　出雲』）

私も、この祭祀は、古くからのものであると考えている。その理由を簡単に述べるのは難しい。一つだけ言えば、私たちの理解力を超えたものがあるということである。単調な仕種の繰り返しが、闇とかがり火の中で行われる。舞っているというよりも、決められた動作を繰り返している、その国造さんの、動きの影が壁に揺れる。闇と火が作り上げている儀式といってもいいだろう。整理された教義宗教の儀式というものではなく、また、オルギー（騒擾）という祭りには程遠く、静かなカオスのようなものを思わせると言ったらいいのだろうか、そういう儀式なのである。遠い大陸からの、伝播を推測したくなるような、不思議な祭祀であった。

（「風土記散抄（7）」『白鳥』第13巻第1号（通巻一四五号）二〇〇六年一月）

出雲という地名

『出雲国風土記』冒頭の総記は、話題にしておくべきことがいくつかある。その一つはやはり地名起源であろう。地名というものには、政治的に認知了解されていく過程というものがあるのかもしれない。出雲という地名である。『風土記』には、

出雲と号くる所以は、八束水臣津野の命、詔りたまひしく、「八雲立」と詔りたまひき。故れ、八雲立つ出雲と云ふ。

とある。ところが、八雲立つの歌は、『古事記』ではスサノヲが歌ったとされている。

八雲たつ　出雲八重垣　妻籠みに　八重垣作る　その八重垣を

実は、この歌は、時代を過ぎて、『古今和歌集』の仮名序では、「やまと歌」の始まりとされて、同じくスサノヲの名前で記述されることになる。

出雲の国に宮造りし給ふ時に、その所に八色の雲の立つを見て詠み給へるなり。

と説明されて、同様の歌が引用されているのである。古今集の時代までの影響力の強さをうかがわせる。微妙な問題をかかえているのだが、そこで引用されている歌では、「妻籠みに」が「妻籠めに」とされている。この動詞の活用の違いは、この歌が『日本書紀』からの引用のものであることを教えている。記は「妻籠みに」であり、紀は「妻籠めに」なのである。さらに、この歌が、紀からの引用ではないかというもう一つの根拠は、スサノヲの漢字表記である。『古今』仮名序では「素戔鳴尊」となっていて、これは、記の表記である須佐之男とは違う、紀の表記なのである。それでは貫之は紀を読んでいたのか、というのは早計な判断で、仮名序ではスサノヲが、アマテラスの兄とされているのだから、紀は読んではいなかった可能性が高い。脱線しているので、この話はここでは終わりにしよう。

『古事記』のなかに掲げてある系譜では、前にも指摘したが、スサノヲは、ヤツカミヅオミヅノの祖である。系譜を信用すれば、祖であるスサノヲが、まずこの歌を歌っていたということになる。「八雲立つ出雲」とは、事実については保留するとして、スサノヲの歌ということになってしまう。古事記はそうしたかったのだろう。だが、地名は、出雲。在地の神ヤツカミヅオミヅノの歌と伝承されていたと考えるのが、順当ではなかろうか。政治的作為によってスサノヲにすりかわったのだろうが、それについては後で少し触れる。

風土記のここの総記のなかでは「八雲立」については詳しく書かれていない。しかし、後出の意宇郡の、「国引き詞章」のなかには、「八雲立つ出雲の国は、狭布の稚国なるかも。初国小さく作らせり。故れ、作り縫はな」

とあるので、「八雲たつ」は、出雲の在地の枕詞であることが分かる。細かいことを言えば、「八雲立つ」が出雲をみちびくというよりは、「立つ」の方が「出雲」を直接呼び出しているのではないかと考えたい。「立つ」という漢字に直してしまうから弱いので、ここではいっそ「顕つ」という文字を使った方がよかったのかもしれない。「あらわれる」ということだ。そうすれば、多くの雲がたちあらわれる、雲がわき出るイヅモ、とみちびかれやすいのではないか。『古事記』には、周知のとおり、ほかにも「出雲」の歌がある。

やつめさす　出雲（伊豆毛）健が　佩ける刀　黒葛多纏《ツヅラサハマ》き　さ身なしあはれ

出雲の枕詞ということになる「やつめさす」については、『角川古語大辞典』に次のような説明がある。

枕詞。多くの芽が伸びる（八つ芽さす）巌藻《いつも》の意で、同音の出雲にかかるか。「やくもたつ」の音訛ともいう。同様の枕詞に「やくもさす（やつもさす）」がある。

ここの説明には、いささかの無理があると言えないか。出雲という地名は、巌藻と同音であるから、ヤツメサスは、本来巌藻にかかるものなのに、出雲の枕詞になったというのである。みられるとおり、説明文の末が疑問になっているところに、自信のなさが示されている。かつて松岡静雄が「イヅモ」は「巌藻」であるという説を出した（『日本古語大辞典』）。しかしこれでは、「イツモ」であって、ツは清音である。それを何の説明もなく濁音にしてしまうのは、飛躍がある。それを説明できなければ、「出雲」＝「巖藻」説は苦しくなり、それならば「出藻」のほうがまだよかろうとした土橋寛説を私は支持したくなる。土橋氏はさらに、「弥つ芽さす」説を支持し、かつ「八つ藻さす」説も支持している（『古代歌謡全注釈　古事記編』）。その場合は、当然、ヤツメサスのイズモ（伊豆毛）は、「出藻」ということになる。「黒葛多纒き」が、「藻」を連想させるとすれば、なおさらであろう。

これだけの説明でも、引用した『古語辞典』の説明は不十分ということが分かっていただけたのではないか（急いで付け加えておかなければならないが、『角川古語大辞典』は私の信頼している古語辞典である）。この歌の類歌とでも呼んでいいかと思われるのが、『万葉集』の人麻呂の歌だ（四二九・四三〇）。

山の際《ま》ゆ　出雲の子らは　霧なれや　吉野の山の嶺にたなびく
八雲さす　出雲の子らが　黒髪は　吉野の川の　沖になづさふ

後者の、ヤクモサスという枕詞は、ヤクモタツとヤツメサスの合成語としての、人麻呂のオリジナルとされている。前者、四二九の歌の題詞を省略したために分かりづらいかもしれないが、この二首は、溺れ死んだ出雲娘女と、その娘を吉野に葬ったときのもの。言わば「聖地」吉野と、火葬の歌なのである。

一句め、「山際従」は「やまぎはゆ」と訓みたくなるところだが、「やまのまゆ」と訓むのが定着している。佐藤謙三は、「『万葉集』には「山ぎは」の語は見えない。「山のは」は九つみえるが、一つを除いて全部月にかかわる」(『著作集二』)という貴重な指摘をしている。この歌は、霧が嶺にたなびくのであるから、「山の間ゆ」の訓みで納得すべきだろう。

「出雲の子ら」という表現を雲の縁語として霧に重ねてもいいのであるならば、人麻呂は出雲を、地域として認識せずに文字でとらえて、「わく雲」と理解して「霧」を連想したことになる。大和に対する、出雲の「国」という認識はなさそうだ。しかも、乙女の長い「黒髪」が、吉野の川にただようという描写も、「藻」との連想を否定することはできない。そのときの人麻呂のなかに、出雲と出藻との重なりがあったのかいなか。

本居宣長は、『古事記伝』で、

夜久毛多都は、彌雲起にて、彼ノ雲の立ち騰るを、打見給へる随に詔へる御詞なり、夜は彌にて、幾重にも立ち重なる意ぞ、

としている。「ヤツメサス」については、別のところで、もともとは「やつくもさす(八つ雲刺す)」という詞が、一方では「ヤクモタツ」になり、一方では「ヤツメサス」になったのだという強引な説明をしている。簡潔に紹介すると、ヤツメサスとヤクモタツは、「八雲立つ」の読み方を、本来は、「ヤツクモタツ」であったとできるならば、クが脱落してタがサに変わるとヤツメサスになり、ツが脱落すればヤクモタツになる。同じものが分化しただけではないかということなのだ。しかし、これは、音韻変化としては不可能な希望的なも

のでしかない。先の『古語辞典』で、「音訛ともいう」という説明が、心もとないのは、やはり正直な記述であって、自信がなかったのだろう。そういう音訛はありえないはずだから（瀧音能之著『古代出雲の世界』歴研刊に整理された記述がある）。

地元で長く『出雲国風土記』を研究していた加藤義成は、雲の多いこと、つまり八雲（雲が多い）とは、雨が多いことであり、農耕民としては、「八雲立つ出雲は、旱天のないよう豊かな雲の立ちでることを連想させる出雲の意で、そこには降雨が適度で農耕がよく行われるよう、生活の永安を祝福する出雲びとの祈りがこめられているのを感ずる」としている。出雲の語源は「雲」であってほしいという、私の願望の拠り所の一つである。

やはり、八雲立つを歌ったのは、スサノヲというよりは、「八」の付いている、八束水臣津野の命の方が相応しいのではなかろうか。「八《や》」は聖数だという主張があるけれども、「ヤ」（漢字にすれば弥ということになろうか）という音が、たまたま「八」の読みと重なったために、そう言われるようになったのだろう。音の連鎖と意味の連鎖が、重なっていると言うべきか。

ヤツカミヅオミヅノという名前は、前にも記したとおり、『古事記』では、オミヅノの神の名で、大国主神の二代前の祖として、系譜に登場するだけである。菅野雅雄氏は、「この須佐之男命の系譜は、『記』に大国主神を登場させるため、天照大御神の弟須佐之男命に大国主神を結合させる機能をもたせたもの」であり、「系譜中に記載された神々は、各地に、民俗的に信仰されていた神の姿からはほど遠く、その名義も神格も、編述者の意図によって二転三転させられて系譜に組み込まれたものと考えられ、再言すれば、高度に政治的に体系化されたものといえよう。」(『著作集四』三七〜三八)ということになる。この明快な説明に反論の余地はないと思われる。

ヤツカミヅオミヅノの、前半部のヤツカミヅという名と、後半のオミヅノは、同語反復のようなもので、両方とも大水という解釈が通用しているが、それは、台風というような、人々を困らせるようなものではなく、自分たちにつごうのいい、潤沢な水くらいの意味で理解してよいのではないだろうか。古事記では、ヤツカミヅは付いていないが、そこにどのような理由があったかの説明を始めると、長くなりそうなので、ここでは省略させていただくしかない。

出雲という地名について、この歌をめぐって考察してきたが、無論、この歌は、「出雲」という地名起源に眼目を置いているわけではない。「妻籠み」という言葉がある以上、祝婚の歌であると誰もが読み取れるようにされてある。

そうすると、八雲と出雲が雲でつながり、出雲をはさんで八雲と八重垣を「八」でつなげているというレトリックが見えてくる。雲が八重垣を作っているというイメージを思い浮かべるには十分な技法だろう。その雲の八重垣のなかでの祝婚の歌だ。誰の婚姻か? スサノヲとクシナダヒメのものになっているのは、古事記作者の目指したところだ。この婚姻は、ささやかな飛躍と比喩を許されるなら、大和と出雲の強引な婚姻ということになろうか。この古事記の側の記録によって、出雲は大和の傘下に組み込まれることになる。しかしながら、『出雲国風土記』の世界では、出雲という地名は、なんとか、大和とは無縁のものでありつづけるということになったのである。

（「風土記散抄（8）」『白鳥』第13巻第5号（通巻一四九号）二〇〇六年四月）

大国主命の子孫

司馬遼太郎の第一エッセイ集『歴史と小説』（一九六九、河出書房新社刊）に、「出雲のふしぎ」という文章がある。そこに摘出されている問題は、出雲だけにかかわるというようなものではなく、古代史というものを考えるには、留意しておかなくてはならないことの一つである。司馬氏は、それをさりげなく記述している。出雲大社の宮司のことである。言うまでもなく、出雲大社の宮司として了解されているのは（大社教と出雲教の違いはあれ）、千家家であり北島家である。この両家についての関係はここでは問わない。細かく言えば、今は、千家氏が出雲大社の宮司である。しかし、実は、出雲には、大国主命の正系の子孫がいて、世間で大社の宮司と認める千家氏、あるいは北島氏は、単にアメノホヒの末裔でしかなく、大国主命の子孫などではないのだと、T氏が言い張るのだという。そのT氏は、自分こそが大国主命の子孫だと主張しているというのである。アメノホヒは、出雲を征服した大和の側が派遣した者でしかないのだと。T氏はデタラメを言うような人物ではない。

出雲が大和政権に服従をする前に、大国主命を祖とするT氏の先祖がいたが、それが現出雲大社の宮司の祖に、宮司職を「簒奪」されてしまったというのだ。当然ながら、記・紀に記録されることのない話である。おそらく、この話については、能澤嘉彦氏が連載を始めた「伝承文学素描」（『環』二五号藤原書店刊）の中でゆくゆく報告がなされることであろう。記録の残されている、現出雲大社の神賀詞について考えてみれば、何かが見えてくるかもしれない。

記録、神賀詞は、『延喜式』に残されている。

大和政権は、出雲を征服したことを記・紀で知らしめることによって、「古代日本」を「統一」したことのあかしとした。『古事記』神話の三分の一を占める、出雲系神話がそれを語っているということだ。その最終章とでも言ったらいいのであろうか、『延喜式』祝詞式に、出雲国造《いずもくにのみやつこ》神賀詞《のかんよごと》が残されている。古代大和政権に対して、出雲が服属の誓いとして奏上したとされている祝詞である。原則として、新国造が、代替わりの儀式の一つとして、ヤマトに出向いて奏上していた祝詞であったようである。菊地照夫氏は、神賀詞の中心は、「神賀詞の奏上にではなく、神宝の献上にあった」と指摘している。それは肯定すべき指摘であるが、ただし、それを含めた、復奏儀礼であったとするのが、より広い解釈になるのではないかと、私は考えている。菊地氏の指摘については後述する（本稿は、菊地氏の論文「出雲国造神賀詞奏上儀礼の意義」『出雲世界と古代の山陰』所収、名著出版刊、に大きく依拠させていただいている）。

『延喜式』の神賀詞を全文引用すると、それだけで終わってしまうので、概略と、必要な部分を引用する。大方を三段で分けるのが、研究者の見方のようであるのでそれに従いたい。

一段

国造の神祭りについての紹介である。熊野・出雲の一八六社の神々を祭る、宗教的側面の部分である。

二段

神話が語られる。

タカミムスヒ、カミムスヒ、スメミマノミコトの時代、クニを造ったオホナムチを祭らせたこと。カムロキ・カムロミが、アメノホヒに天皇を守れと言ったこと。天皇に仕えるという文意が出てくる。

三段

この段に、神賀詞の主意があると思われるので、本文を引用しておく。

白玉の大御白髪《おおみしらが》坐し、赤玉の御みあからび坐し、青玉の水江の玉の行き相いに、明つ御神と大八島知ろし食《め》す天皇命の手長の大御世を、御横刀《みはかし》広《ひろ》に誅ち堅め、白御馬の前足の爪・後《しり》足の爪踏み立つる事は、大宮の内外の御門の柱を上つ石根に踏み堅め、下つ石根に踏み凝らし、降り立つる耳、上の弥高《いやたか》に、天の下を知ろし食さむことの志《しるし》のため、白鵠《しらとり》の、生御調《いきみつき》の玩び物と、倭文《しず》の大御心もたしに、彼方の石川の渡り・此方の石川の渡りに、生い立てる若水沼間《わかみぬま》の、弥若えに御若えに坐し、すすぎ振るおどみの水の、弥おちに御おち坐し、まそひの大御鏡の面を、おしはるかして見そなわす事のごとく、明つ御神の大八島国を、天地日月とともに、安らけく平らけく知ろしめさむ事の志のためと、御寿の神宝をささげ持ちて、神の礼白・臣の礼白と、恐み恐みも、天つ次《つぎて》の神賀《かんほぎ》の吉詞《よごと》白し賜わくと奏す（引用は『訳注日本史料延喜式上』集英社刊を基としている）。

天皇の長寿であることを願うことから始まり、献上するものに言い及び、「若返りの水」に続き、神宝の奉呈にて終わる。このヨゴトは、宮司が神に奏上するのではなく、天皇に奏上するという点で、ほかのヨゴトと異なると言えばいえるのだが、天皇がカミであるのであれば、同じと言えよう。

神賀詞奏上の文献的初見は、『続日本紀』の霊亀二年二月（七一六）であり、終わりは、『類聚国史』の天長七年（八三〇）ということになる。それは、あくまでも文献上であって、それ以前と以後とには何もなかったとは言い切れない。

『風土記』に戻ろう。意宇郡の、忌部《いむべ》の神戸《かんべ》に、この神賀詞にかかわる記述がある。

忌部神戸。郡家の正西二十一里二百六十歩なり。国の造神吉詞《かんよごと》奏しに朝廷に参向ふ時の御沐《みそぎ》の忌玉を作る。故れ、忌部といふ。即ち、川の辺に湯を出づ。出湯の在る所、海陸を兼ねたり。よりて、男も女も、老いたるも少《わか》きも、或るは道路を駱駅《ゆきか》ひ、或るは海中を洲《はまべ》に沿ひ、日に集ひて市を成し、さかりに燕楽《うたげ》す。一たび濯げば形容端正しく、再び浴すれば、万の病悉くに除ゆ。古より今に至るまで、験を得ずといふことなし。故れ、俗人、神の湯といふ。

混乱している記述であって、出雲の国造が神賀詞を奏上する際に禊ぎの水（湯）を浴びたという事柄と、温泉があったので、市が栄えたという記録が錯綜しているのである。舞台は今の玉造温泉ということになる。本当にここで、国造が神賀詞を奏上しにヤマトへ出向く際に、沐浴した場所なのかということになると、疑問があるとしか言えない。何故か。仁多郡の三沢の郷の条にも、次のような記述があるからだ。アヂスキタカヒコの命の話の流れの中で出てくる。

三沢郷。郡家の西南二十五里なり。大神オオナモチノ命御子アヂスキタカヒコノ命、御須髭八握に生ふるまで、昼も夜も哭き坐して、み辞通はざりき。その時、御祖の命、御子を船る乗せて、八十島を率て巡りて宇良加志給へども猶哭くことを止めたまはざりき。大神夢に願ぎ給ひしく、「御子の哭く由を告らせ」と夢に願ぎ坐せば、すなはち夜夢に御子通ふと見坐しき。すなはち覚めて問ひ給へば、その時「御沢（御津）」と申したまひき。その時、「何処をか然云ふ」と問ひ給へば、すなはち御祖の御前を立ち去り出でまして、石川を渡り、坂の上に至り留まりて、「是処ぞ」と申したまひき。その時、その沢の水活《なが》れ出でて、御身沐浴き坐しき。故れ、国の造神吉事奏しに、朝廷に参向かふ時に、その水活れ出でて用ゐ初むるなり。此に依りて、今も産《こう》む婦、彼の村の稲を食はず。若しへば、生める子已にもの云はざるなり。故れ、三沢（三津）と云ふ。

ここでは、アヂスキタカヒコノ命の話には目をつむる。ここで注意すべきは二点。一点は、仁多郡の三沢にも、沐浴の話があること。もう一点は、「三沢」という地名についてである。異文で、「御津（三津）」となっているものがあるということを知っていただきたいのだ。引用文中（　）で示しておいた。「みつ（御津）」の異文が生じたのは、（それが異文だとして、）「夢をみましたか」という問い掛けにたいして、「見つ（みました）」と答えるのが、至極まっとうな会話のやりとりになるからだと思われるのだ。「三沢」と答えたのでは、対話になっていないと言えるだろう。無論、（三津）が後から生じたかどうかは不明と言わざるを得ない。

本文校訂の問題として、「御津」となっている異文を無視できないことを言いたいのだ。なぜ強調するのかと言えば、現在流布している『風土記』のほとんどが、なんのためらいも見せずに「三沢」を採用しているからだ。「三沢」にするならするで、明快な説明が必要だろう。

ミソギの問題に戻る。私は、国造さんが、朝廷に神賀詞を奏上する際に、ミソギをしたであろうと推定されている場所を何箇所か実見している。研究者の方が比定している地にも案内していただいた。関和彦氏、内田律雄氏の、比定地はそれぞれ興味深いものがあった。そのどれかが本物であり、それ以外は間違いであろうと思っているのだが、その結論はいまだに出せないでいる。杵築社（出雲大社）から、ヤマトへ向かう道筋にあると考えるのが順当であろう。そして、そのどれもが、似たような、湧き水からの池になっている場所である。水は、人の生活にとって、きわめて重要な位置を占めているものである。私が幾つか実見した、比定地の池は、それほど大きなものではなく、むしろ小さいと言ってよいほどのものだ。長いところで三〜四メートル、短いところで一メートル、古代から全く変化していないとは言えないが、それほど大きな変容はないだろう。この程度のところでミソギをするのかと思わせる程度のものなのだ。しかし、池の大小にかかわらず、水が、重要な役割を果たしていたということに間違いはない。

菊地氏は、神賀詞の儀礼は、単なる服属儀礼ではなく、天皇に霊威を付与するための、タマフリ儀礼であったという側面を指摘した（前掲論文）。王権の宗教的世界観のなかで、オオナムチは、出雲の土着神ということでなく、ヤマトの宗教的世界観の一環として、出雲に祭られたというのだ。オオナムチは、アメノホヒ・アメノヒナトリを祖とする出雲国造によって祭られたが、それは王権の要請であって、出雲国造が主体的にやっていたことではないのだという。私は、この見解に魅かれる。政治的な表面の部分については、確かにその指摘によって見えてくる部分がある。その、アメノホヒの子孫が奏上する神賀詞に、水、しかも、若返りの「オチミズ」が登場しているのは、原初的な信仰を考える際に忘れてはならない裏の部分と言えるだろう。神賀詞の終わり部分を訳して引用する。

あちらこちらにわき出た水のように、ますます若くおなりになります。そそぎふる水のように、若返りなさり、よく写る鏡に映してごらんになるように、ヤマトは、すべて手中の鏡の中のものでもあるかのように、天皇が治めなさる……

ヤマトから派遣されたアメノホヒノ命の末裔が、その本来の目的どおりに、天皇に神賀詞を奉るのである。T氏は司馬氏に「大国主命の悲憤をおもうと、国造家がうらめしくてならないんだ、私は」と卓を叩いて言ったそうである。

（「風土記散抄（9）」『白鳥』第13巻第8号（通巻一五二号）二〇〇六年七月）

詩人のみた出雲

『風土記』に限らず、古代文献を読めば、「鉄」の話がチラホラと出てくる。「鉄」というか「金属」というのは、人を魅きつけるらしく、私の知る書物でも、何人もの人が古代の鉄と向き合っている。その中でも、特に気になるのは、福士幸次郎という詩人である。愛国主義者、あるいは伝統主義者、ひどい評価になると、ファシストなどと呼ばれたりしたからだろうか、余り知られていない詩人である。遠回りをすることになるが、この詩人について、少し触れておきたい。

島崎藤村が『藤村詩集』の序文で、「遂に、新しい詩歌の時は来りぬ」と、明治新体詩の登場を宣言したのが、明治三七（一九〇四）年。しかし、それは、文語定型からの完全な脱却とは言えなかった。つづいて、白秋が文語自由詩とでもいう型を見せる。さらに、明治四四（一九一一）年、若すぎる晩年を迎えていた石川啄木が、漢文訓読調の、長編口語自由詩「はてしなき議論の後」を発表する。冒頭を引用しておく。

暗き、暗き曠野にも似たる
わが頭脳の中に、
時として、雷《いなづま》のほとばしる如く、
革命の思想はひらめけども……
（以下略）

引用したのは、ここで石川啄木についての、詩人（歌人）としての評価を考えるというためではなく、口語自由詩へと向かう時代の、過渡期のその様相を、いささかなりとも見ておきたかったからである。萩原朔太郎の『月に吠える』（大正六、一九一七年）まであと六年の頃である。ところが、『月に吠える』の三年前に、朔太郎自身も影響を受けたと述べている、口語自由詩の一冊の本が出されている。それが、詩人、千家元麿、石川善助らと親交のあった、福士幸次郎の『太陽の子』（大正三、一九一四年）である。これは、近代口語自由詩史の類の本を繙けば、その先頭に位置づけられている詩集ということになる。これも、冒頭を掲げる。

私は太陽の子である、
未だ燃えるだけ燃えたことのない太陽の子である。
今口火をつけられてゐる、
そろそろ煤《くす》ぶりかけていゐる。

ああこの煙が焔になる、
私はまつぴるまのあかるい幻想にせめられて止まないのだ。
（以下略）

この詩集については、ここでは、石川啄木の漢文訓読調からは解き放たれた、口語自由詩の詩集ということ、そのように説明していいのではないか。朔太郎まであと三年である。しかしながら、注目すべきは、明治から大正にかけて、山田美妙、岩野泡鳴のようにして、文語定型詩からの脱皮を図った、評論家や詩人たちが多数輩出した、その中の一人に福士幸次郎がいたということである。文語定型からの離脱には、それなりの理論的土台を必要としたようであって、福士は、文語定型詩からの本格的な離脱の根拠を、散文でも残している詩人の一人なのである。福士の全二巻の著作集（昭和四二年津軽書房刊）には、多くの詩論が収録されてある。萩原朔太郎との論争という形を核として、日本語の詩（短歌・俳句・自由口語詩）の、原理のようなものを掴みだそうとしている点で、特異であるし、面白い。「わたしは萩原君が国語を今少し研究してくれたら」……と述べて、自説を要約する。

（一）わが国語にはわが国語固有の音律作用がある。（二）これを離れて詩を作るのはその詩の効果を弱め、詩と散文を同一のものとする。（三）しかるにこの固有の作用物、即音律作用物は、自律的のものであるから、これに更に自覚的に適当に保護を加へると、隠れたるこの機能はずつと伸長され、力強くなる。（四）そこでまづその保護の根本用件は、在来の持ちくさつた五音七音説を擲つて、一音一音時説を根抵とし、この上に機能づけられた二音・三音・音脚説をとる。至極デリケートな音律作用ではあるが、こゝに立つと萩原君の言葉のニウアンスなど却つて純粋に働き、言葉の意味伝達にも活力を増す。（自由詩音律論・著作集上巻）

この部分的な引用だけでは分かりづらいところがある。粗雑にまとめてしまえば、日本語には独特の音律があって、それを無視することはとうていできない。だからと言って従来の五音・七音の反復は単なる定型律であって、そこに安住していては、新しい詩型は生まれない。自由詩は二音・三音の不定型律でいくべきだというのだ。これは、朔太郎の詩論とは全然かみ合わない、論争にならない議論なのだが、福士独自の日本語自由口語詩論というべきものが見られる。

ここでこの福士の日本語の音数律の問題にさらに深入りすると、本題に入っていけなくなるので、貧相ではあるが、詩人、福士幸次郎の紹介はここまでにする。ここからが、本稿の本題となるが、どうも定型詩(あるいは詩)から逃れようとする詩人は、古代に興味を抱くらしい。定型詩との格闘を一段落させた一人の詩人が、実は、その後、既成の古代史との格闘に入っていくという、それが本題ということになる。

福士幸次郎は、『原日本考』という不思議な本を(正編は函入りで昭和十七年、続編は函なしで昭和十八年に)刊行する。正編の副題は「古代日本と鉄の文化」とある。残念ながら、津軽書房刊行の著作集には、目次のみで、この本文は収録されなかった。おそらく、編集者が、詩人として詩作品の福士のみが重要であって、古代史は趣味であろうぐらいに軽く判断したのだろう。事実、古代史の研究史には、福士幸次郎の名前はほとんど出てこない。『原日本考』の書名だってまず出てこないのだから。古代史と呼んでいいかどうかも問題なのだが、この「古代史」は、「鉄」から見た古代史、それも好意的に読めば、農耕民族以前の「日本」の古代史なのであった。農耕民族としての古代以前に、日本にも金属文明の古代史があったというのである。これは、世界史的レベルからいえば奇異でもなんでもない。普通の古代史であるのだが(ついでながら、なぜか、津軽書房は、著作集刊行の十年後、正続合本にして、著作集と同型で『原日本考』を刊行することになる。また、最近は、原本の復刻版も登場した)。

福士がこの本を著したころは、鉄を研究することが、流行ったのではないかと思われる。物資としての鉄と、イメージとしての鉄が、渾然と話題になっていた時代のようである。他に何人もの人が、それぞれ鉄と古代史・民俗学・文学、あるいは神話学を重ねて論文を書いている。挙げておくべき書物は、例えば、貝塚茂樹著『神々の誕生　中国史Ⅰ』ということになろうか。この流行の背後に、柳田國男が見えているというのは、指摘しておかなくてはならないことだ。特に福士の『原日本考』の自序には、柳田宅を訪ねて、何度となく話をしたことが述べられている。その柳田國男は後世に残った。だが、その「鉄論・金属論」の影響を受けた、ほとんどの人、あるいは書物は、どの学問の分野にも登場することはなく、消えていった。福士の本にいたっては、学術的にはほぼ黙殺状態と言ってよい。それについての不満は誰にもないようだ。学術的には、キワモノと呼ばれても仕方がない面があるからだ。それでは、なぜここで取り上げるのか。それは一つのことに取り憑かれた詩人が、二十年をかけて、日本中を歩き回り、日本古代の鉄文化を考察したということの中から、何やら教えられることがあるからである。一詩人の鉄文明への執着心である。むろん、福士の著作が、全く学術的でないということはなく、先に述べたとおり、柳田國男の名前も、折口信夫の名前も何度も出てくる。福士の持論に導かれながら、日本古代の表舞台からは、消えてしまったかのような、「鉄・金属」文明について、若干を記しておきたい。

神武天皇の御東征は元より軍事行動を予備しての移動であり、この為兵器兵具が当然所要とせられたと推察しまつるのであるが、事実東征軍がその初め日向を進発せられて以来、途中滞留せられた所は悉く鉄産地として、乃至鉄に濃厚な所縁のある土地として注目に値ひする処ではあるのである。（『原日本考』）

そして、私なりに納得している部分を、紹介してみるが、神武天皇の后が、『日本書紀』では、「ヒメタタライスズヒメ」であり、『古事記』では「ヒメタタライスケヨリヒメ」であること。その双方の名のなかに「たたら」が含まれていること。タタラとは、言うまでもなく、鉱物あるいは砂鉄を溶かす道具のことである。溶かす際に風を送る道具といった方が厳密かもしれない。これは、金属文明にかかわる名前といってよかろう。また、細部に目を向けて、『出雲国風土記』の飯石郡には、「狭長社《さなが》」がある。祭神は、現在「正哉吾勝勝速日天忍穂耳命」である。祭神についてはここでは問わない。神社名のサナガに注目しよう。サナガはサナギであって、鈴であり鐸のことである（という福士の考えを承認しよう。その根拠は、長くなるのでここでは省略する）。サナガ、あるいはサナゲという名称の神社は、但馬のサナゲ神社、西三河のサナゲ（猿投）神社を想起させる。古代出雲（だけではないのだが）に、鉄（金属）に係わるであろう神社があるということ。このような例証を挙げて、古代日本の鉄文明を説く。よく知られていることではあるが、出雲は良質な砂鉄の産地である。鉄産業は近代まで重要な産業の一つであったということも、忘れてはならない。先に、福士の『原日本考』は学術的に、ほとんど黙殺されていると書いたが、「神道考古学」というジャンルを提唱した、考古学者の大場磐雄が、知るかぎりでは唯一引用している（『著作集五』）。

同氏（福士・引用者注）はわが国における鉄の文化は、世界中でも、最も古く発達したとし、その鉄を所持する氏族の祭祀は、神聖な場所に木を立てて、それに鉄鐸を吊るして祭るもので、……略……猿投神社をもって鐸を祭祀したと考えた点は大いに見るべき新説であり…（以下略）。

大場氏は、西三河のサナゲ神社の名前から類推して、銅鐸が出土することを予告して、それが的中したという、奇跡的な仕事をした学者である。その大場氏に評価されたということで、福士の仕事はある程度報われたというべきかもしれない。「神聖な場所に木を立てて」の「木」や、「ネンスク、ネジレギ」と呼ばれている「木」に、福士は異常に惹かれたようなのである。取り憑かれたように「木」を求めて日本中を歩き回ったようである。ここでは、その訳にまで立ち入る余裕はないが、そこに何があったのだろうか。

出雲については、「現在に伝はつてゐる出雲伝承と言ふものは、筆者には最古の時代の所産とは如何しても想はれないのである」と言う。「最古」がどのあたりを指しているのかは問わないとして「現在に伝わっている」ものというのは明らかに、『記・紀』や『風土記』の文字化された表向きの伝承の事である。しかし、いかんせんそれ以外の資料は残ってはいない。ただただ、『記・紀』や『風土記』の細部に、チラホラと見えてくるものを、丁寧に分析するしかなかろう。この詩人の「いにしへ」に対する執着には、黙殺できないものがある。

（「風土記散抄（10）」『白鳥』第13巻第10号（通巻一五四号）二〇〇六年一〇月）

風土記の中の「うたげ」

風土記には、「庶民の楽しみ」も描かれている。『播磨国風土記』揖保郡佐岡での「飲酒宴」、『肥前国風土記』琴木の岡での「宴賞《うたげ》」。『常陸国風土記』の筑波山の「歌垣（うたがき・かがひ）」などは代表的なものだろう。『出雲国風土記』にも、いくつか、「楽しみ」は記録されている。しかしながらそれらを、単純に「遊興」として理解するだけでは、見えなくなる部分のあることを、読み取らなければならない。『出雲国風土記』に焦点を絞って進めていく。まず島根郡にある邑美《おほみ》の冷水《しみづ》と前原《さきはら》の埼を口訳で紹介する。

邑美の冷水。東と西と北は山でけわしい。南の海は遠く広がり、中に潟があって、泉になっている。老若男女、時々集まっては、いつも「燕会《うたげ》」している所である。

前原の埼。東と西と北はけわしく、下には堤がある。周囲二百八歩、深さ一丈五尺。（略）男も女も時に応じて群がり集い、ある者は楽しんで帰り、ある者は帰るのを忘れる。いつもそういう「燕喜《うたげ》」をする所である。

もう一つ紹介しておく。意宇郡の忌部《いんべ》の神戸《かんべ》の条である。

郡の役所の真西二十一里二百六十歩にある。国造が、神賀詞《かんよごと》を奏上するために、みそぎをする場所である。だから忌部という。川のほとりに出湯があり、海の干潮によって、海にもなり陸にもなる所である。だから、老若男女、道に行列をつくったり、海の浜に行列をつくって、市ができるほどである。そして人々は「燕楽《うたげ》」をひらく。

最初のものと二つ目のものは、隣接しているので、『風土記』に連続して記述されてあり、東西北が難所で、行きづらい所とされている。現在では、比定されている場所は、道路も完備され、簡単に行ける。湧き水と池も残っている。しかし、残っているとはいっても、そこで「宴」をしようという気にさせてくれるような状態ではない。三つ目のものは、現在の玉造温泉のことであろうとされている。

ここで問題にしたいのは、二つ。一つは、ここに共通して「燕」の文字が使われていること。もう一つは、ここでいう「うたげ」とは何かということである。前者の問題をまずとりあげる。

邑美の冷水の方では、原文「常燕会地」となっていて、前原では「常燕喜之地」となっている。玉造の方は「燕楽」である。これらについて、大系本にはなんのコメントもないが、朝日古典全書本の頭注に、「同一語を重複させないやうに注意している」という指摘がある。記述者の微妙な美文意識を読み取った注と言えるだろう。だが、それだけのことではないだろう。一番新しい植垣節也氏の小学館全集本の頭注では、『毛詩』に「燕喜」の文字があることを指摘している。頭注という狭い所での指摘であるから、やむをえないだろうが、それだけでは物足りない。「燕」の文字が使われていることについては、解決済みなのだろうか。ここで、『詩経』「小雅」から何句かを、書き下し文を添えて引用する。皆、結句の部分である。「燕」の文字が見える。

「鹿鳴」より。

我有旨酒嘉賓式燕以敖
我に旨酒有り嘉賓式《もっ》て燕し以て敖《あそ》ぶ

我有旨酒以燕楽嘉賓之心
我に旨酒有り以て嘉賓の心を燕楽す。

「南有嘉魚」より。

君子有酒嘉賓式燕以楽
君子酒有り嘉賓式て燕《えん》し以て楽しむ

君子有酒嘉賓式燕綏之
君子酒有り嘉賓式て燕し之を綏んず

(『漢詩大系2詩経下』高田眞治著集英社刊より)

『風土記』の選録者が、この一連の「詩」を知っていたということは大いにあり得ることである。特に「燕楽」はこの『詩経』が出典の一つかと思われる。「燕会」の出典も見出すことができる。出典が古代中国に見出せるのは当然のことかもしれない。ついで、『礼記』「月令」には以下のような記述がある。原文は省略して通釈を提示する。

この月には、燕が訪れて来る。この訪れたときに、牛・羊・豕の大牢を供えて高禖の神を祭り、天子はみずからその場所へ行き、后妃は九嬪を率いてお供をする。（略）弓矢を授けて男児の出産を祈る。

（『全釈漢文大系12礼記上』市原亨吉他著集英社刊）

出産の祈りとして、燕と祭りが関係しているようだ。燕は出産のメタファーとなっているようだ。燕と祭りと出産。エロティシズムを読み取るのは考えすぎか。それともよくいうところの、コウノトリの役割を、燕が担っているということだろうか。祭りをしたともある。『礼記』に記載されているからには、儀礼である。通釈に「祭り」とあるが、原文は「祀」である。祭りというよりは、祭祀と表記したほうがより適切かもしれない。祭祀ならば、巫女がいた可能性が高い。燕と宴は「エン」の音でつながっている。宴にも、巫女が参加する呪術的な面があったのではないか。「燕」の文字が使われていることを、流し読みできないことは、とりあえず了解できよう。

『風土記』の「うたげ」について考えてみよう。ここまでの考察だけでも、単に、享楽の様子が記録されたとして済ませるわけにはいかないことが分かるはずである。時代は律令国家成立期であり、『風土記』はその時代の地誌（解文）である。地誌として地域から中央に報告された「うたげ」の部分が、削除されずに残ったということには理由があるはずである。

少し理屈を展開する。邑美の冷水、前原の埼、出湯、おそらくともに、自然がつくり出したものである。それを、享楽の対象として、あるいは飛躍するようだが、信仰的な対象としてヒトが利用しはじめたということが考えられる。暗い日々の生活の中での数少ない光であったかもしれない。それによって、ヒトはそこで享楽的な面と救済の側面の、少なくとも両面から、生きるということを実感したのではあるまいか。ヒトがそこで生きるということを実感するということは、換言すればヒトがそこに愛着心を持つということであり、それはそのままヒトがそこに定着するということにつながる。定着すれば、そこには、地域生活地帯が成立して（三つ目の、玉造温泉の「市」に注目すべきか）、特別な領域が発生してくることになろう。短絡的になるが、ミチができて、イチができ、マチができて、クニができるということになる。簡略に言い換えると自然がヒトをつくり、自然がクニをつくるということになる。当然ながら、クニはそこで、その自然をよりよいものに造り替える。そうすると自然がヒトを造り、ヒトがクニを造り、クニが自然を造るという循環ができあがる。この循環をクニ（為政者）が見逃すはずはない。循環によって地域が安定するとなれば、その安定の源を見逃すはずはないのである。となれば、邑美の冷水と前原の埼、玉造温泉は、クニ造りに欠かせない装置ということになる。おそらく、『風土記』成立以前から永い間、この地域ではこの施設は、庶民にも為政者（宗教家？）にも、有効利用されていたに違いない。この地域の支配者がこれらはクニの成立には欠かせないものだという認識を持っていたはずである。ただしかしながら、『風土記』に記載されている「宴」には、祭祀的要素というか、儀礼的要素がほとんど見られない。単に享楽として読まれてしまっても、しかたのないような記載である。それはなぜなのか。

「宴」を分析したのは、伊藤幹治氏である。伊藤氏は、日常性と非日常性という対概念で日本文化を分析しようとした。氏に『宴と日本文化』という著書がある（中公新書昭和五九年刊）。実は、伊藤氏はこの書に先立って、『宴』（ふぉるく叢書6）という書を共著で出されていて、そこで「宴の民俗的世界」を執筆しておられる（弘文堂昭和五〇年刊）。二十年、あるいは三十年前の論文を、ここで紹介するのは、この論述がいまでも十分活きていると思えるからである。例えば、日常性と非日常性という、一見すると平凡に見える二元論と、同様のものに、聖俗二元論がある。しかし、聖俗二元論は、日本文化を分析するのには、大きな問題がある。伊藤氏も引用しているが、レヴィ＝ストロースは、日本人は宗教的生活と、日常生活のあいだに絶対的な区分けがない、聖俗が厳然と分けられていないという指摘をした（「一民族学者の見た日本」『構造・神話・労働』みすず書房）。これなどは、日本文化を西洋流の聖俗二元論で論ずる無理を、端的に述べたものと言える。それを受けた形になるのが、伊藤氏の「日本文化の構造的理解をめざして」（『季刊人類学』4・2一九七三年刊）である。これは、西洋においては、聖なる場所はいついかなる時でも聖なる場所なのだが、日本の聖（ハレ）なる場所は、時に俗（ケ）なる場所と「イレカワリ」するシステムになっている、というあたりに眼目をおいた論文であった。発表された際に読み、大いに納得させられた覚えがある。西洋流の聖俗二項対立の概念を、安易に日本論に適用することに修正をせまった論文であった。また、日本文化の分析概念として一時よく使われた、「ハレ」と「ケ」の二項対立の術語も、学者によってその使われ方が、微妙に異なる。「ハレ」と「ケ」を聖俗と重ねる例もあれば、「ハレ」の中に正と負（聖と俗）を含ませてしまう場合もある（例えば、結婚式も葬式もハレとみなす場合など。ここでは深く展開しないが、この論点は日本文化を分析するのには有効であろうという面を私は認めざるをえない）。さらに、「ケガレ」を導入して三元論にする学説もあった（桜井徳太郎）。そういう微妙なズレを、伊藤氏は、日常性と非日常性という術語によって解決しようとした。私はこれを支持している（非日常性に二面あることを含めながら）。理由は、この二元論は、古代から現代までの日本を覆うことのできる可能性が高い文化論になっているからである（伊藤氏の近著に『日本人の人類学的自画像』筑摩書房がある）。あまり、良い例ではないが、一例をあげると、現代日本で普及している、ハロウィンやクリスマスなどは、外国の輸入ものということもあるが、日本では、聖的な行事として了解するのは、無理がある。それよりも、非日常的な年中行事という概念でくったほうが、分かりやすい、そういうことである。

そうすると、『風土記』の「うたげ」とは、当時の記録者が、「燕」の文字で記録しなければならないような要素、祭祀的な、あるいは儀礼的な側面があったのではないかということになる。明らかに、そのような側面を残しているのは、忌部の神戸の条である。国造が「みそぎ」をする場所が、庶民の歓楽の場所にもなっているということであるから、両面を備えている場所ということになる。であるならば、同じ「燕」の文字が使われている邑美の冷水、前原の埼も、歓楽的な場でありながら、非日常的、あるいは儀礼的な場と判断される面があった可能性が高いはずなのである。それは記述からはいまのところ「燕」以外では読み取れないが、「国造」以外の、「庶民」の、「みそぎ」の場であった可能性が高いということである。

（「風土記散抄（11）」『白鳥』第14巻第1号（通巻一五八号）二〇〇七年一月）

カムナビヤマのこと

『出雲国風土記』には、カムナビヤマが、四つある。『万葉集』にも、カムナビヤマは出てくるが、折口信夫の『万葉集辞典』「かむなび」の項に、「神を祀つた丘陵、又は端山を多く言うてゐる。出雲系統の神を祀った処であるらしい」とある。カムナビについては、桜井満氏の「カムナビ考」（『万葉集の民俗学的研究』所収）が参考になる。本稿はそれに寄り掛かっての内容になる。とはいうものの資料の提示で終始してしまうかもしれない。

『出雲国風土記』のカムナビについて、まずその記述を追っておこう。

意宇郡

神名樋野。郡家の正北三里一百二十九歩なり。高さ八十丈周り六里三十二歩なり。東に松あり、三つの方は並びに茅あり。（『大系』本は「神名樋山」とするが、他でも論じられているとおり、「神名樋野」とすべきであろう。いまの茶臼山、一七一メートルがそれに比定されている。）

秋鹿郡

神名火山。郡家の東北九里四十歩なり。高さ二百三十丈、周り一十四里あり。謂はゆる佐太大神の社は、即ち彼の山の下なり。（いまの朝日山、三四一メートルがそうであろうと比定されている。）

楯縫郡

神名樋山。郡家の東北六里一百六十四歩、高さ一百二十丈五尺、周り二十一里一百八十歩あり。峯の西に石神あり。高さ一丈、周り一丈、径の側に小石神百ばかりあり。古老の伝へに云へらく、阿遅須枳高日子命の后、天御梶日女命、多久村に来坐して、多伎都比古を産み給ひき。爾の時、教し詔りたまひしく、「汝が命の御祖の向位に生まむと欲りするに、此処ぞと宜き。」とのりたまひき。謂はゆる石神は、即ち是れ多伎都比古命の御魂なり。旱に当ひて雨を乞ふ時は、必ず零らしめたまふ。（いまの大船山、三三五メートルが比定されている。）

出雲郡

神名火山。郡家の東南三里一百五十歩なり。高さ一百七十五丈、周り一十五里六十歩あり。曾支能夜社に坐す伎比佐加美高日古命の社、即ち此の山の嶺にあり。故れ、神名火山と云ふ。（いまの仏経山、三六六メートルが比定されている。）

カムナビという言葉は、『万葉集』に二十二首、その後、『古今集』にも『拾遺集』にも散見する言葉である。特に『万葉集』では、「明日香のカムナビ」が、二十二首中、十首（桜井氏前掲著）ということになる。『万葉集』

のものを、とりあえず、すべて書き出してみる。かっこ内は『新編国歌大観』の番号である。引用に際しては、『日本古典文学全集』（小学館）を元にしたが、「かむなび」の表記を、なぜか「神奈備」に統一してあるので、その部分については原字に戻した。その他私に変えた部分もある。

1 みもろの　神名備山に　五百枝さし　しじに生ひたる　つがの木の　いや継ぎ継ぎに　玉葛　絶ゆることなく　ありつつも　やまず通はむ　明日香の　古き都は　山高み　川とほしろし　春の日は　山し見がほし　秋の夜は　川しさやけし　朝雲に　鶴は乱れ　夕霧に　かはづはさわく　見るごとに　音のみし泣かゆ　いにしへおもへば　三二四（三二七）

2 しましくも　行きて見てしか　神名火の　淵は浅せにて　瀬にかなるらむ　九六九（九七四）

3 清き瀬に　千鳥妻呼び　山のまに　霞立つらむ　甘南備の里　一一二五（一一二九）

4 神奈備の　磐瀬の杜の　呼ぶ子鳥　いたくな鳴きそ　我が恋増さる　一四一九（一四二三）

5 かはづ鳴く　甘南備河に　影見えて　今か咲くらむ　山吹の花　一四三五（一四三九）

6　神奈備の　磐瀬の杜の　ほととぎす　毛無しの岡に　いつか来鳴かむ　一四六六（一四七〇）

7　三諸の　神辺山に　立ち向かふ　三垣の山に　秋萩の　妻をまかむと　朝月夜　明けまく惜しみ
あしひきの　山彦とよめ　呼び立て鳴くも　一七六一（一七六五）

8　弓削の皇子に献る歌一首
神南備の　神依り板に　する杉の　思ひも過ぎず　恋の繁きに　一七七三（一七七七）

9　ますらをの　出でたち向かふ　故郷の　神名備山に　明け来れば　柘《つみ》のさ枝に　夕されば　小松が
末に　里人の　聞き恋ふるまで　山彦の　相とよむまで　ほととぎす　妻恋すらし　さ夜中に鳴く
一九三七（一九四一）

10　旅にして　妻恋すらし　ほととぎす　神名備山に　さ夜ふけて鳴く　一九三八（一九四二）

11　神名火の　山下とよみ　行く水に　かはづ鳴くなり　秋と言はむや　二一六二（二一六六）

12　神名火に　ひもろき立てて　斎へども　人の心は　守りあへぬもの　二六五七（二六六五）

13　神名火の　打廻《うちみ》の崎の　磐淵の　隠りてのみや　我が恋居らむ　二七一五（二七二四）

14　神南備の　浅篠原の　愛《うるは》しみ　我が思ふ君が　声の著けく　二七七四（二七八四）

15　かむとけの　日香空の　ながつきの　しぐれの降れば　雁がねも　いまだ来鳴かぬ　神南備の　清き御田屋の　垣津田の　池の堤の　百足らず　い槻の枝に　みづ枝さす　秋のもみぢ葉　まき持てる　小鈴もゆらに　たわやめに　我はあれども　引き攀じて　末もとををに　ふさ手折り　我はもちて行く　君がかざしに　三二二三（三二三七）

16　ひとりのみ　見れば恋しみ　神名火の　山のもみぢ葉　手折りけり君　三二二四（三二三八）

17　葦原の　瑞穂の国に　手向けすと　天降りましけむ　五百万　千万神の　神代より　言ひ継ぎ来たる　甘南備の　三諸の山は　春されば　春霞立ち　秋行けば　紅にほふ　甘嘗備の　三諸の神の　帯にせる　明日香の川の　水脈《みを》速み　生しため難き　石枕　苔むすまでに　新た夜の　幸く通はむ　事計り　夢《いめ》に見えこそ　剣太刀　斎ひ祭れる神にしまさば　三二二七（三二四一）

18　神名備の　三諸の山に　斎ふ杉　思ひ過ぎめや　苔むすまでに　　三二二八（三二四二）

19　みてぐらを　奈良より出でて　水蓼　穂積に至り　鳥網張る　坂手を過ぎ　石橋の　甘南備山に
朝宮に　仕へ奉りて　吉野へと　入ります見れば　いにしへ思ほゆ　　三二三〇（三二四四）

20　春されば　花咲きををり　秋付けば　丹のほにもみつ　うまさけを　神名火山の　帯にせる　明日
香の川の　速き瀬に　生ふる玉藻の　うちなびき　心は寄りて　朝露の　消なば消ぬべく　恋ひしく
も　著《しる》くも逢へる　隠り妻かも　　三二六六（三二八〇）

21　三諸の　神奈備山ゆ　との曇り　雨は降り来ぬ　天霧らひ　風さへ吹きぬ　大口の　真神の原ゆ
思ひつつ　帰りにし人　家に至りきや　　三二六八（三二八二）

22　里人の　我に告ぐらく　汝が恋ふる　愛《うるは》し夫《つま》は　もみぢ葉の　散りまがひたる　神名火の　この山
辺から〔或本云、その山辺〕ぬばたまの　黒馬に乗りて　川の瀬を　七瀬渡りて　うらぶれて　夫は
逢ひきと　人そ告げつる　　三三〇三（三三一七）

この二十二首のうち、1、2、3、9、10、17、18、19、20、21が、明日香のカムナビということになる

（桜井氏、前掲書）。ここでは各歌を見ていく余裕はないけれど、それではその他のカムナビは何処を指しているのかといえば、それは定説をみない。ただし、大和であることは当然である。しかしながら、カムナビの語についての考察は、冒頭で折口信夫の見解を掲げたけれども、やはり、出雲から始めるしかないようである。そのためには、カムナビの登場する文献を、もう一つ紹介しておかなくてはならない。それは、出雲国造神賀詞である。その中に、次のような一節がある。

すなはち大穴持命の申し給はく（略）己命《オノレミコト》の和魂を（略）大御和の神奈備に坐せ、己命の御子阿遅須伎高孫根の命の御魂を、葛木の鴨の神奈備に坐せ、事代主命の御魂を宇奈提に坐せ、賀夜奈流美命の御魂を飛鳥の神奈備に坐せて、皇孫の命の近き守神と貢り置きて（後略）。

とある。宇奈提には神奈備の語が見えないが、四つの神奈備が出てきていると考えていい。この数が重要である。『出雲国風土記』の、四つのカムナビと符号していると言えるからである。これは偶然ではない。出雲国のカムナビの数を、神賀詞の中に模して入れ、奏上したのであろう。その神賀詞のカムナビが、『万葉集』の歌の中に残されたと考えていいのではなかろうか。

カムナビとは何か。武田祐吉は、岩波文庫の『風土記』の注で、「神なびのなびは、隠れ籠るといふ意味の動詞の活用形である。即ち神の在す山」としたが、いまでも、一つの説として採られている。しかしながら、上代特殊仮名遣いという観点から見れば、カムナビのビは乙類であり、隠れるの意のナビのビは甲類であって、問題がないわけではない。ちなみに、『出雲国風土記』は、上代特殊仮名遣いに忠実な唯一の風土記である。桜井満氏は、『万葉集』の注釈で（旺文社文庫）「神のいます山」としているが、これは『万葉集』注釈に多く見られる、穏当な説である。おそらく、今の時点で、これ以外の仮説を提示することは難しい。

『出雲国風土記』のカムナビ山は、それぞれを頂点として、線で結ぶと、宍道湖を長方形で取り囲む形になる。宍道湖を見守る四つの山ということになろうか。ヤマトでもまた、四つのカムナビが、地域を守るという役割を果たしたのではなかろうか。（未完）

（「風土記散抄（12）」『白鳥』第14巻第4号（通巻一六一号）二〇〇七年四月）

「黄泉の国」の話

「黄泉の国」の話を持ち出すと、多くの所で触れられていることなのだが、どうしても、ギリシァ神話のオルフェウス冥界下降譚を引き合いに出したくなる。

すぐれた音楽家であったオルフェウスは、水の精であるエウリュディケーと結ばれたが、妻はマムシに咬まれて死んでしまう。オルフェウスは冥界の入り口とされる海辺の洞窟に入り、死者の世界をさまよう。なんとか愛妻を捜し出すが、暗闇から光明の世界へと脱出するまでは、後ろから来る妻の方を振り返ってはならないという禁を課せられる。しかし課せられた禁断は、当然のことながら破られる。そのために妻は姿を消してしまう。オルフェウス自身はその後、苦難の中を地上へと帰ることができる。

『古事記』では、火の神カグツチを産んだことが原因で、イザナミは死んでしまう。死んだイザナミを追ってイザナキは黄泉の国へ向かう。イザナミに会うことはできたが、イザナミは「ヨモツヘグイ」を済ませてしまっているので、地上へ帰るのは無理だと答える。しかし、どうにかしたいので、しばらく中を見ないで待っていて欲しいと禁を課す。待ちくたびれたイザナキが中をのぞくと、イザナミの体にはウジが寄り集まっていて、頭には大雷、胸には火雷等、八種《やくさ》の雷がいて、それを恐れたイザナキは地上へと逃げ帰る。逃げるイザナキをヨモツシコメがまず追いかけ、ついでイザナミも追いかけるが、イザナキは、黄泉比良坂《よもつひらさか》に千引きの岩を置いて、なんとか逃れることができる。

二つの話は似ている。それに異論はないだろう。だが、その伝播について、証明はされていない。どのジャンルにでも言えそうなことに、似ているということの証明は精力的になされるのに、無関係であるということの論説展開に、人は消極的だということがあげられる。ここでも似ているという以外は言いようがない。敢えて続ければ、人間は、似たような「物語」を必要とするのだろうかということだ。世界神話系統論などとなると、私の手には負えないので次に移ろう。

さて、「黄泉」とはなんだろうか。この時代の人々が共有していた観念だろうか。「ヨミ」と訓ませるが、その、漢字と訓読のギャップは何だろうか。例えば、「紅葉」はさかのぼると「黄葉」と表記された。よって、古代の黄色は紅色と同色であったという論説がある(佐竹昭広氏)。私はそれを支持しているが、古墳の石室の内部が朱色に塗られていたというのも、その根拠になるだろう。朱の材料は水銀であるとされている。死者が朱色の部屋で眠るというのは、「黄泉」思想の一つの表れと言えるだろう。では、すべての人々が、死後、朱色の世界へ赴いたのだろうか。「ヨミ」の語源については、「闇の音転」説、「夜見」説等ある。この二つについては大きく違わない。それは先に引いた『古事記』のヨミ説話でも分かるはずである。ヨミが地下であるか地上であるかという議論もあるようだが、光を遮られた闇の世界である事に異論はないだろう。万葉集にも黄泉はあり(一八〇四)、祝詞では「与美」の文字が見られる。それを漢字であえて「黄泉」とあてていることを、この時代の人々のどの範囲の人が知っていただろうか。おそらく、『古事記』『日本書紀』『風土記』『万葉集』を目にすることのできる人々に限定されていたに違いない。言い換えれば、大陸文化の影響を直接受けている人々に限られていたはずである(中村啓信氏)。

では、その黄泉の国の入り口が、当時の列島のどこであるかについて、『古事記』には「出雲国の伊賦夜坂」とされているだけだ。今の八束郡東出雲町に揖夜《いや》神社があり、言い伝えによるのか、近くにヨモツヒラサカの碑が建立されている。しかし、洞窟のようなものはない。ところが、『出雲国風土記』には、もう少し詳しい記述が残されているのである。それは、「出雲郡」宇賀《うか》郷の条である。

郡の役所の正北十七里二十五歩にある。この世をお造りになった大神の命が、神魂《カムムスビ》の命の御子、綾門《アヤト》日女《ヒメ》の命に求婚した。その時、女神が承諾されないで、逃げ隠れられた時に、大神が、中をのぞきうかがって探し求められた所、これが実にこの郷なのである。だから「宇賀」という。なお、北の海の浜に磯があり名を脳磯《なづき》という。高さ一丈ばかりである。磯の上方に根づいた松は、木の枝が伸びて磯に届くまでになった。その松並木を遠くから見ると、村人が朝夕行き来している行列のように見え、また木の枝は屈曲して人がよじ登ろうと引いているように見える。磯から西の方の窟戸《いわやど》は、高さ広さそれぞれ六尺ほどである。岩窟の中に穴がある。人が入ることができなくて、深いか浅いかがわからない。夢でこの磯の岩屋の辺に来ると、その夢を見た人はかならず死ぬ。だから、土地の人々は、大昔から今になるまで、黄泉の坂、黄泉の穴と言っている。

終わりの部分で、大昔から土地の人々は「ヨミ」と呼んでいたとある。多くの人々がそう呼んでいたのは、おそらくそうであろう。しかし、それは音であって、「黄泉」という文字を意識していたか否かは、別問題である。「ヨミ」と「黄泉」とでは、世界観が変わるはずである。

さて、黄泉の問題だけに集中せずに、この宇賀の郷の読解を試みたい。

冒頭には、天の下造らしし大神の求婚を断ったという、アヤトヒメが登場する。英雄の求婚を断るために隠れるという話は、他の文献にもいくつか見られる（雄略記、播磨国風土記等）。神の嫉妬を恐れて、まずは逃げ隠れするという説（折口信夫）は魅力的である。それにしても、英雄（天皇）からの、色好みの求婚に際して、隠れて拒否できる場所があったということは興味深い。アヤトヒメの場合は、その後、求婚を受け入れたという結末がないので、拒否しおおせた珍しい例と言えるのではないか。

「伺ったから宇賀という地名になった」という、風土記恒例の、地名起源説話になっているのだが、ウカというと、単純に連想するのは、スサノヲの子のウカノミタマで、生命力を維持する食料の神と考えられている。

ついで、磯の西に窟がある。そこの夢を見ると、人は死ぬという。そこを黄泉の坂、黄泉の穴と人々は言っているのだと。当然、イメ、ユメ、ヨミの音の関連性がここにはあるはずだ。それよりも、この説話では黄（朱）色であることが、まったくの思考外になっているのを忘れるべきではないだろう。この説話の成立が、ヨミを黄泉と表記する以前の話であることを示唆しているからだ。では、アヤトヒメで始まり、ヨミで終わるこの話を、風土記編纂者の、恣意的な単なる断片の羅列ということで理解していいのだろうか。そうではないという可能性を考えてみよう。

アヤトヒメは、他の文献では見られないヒメである。アヤに注目して、諸注、アヤつる、アヤめる、アヤしいのアヤとする。柳田國男の「阿也都古考」に、アヤの話が出てくる。×をどう読むかという問題なのである。そこではアヤツコあるいはヤスコと読む方言が紹介されてあって、「違い鷹」のような家紋の話にもつながる。その形状は、半円の孤の側を交差させた、今でいえばシャネルのロゴマークのようなものと言えばよいか。そのクロスしたものをアヤツコと呼ぶ方言があるというのだ。ここで、出雲の荒神谷で発見された、大量の銅剣、加茂岩倉遺跡で発掘された大量の銅鐸の一部に、×印の刻印されたものがあるということを想起する人がいるであろう。その刻印の理由については結論は出ていない。そもそもバツという読みの方は、近代以降というか、比較的新しいのであって、例えば、今はあまり見られないが、正月の羽根突きでの、敗者の顔に墨で書く記号、赤子や子どもの額に、お守りがわりとして鍋墨で×印を付ける（あるいは犬の字を書く、後述する）習慣、水引の紅白の紐の結び等々が、アヤツコと呼ばれていたであったろうと柳田は指摘する。ここには懲罰としての×と、護符がわりとしての×がある、×の両義性とでも言っておこう。

古代出雲でも、おそらく、アヤツコ、あるいはアヤと呼ばれて、×印があったのではなかろうか。いや、出雲に限らず多くの地域でそう呼ばれていた可能性はないか。

×のバリエーションに、犬、大の字がある。妊娠した女性が、五ヵ月頃のいぬの日に、腹帯を巻くという、安産を祈願しての風習があるのをご存じだろうか。そこに「犬」の文字が書かれてある。わざわざ腹帯に「犬」という文字が書かれてあるのだ。そういう習俗を、私は、自分の妻で知った。どうもこの習慣は古くさかのぼれるようだ。犬は安産だからという説明を目にしたが、それだけでは、犬だけが安産なのかという反論はかわせないだろう。柳田は、元々は×印だったものを、文字を知った者が、さかしらで犬に書き換えたのだろうと推測している。大の字にしている例もあるという。断固支持したい仮説だ。先の銅鐸の×印と繋げて考えることができるとすれば、×印が犬という文字となって、安産の印として現代の習俗に残っているということになる。アヤめるとアヤすのアヤ、死して生まれ育てる、誕生と死と再生、それが×印の意味を解くキーワードになってくるはずだ。そのアヤがアヤトヒメのアヤであろう。

さて、説話本文には西の岩窟とある。出雲には、海岸沿いに岩窟が多い。一九四八（昭和二三）年、島根半島の日本海側、今の出雲市猪目《いのめ》町、ゲンザガ鼻北側の洞窟から、多数の古代の遺物（縄文から古墳時代）が発見されて、ここがその風土記の岩窟、黄泉の入り口ではないかという説が浮上した。いまは、猪目洞窟遺跡（猪目洞窟遺物包含層）と呼ばれている。幅は三〇メートル、高さ一〇メートル、奥行きは、現在入って行けるあたりまでで、三〇メートルほどの規模である。道路を挟んで海に面していて、今は漁船の置き場になっている。発掘された男性遺骨の右腕に、南島でしか手に入らない、ゴホウラ貝の貝輪があって、再度話題になった。実は、発見当初は近海産の貝だろうとされていたものが、後に、福岡県の遺跡で発掘された男性の右腕に巻かれていたものが、ゴホウラ貝であるとされ、出雲の方もゴホウラ貝であると認定されたという（森浩一氏）。瀬戸内海側（兵庫県神戸市）でも出ている。他に九州では吉野ヶ里遺跡。無論、南島沖縄では多数が見られる。面白いことは、人体とともに出土しているものは右腕に巻かれているということだ。ここに、「海上の道」説と、二元論的思考があったことの貴重な証左と言える「右手の優位」説（他界と現世との双方観を類推させる）の二つを見いだせそうだ。南島の貝に対する執着ということだけで済まされない問題がここにある。出雲の猪目の遺体は、ここが黄泉の国の入り口であることを信じた遺族によって、再生の祈願をこめて、葬送されたのかもしれない。となると、ヨミ思想なるものは、他界観の問題として、縄文・弥生にまでさかのぼる可能性がある。自家撞着を認めつつ付言するが、残念ながら、現在、この岩窟が風土記黄泉への入り口であると、研究者の誰しもが認めているわけではない。むしろ、先の揖夜神社近辺のものを含め、黄泉の国への入り口は、複数比定されている。その複数を、すべてとは言わないが、可能性として認めていっていいのではなかろうか。黄泉への入り口は一つだけではなかろう。

終わりに、引用した風土記説話の編者の構想について、私見を記しておく。この条は、人が隠れることのできる洞窟のある宇賀の地で、英雄の求婚を拒否して隠れ逃げおおせた再生の女神アヤトヒメの話と、黄泉の国から逃れ脱出することのできた、まさしく、よみがえったイザナキの話とを、連鎖させて、一つながりの話にした、いたって単純素朴なものではなかったかということだ。

（「風土記散抄（13）」『白鳥』第15巻第4号（通巻一七三号）二〇〇八年四月）

武蔵国入間の中の出雲

入間という地名については、後述する『延喜式《えんぎしき》』に入間郡五座という言葉が出てくるので、タイトルに使用したが、当時（古代）の、行政区画をここで提示して話を進めるということではない。単に、現、埼玉県の入間市近辺としておく。また、出雲信仰という言葉についても、簡潔に、島根県の出雲大社への信仰であるとしておくが、では信仰とは何かという、その大問題については、ここでは問わない。付け足せば、『古事記』『日本書紀』の「神話」においては、大和政権の出自を、高天原《たかまのはら》とする。あるいは、しようとする。出雲は、そのもっとも大きな反対勢力として、地上にあり、最後は、大和に国譲りをさせられることとなる。記紀神話の三分の一が、出雲系神話で占められているゆえんである。その出雲の基幹となる出雲大社の祭神大国主神《おおくにぬしのかみ》を祀《まつ》っているのが、出雲国造であり、その国造《こくそう》の祖が、天穂日命《あめのほひのみこと》とされている。以上の知識が、以下に必要である。

灯台もと暗しとでもいうべきことがあった。『出雲国風土記』（以下『風土記』と略す）に魅かれて、『風土記』に掲載されている古社を訪ねるのを中心に、島根県に毎年通った。天平五年（七三三年）「勘造」の書物に掲載されている神社が、残っているということで、無論、建造物そのものが当時のままということはないであろうが、地理的位置を知り、古代感覚を味わったつもりになれるという事では、贅沢な趣味であったかもしれない。無論、文献をそのままに、伝承されていた神社名にあてはめるという安易さは許されないが、古代稲作民の信仰状況、あるいは、それ以前の信仰形態を実感させられたような気分になりながらのお気楽さで、研究は、専ら、同行の方々にお任せしていた。『出雲古代史研究』という会誌も、七号を数えている。灯台もと暗しの件であるが、出雲の話を時に生徒にしていた。特に一九九七年は、池袋の東武美術館で「古代出雲文化展」が開催されたので、話す機会もより多かったのであろうある日、生徒の方から出雲の話が出てきた。近くに、出雲に関係のある神社があるという。凝り固まっていた私の頭脳では、当初、それをうまく理解できなかったが、何冊かの書物を前にして、ある夜、結びついたものがあった。

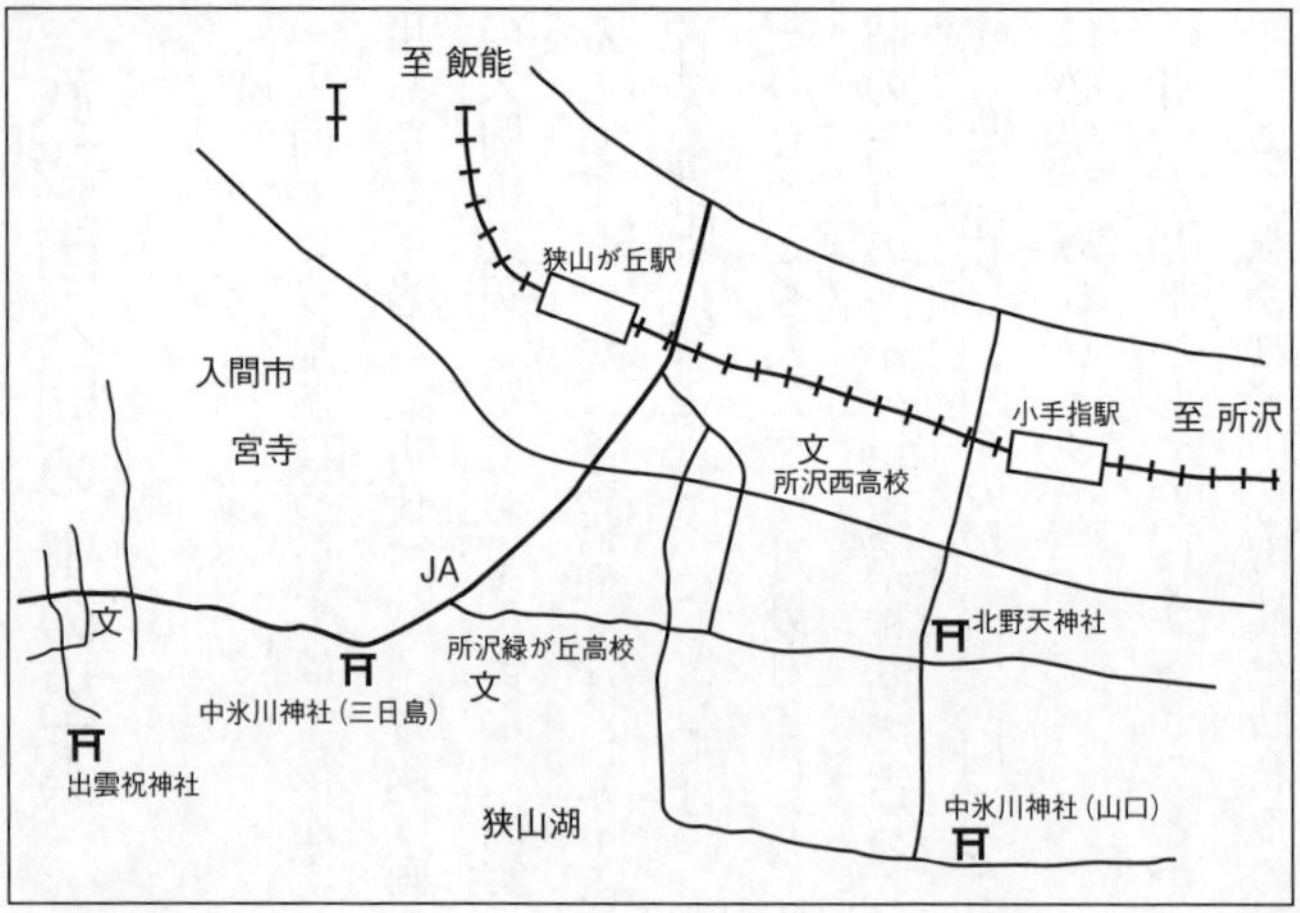

入間郡関係図

関東における、氷川神社の問題が一つ。出雲信仰が関東にある、そういうことは、あれこれの論文やら書物やらで了解していたはずなのだが、単なる、ブッキッシュな知識はまことに役に立たない。しかし、島根県の現地とはまた違う出雲信仰が身近にあることを、そこで、書物以外から知らされたということになったのだった。

追い打ちをかけてくれたのは、同業の方々である。自分たちで、歴史を研究する会を毎月開いていて、その時は、谷川健一氏の著書『白鳥伝説』（集英社刊、その後文庫本等）をテキストにして、古代物部《もののべ》氏の足跡をたどり、日本中をめぐり、たまたま、『延喜式神名帳』に掲載の、式内社と称される神社の入間近辺の現地調査が企画されて、そのお誘いが私にあった。『延喜式』の成立は、延喜年間（十世紀初め）、内容は、行政の法典整理とも呼ぶべき書である。その中の神名帳、神社名一覧の中に、入間郡に五座の神社ありと書かれている。

うかつにも、『延喜式』については、関東の部分はまったくなおざりであった私は、その研究会で掲示された、猪鼻裕氏（草加高校定時制）作成のレジュメで、新たなことを多く知らされたのであった。当日の現地調査で、所沢市内にある、北野天神社、中氷川神社（三日島・山口の二社）、出雲祝《いわい》神社、とまわったが、生徒が報告してくれたのは、このうちのどれかであったのであろう。

さっそく、江戸期国学者、伴信友考証本の翻刻である『延喜式』を開くと、以下の記述があった。

入間《イルマ》郡五座　並小

出雲伊波比《イツモイハヒ》神社

○日本紀、天穂日命、此レ出雲臣、武藏國造等遠祖也、○姓氏録、入間宿禰、天穂日命十〇〔七〕世孫、天日古曾乃日〔己呂〕ノ命之後也、○信友云、上ニ伊波比神社アリ、同神歟、▲北野村、祭神スサノヲノ尊、

1**中《ナカノ》氷川《ヒカハ》神社**

○姓氏録、氷連ハ、饒速日命十世孫、伊己灯《イコト》宿禰之後也、○諸社一覧曰、氷川社、在二江戸四谷一、此所入間郡也、○氷川神社ノ下見合、▲三箇嶋村長宮大明神、オホナムヂ、御朱印十石、或云、氷川村ニ在、

1　（頭註）兼氷本書入、朱、日本武尊東征之時、勸二請稻田姫一也、

廣瀬《ヒロセ》神社

○文德實錄、嘉祥三年六月己酉、詔以二武藏國廣瀬神一、列二於官社一、○姓氏錄、他田廣瀬朝臣、ハ大稻輿男命、彦屋主田心命之後也、○和名抄、廣瀬、比呂世、▲今高麗郡廣瀬大明神、倉稻魂命、

物部《モノヘノ》天神社

○續日本紀、神護慶雲二年、武藏國入間郡人物部直廣成等、賜二姓入間宿禰一、○信友云、當郡北野ト云フ處、七百石餘ノ地ニテ、古ノ古手差原也、太平記ニモミユ、其處ニ物部天神アリ、新井公美主、安積完ニオクラレシ手簡ニ、カクアリ、祠官ヲ栗原氏ト云フ、公義ヨリ社領ヲ附ラル當國神社、百餘社ノ管領也、但公義ヘハ、高麗郡武士天神ト題シタル札ヲ上ル也、入間郡ナルニ、カク書來レルハ、誤ナルヘシ、○今北野天神ト云フ、天滿宮ヲ合祭ル、毎年二月廿一日、物部祭禮、同廿五日、天滿宮祭禮也、○武藏野夜話ニ、物部天神緣起ニ、出雲伊波比神・國渭地祇・天滿天神・小手差明神四神ヲ合殿ニ祭ルト云ヘリ、出雲伊波比・國渭地祇ハ既ニ廢シタルヲ、此社ニ合祭レル歟ト云ヘリ、又云、此社ノ西北、河越近所入間川邊マテヲ、籠手差原ト云フ舊地也、豐嶋郡下練馬村ニモ小手サシ原アレド、舊地ニアラス、又應永ノ文書ニ、北野天神、天文ノ文書ニ、北野宮トアリ、此文書、神主栗原氏藏、撮要、

國渭地祇《クニヌマノクニツカミ》神社

▲北野村ニアリ、大ナムヂ、

出雲伊波比神社

ここからが、本題となる（当該神社の略図を掲げて地理関係を確認できるようにしておく）。

最初の、「出雲伊波比神社」が、実は、埼玉県には三つある。一つは、入間郡から外れる、男衾郡（現・江南町）のものなので、除外するが、残り二社の内、一つは、北野天神社、中氷川神社をとおる道筋に連なって西方にある、宮寺の「出雲祝神社」、いま一つが、毛呂山にある「流鏑馬《やぶさめ》」で有名な「出雲伊波比神社」である。はたしてどちらが、この式内の当該社であるのか。あるいはどちらが違うのか。

とりあえず、毛呂山の「出雲伊波比神社」の写真を掲載する。無論、写真だけでは分からない事は多いが、実見して、現社殿を比較すると、毛呂山の方が規模が大きいと言える。しかし、それだけでは、どちらが、『延喜式』記載の式内社であると断定はできない。双方がどのように自らを主張しているか、掲げてみる。

【宮寺】

祭神

天穂日命《アメノホヒ》　天夷鳥命《アメノヒナトリ》　兄多毛比命《エタケヒ》

延喜式内社で、景行天皇の御代創立　大宝二年九月廿九日再建（今より一三五〇年前）の棟札が今尚残っている。（略）延喜式入間五座の一に列せられる郡第一寺の社格を得、和銅年中頃より宮寺郷（宮寺町ともいわれる）十八ヶ村の總鎮守であり古くから寄木様と親しまれている出雲大社亦寄木の宮と申し共々「むすびの神」として一般の信仰が深い（以下略）。

ということである。ちなみに、大宝二年は西暦七〇二年である。計算の合わないことについては、ここでは問うまい。

【毛呂山】

祭神

大名牟遅神《オホナムチ》・天穂日命《アメノホヒ》、品陀和気命《ホムダワケ》（応神天皇）・息長帯比売命《オキナガタラシヒメ》　他

出雲を中心として、国土経営、農事・産業・文化を興され、全ての災いを取り除かれた、大名牟遅神、天孫のために出雲の国土を委譲する、いわゆる国譲りに奔走され大名牟遅神が杵築宮《きづきのみや》（出雲大社）に入られたのちそのみたまを斎《いつ》き祀《まつ》る司祭となられた天穂日命、この二柱の神が主祭神で（以下略）。

創祀　古く出雲の臣が斎祀《さいし》する社であった。景行天皇五十三年に倭建《ヤマトタケル》命が東征凱旋《がいせん》の際侍臣武日命（大伴武日）に命じて社殿創設、神宝として比々羅木《ひいらぎ》の矛をおさめられたと伝えられ、現に東北に向いて鎮まり坐《ま》す。

神名　出雲伊波比の神名初見は宝亀三年の太政官符においてで当社はそれによってその論拠をえたのである。それによると当社は天平勝宝七年に官幣に預かる預「幣社」となり、延喜式神名帳に記載され当社が延喜式内社とよばれるゆえんがそこにある（以下略）。

ちなみに宝亀三年は西暦七七二年、天平勝宝七年は西暦七五五年のことである。

双方に共通する祭神、アメノホヒノミコトは、『古事記』『日本書紀』『風土記』『祝詞』等で違いを見せるが、先に述べたように、古系図によれば、出雲大社の神を祀る出雲国造の祖である。両神社ともに、出雲信仰に支えられていることになる。ついでながら、出雲大社《いずものおおやしろ》という呼称は、近代以降のものであって、明治以前は、杵築《きづき》大社とよばれていた。祭神は、変遷があったものの、先に記したとおり大国主《オオクニヌシ》神であり、出雲国造が斎《いつ》き祀《まつ》る。その国造の祖がアメノホヒノミコトであり、ここには、祀る者が祀られる者に転換していく図式が見られる。これは、珍しい事ではない。

また、社伝では、宮寺においては棟札、毛呂山においては、矛が、古さを証明する、物的な証拠となっている。もちろん、自分の正当性を自分で証明することは難しいのであるから、他の文献を探してくる必要があろう。

時代は離れて、江戸時代の『江戸名所図会』という書物がまずあげられる。そこには、直接、出雲祝（伊波比）神社は出てこないが、実は、次に見なければならない、物部天神社（現・北野天神社）の記述のなかにその名前が見えている。当該部分を引用しよう。

北野天神社

本社祭神、物部神《モノノベ》。出雲伊波比神・国渭地祇神《クニイチギ》・天満天神・籠手差原《コテサシ》明神等の四神を相殿とす。

とあるから、江戸時代には、北野天神に合祀《ごうし》されていたと読解すべきであろうか。また、『新編武蔵風土記稿』巻百五十八の入間郡之三山口領には、天神社があって、以下の記述がある。

これ神名帳に載たる物部天神の社にして、祭神は饒速日《ニギハヤヒ》命なりと云今は、北野天神・小手指明神の二座を合せ祀れり、又式内社の神国渭地祇社・出雲祝神社も合せてこゝに祀ると云、（中略）諸神社、本社に向て左にあり、縁起に建久六年九月、式内の諸神勧請諸神宮と号すと云もの是なりと、されば、国渭地祇社・出雲祝神社等をここに移せしは、建久後のことにして云々（以下略）

祭神の饒速日命《ニギハヤヒノミコト》とは、物部氏の祖である。

また、建久六年は、鎌倉時代、一一五九年のこと。

出雲祝（伊波比）神社は、北野天神社に合祀されていたというのが、江戸時代の、一つの認識であったようだ（別の認識については、後述する）。無論、それでは、いま北野天神社の社地とは離れた所にある宮寺と毛呂山の二社はなんであるのかということになる。合祀を述べる『名所図会』やら『武蔵風土記』を金科玉条とすべきでもあるまいし、後述するように、毛呂山の方も、かつて別名の神社であったのであり、事は錯綜する。

【北野天神社】

北野天神社について、見てみよう。

天神であるということで、菅原道真の信仰を連想して、なんらそれ以上の考察をしなかった自分の愚かさは、先に記した猪鼻氏らの勉強会の現地調査への参加で、思い知らされたが、これこそ、延喜式の物部天神社に比定されているのであった。

祭神

櫛玉饒速日命（延喜式内　物部天神社）

八千矛《ヤチホコ》命（延喜式内　国渭地祇神社）

菅原道眞公（天満天神社）

合祀

宗良親王　小手指明神　天穂日命
応神天皇　日本武尊　倉稲魂命
と正面入り口の鳥居横には掲示されているが、本殿前には、
北野天神社
左記三社合殿総称
延喜式内入間五座の内
二座当初鎮座
一、物部天神社（御祭神櫛玉饒速日命）
一、国渭地祇神社（御祭神八千矛神　又の御名大国主神等）
一、天満天神社（贈　太政大臣　菅原道真）
と掲示されてあり、ここには、出雲祝神社は無い。又の御名大国主神等の、その等の中に含まれているということなのだろうか。境内社に八雲社があり、これが、合祀された出雲祝社の復元ということなのであろうか。

おそらく、この『新編武蔵国風土記稿』等の合祀については、北野天神社が、物部天神、国渭地祇神社を合祀して、入間郡の総社となるに際して生じた話であって、実際には、出雲祝神社は合祀されていなかったと見ることも可能ではなかろうか。

また、毛呂山の出雲伊波比神社は、もと、臥竜山の上に祀られていた飛来明神を、改めて現行の名前にし

たという経緯もあり、本殿は、現在国宝とされている流造りの立派なものではあるが、延喜式内のものと同定するのは文献にとぼしい。

宮寺の方についても、その点については、似たようなものである。『武蔵野話』（江戸時代）に、「寄木明神とて素嗚尊を祀る。案ずるに出雲祝神社ならんか。此に依て此地を宮寺といふならん」とあるのが、気になるのだが、北野天神と、次に考察する中氷川神社との、並びにあるという点で、延喜式内の記述の神社はこちらではなかろうかと、推定したい。しかしながら、その推定も実に頼り無いのであって、実は、その同じ『武蔵野話』には、次のような否定的な記述もある。

> 武蔵入間郡五座のその中に物部天神の祠あり、すなはち北野村北野天神これなり。（略）『続日本紀』に「神護景雲二年武蔵国入間郡の人物部直広成等六人姓を賜はり入間宿禰と称す」とあれば、入間郡に世々物部氏の人住居せられしこと見えたり。今この神祠を司るは栗原氏なり。また、この神社の縁起に、出雲伊波比神祠、国渭地祇神祠、天満天神、籠手差原明神、この四神を合殿にし祭りしと。この出雲伊波比神祠、国渭地祇神祠は、入間五座の神祠なれどもいつのころよりか廃祠となり、その旧地もしれざるゆゑ、ともに合殿となして祭りしなるべし。また、天満天神を崇《まつ》りしはこの祠を北野天神と称するゆゑ京都《みやこ》の北野天満天神と心得《こころえ》違ひの人多きゆゑ、天満天神を合殿にして今の趣《ようす》は物部神祠なるをしらず、ひさしをかしておもやをとらるるの諺ごとし（以下略）。

出雲伊波比神社、国渭地祇神社は、どこに消えたか分からなくなったというのである。こういう認識も、江戸時代の頃の認識の一つであったのではなかろうか。

その認識はそれとして、双方ともに『延喜式』内のものであるとすれば、なぜ二社あるのか。これは、出雲祝神社を奉祭する氏族が、自らの勢力を拡大するために増やしたと考えるのが一つ。いま一つとして、氏族が二つに分裂するような事態となり、神社が二つになったのだとの、この二つのどちらかであると考えるしかないのではなかろうか。できれば、毛呂山と宮寺の双方の宮司さんに、社伝を比較していただいて、先後関係をはっきりさせればいいのであろうが、今回、そこまではできなかったし、今後も難しかろう。

【中氷川神社】

さて、中氷川神社である。これも、二社ある。毛呂山と宮寺ほどの距離はなく、三日島と山口の、双方ともに、所沢市内にある。

まず、中氷川神社の名前であるが、その前に、埼玉県の、大宮という地名のもとになった、大きな宮である、武蔵の一の宮と称される、氷川神社、それがそもそも、島根県出雲の斐伊《ひい》川からの命名であることは、そこに出雲がすでにあるということである。斐伊川とは、「神話」世界において、スサノヲとクシナダヒメが出会い、ヤマタノヲロチ退治が行われる川である。それはおくとして、『江戸名所図会』には氷川神社は、次のようにある。

神領三百石、神主角井《つのい》氏・岩井氏これを奉祀す。祭神三座、本社の右は素盞雄尊（男体の宮と称す。奥の社ともいふ。）同じく左は奇稲多媛命《クシナダヒメ》（女体の宮と称す。これも奥の社とも唱ふ。）本宮は大己貴尊《オホナムチ》を斎ひ奉る。（簸王子宮と称す。）

今は、神主は、西角井氏であり、角井氏が東と西に分かれて（明治元年）、西角井氏となったのであるが、祖先を天穂日命としている。考証するには、かなりの労力を要するであろうが、その伝を認めるとすれば、出雲大社の国造と同じくなる。

また、浦和にある女体社は、自己を武蔵一の宮と称しているとのこと（猪鼻氏よりご教示）。いつ分かれたのか。

中氷川神社という名称そのものは、大宮氷川神社と、東京奥多摩の奥氷川神社との間にあるということで、この名称となったのかもしれない。柳田國男の『風位考』は、題名のとおり風の民俗学であるが、西北から吹く風（戌亥《いぬい》から吹く風である。三谷栄一氏の『日本文学の民俗学的研究』で展開された、戌亥隅の信仰論との、プライオリティーの問題を思うと、恐らく、三谷氏の方に分があるかもしれないが、それはそれとして。大和から見ると、出雲は西北・戌亥の方角なのである）に合わせて、日本では珍しく西から東へと流れ来る川、多摩川のタマは魂のタマであろうとし、埼玉から今は東京湾へ流れてくる荒川のアラは、神の現れ、ミアレのアレからきているであろうとした。この二つの水系に、氷川（出雲）信仰が係わっているのは、偶然ではあるまい。水の信仰である。

さて、二つの中氷川神社である。どちらも、高台にあること、更に水の流れに近いこと、これまでの神社と同じである。一つだけ、三日島の方に気になる境内社がある。荒脛社である。アラハバキ。実は、大宮氷川神社にも、先の『名所図会』に記載されている「荒波々幾の社（本社の傍に在り。手摩乳《テナヅチ》・足摩乳《アシナヅチ》を祀る）。」がある。アシナヅチ・テナヅチは、スサノヲのヤマタノヲロチ退治神話に登場して、スサノヲの妻となる、クシナダヒメ（奇稲田媛）の両親である。出雲系神話がここにもある。アラハハギの正体については、不明としておくべきであろうが、東京奥多摩の檜原村には、養沢神社があって、境内に「門客神」と刻まれた石碑がある。「アラハバキ」と読むようである。また先に引用した『新編武蔵国風土記稿』の中氷川神社の前身たる長宮明神社（入間郡之西）に、次の説明がある。

（前略）祭神は素盞嗚《スサノヲ》尊・稲田《クシナダ》姫・大己貴《オホナムチ》命・少彦名《スクナヒコナ》命の四座を祀れり、相伝ふ当社は神名帳に載たる中氷川神社なりとぞ、證とする所は古き棟札ありと云、其文に武州入東郡宮寺郷、中氷川神社殿造正長元年九月廿三日、（略）槻木　本社に向て右にあり、四百余年の古木なりと云、末社　荒脛社　手無槌・足無槌を祀る、神職宮野出雲　家系詳らかならず、按に正長居の棟札に神主左衛門太夫家吉、天文の札に新左衛門とあるは、出雲が祖先なるにや、今も八王子北条氏照の文書を蔵す（傍点引用者・以下略）。

注すると、正長元年は一四二八年、文中の槻の大木は半分枯れかかってはいるが、三日島の中氷川神社境内に現在も残っている。

アラハバキ社があるという点で、この宮寺に近い三日島の方の中氷川神社を、延喜式内のものと同定しておきたい。無論、問題は無いわけではない。山口の中氷川神社の社殿は、大社造りであり、造形伝承とでもいうべきものが見られるのは、無視できないのである。

これも、出雲祝神社と同様、中氷川の奉祭氏族の勢力拡張のために、あるいは氏族分裂のために、現在二社が残っているということになるのであろうか。

【むすび】

出雲祝（伊波比）神社については、北野天神社に合祀の記録があるが、その記録の信憑性については保留し、かつ宮寺と毛呂山の神社も、どちらが古いかは保留し（建造物そのものについては、毛呂山の建物については、国宝となっていることは触れた）、取りあえずは、宮寺の方を、『延喜式』内のものと判断したい。しかし、神社本庁の『神社名鑑』には、毛呂山の神社が掲載されていて、宮寺の方は掲載されていない。断定はできるほどの根拠はないということか。

中氷川神社については、アラハバキ社の問題に焦点を絞れば、三日島の方を式内社と同定したいのだが、これも、神社本庁の刊行した『神社名鑑』では、三日島の方は掲載されておらず、山口の方が掲載されている。神社本庁とは意見があわないようだ。

以上、入間近辺における、『延喜式』内の神社を、実地で見て、かつ限られた範囲のものではあったが、文献を参照して、出雲信仰が、混乱しつつも、生きていることを述べてきた。社名の変更等の問題もあり、延喜年間（十世紀）から、江戸時代までの、七〜八百年間は、記録（神々の記述）のほとんどない関東においては、神社の歴史を調べるのは難しい。関東が、関西・出雲・九州に比べて、中央の大和の政府機構に組み入れられるのが遅かったというのがその理由（高柳光寿）とされているが、確かに、文献からの式内社の同定は難しい。しかしながら、出雲信仰があったことに、違いはなかろう。

何故、出雲信仰がここに顕在しているのかという点、また物部氏と、出雲信仰との関係、さらに、アラハバキ神との関係を論ずるとなると、谷川健一氏の『白鳥伝説』のごとき、大著の構想を決意しなければならないであろう。

本稿において、考古学の成果については、全く触れなかったが、その点を取り入れれば、また新たな展開が見えてくるかもしれない。今回は、ここで閉じる。

〈附記〉

※広瀬神社について。

狭山市上広瀬にも鎮座する広瀬神社については、伴信友の考証以上に論述する材料を見出し得ていないので、今回は写真ともども省略し、後日を期したい。

主要参考文献

『新編武蔵国風土記稿』

『江戸名所図会』(『日本名所風俗図会3』所収・角川書店刊)
『武蔵野話』(『日本名所風俗図会4』所収・角川書店刊)
『延喜式神名帳註釈』(神道大系本)
『神社の歴史的研究』(鶴岡静夫著・国書刊行会刊)
『武蔵国式内社の歴史地理』(菱沼勇著・永晃社刊)
『神社と古代民間祭祀』(大和岩雄著・白水社刊)
『津軽夷神異文抄』(竹内健著・紘映社刊)
『みむろ物語』(井上香都羅著・さきたま出版会刊)
(「入間近辺の出雲信仰」『埼玉県立豊岡高等学校紀要』第26号　埼玉県立豊岡高等学校　一九九八年一〇月)

第二章　——　自然神とともに

自然神を求めて

『白鳥』の同人に誘われて、若狭ニソの杜へと出かけることになった。小浜湾沿いで一泊して、若狭一宮と若狭大島を訪ねた。いつかはと思っていた旅であった。一人で訪ねる決意がなかなかできずに、何年たっただろうか。有難いお誘いであった。出かけられない理由はいくつかあった。ニソの杜は現地に行っても失望するだけではないかという危惧が一つ。過疎化の進んでいる地域には、よく見られる光景があるだけではないかと思っていたからだ。考古学者が遺跡で割れた瓦を見つけて喜ぶようなのは、私には向いていない。割れた土器の破片にもそれほど感動するわけではない。長期間にわたって通いつづけている出雲で、それは自覚していた。ただ、遺跡発掘現場で、井戸の跡ではないかなどといわれるのが出ると、喜んで現地調査に参加させていただいた。井戸を中心とした、水辺の祭祀には大いに興味があるからだ。それはそれとして、無論、昔のままの様相を残している景色もあるがそれは少ない。杜（森）は、出雲では、荒神様の森だ。一本の古木の根元に、蛇がとぐろを巻くように荒縄が巻かれている。しかし、形骸化しているように見える。大量の銅剣が発掘された神庭《かんば》荒神谷遺跡にも、当然その名のもとになった荒神様があった。九州指宿のモイドン（森殿）、奈良県吉野の黒淵のモリサン、その他、森が信仰の対象になっていた、痕跡、その痕跡でしかなくなっているものを、目にするのはいささかつらい。だが、今回ニソの杜へ行けたのはよかった。一人でなかったのがその最大の理由となった。一人だったら、行って着いて帰って、単なる失望で終わっただろう。

有難いことに、写真でのみ見知っていた祠に出会えた（上野の杜）。しかも前日（あるいは当日の早朝）供えられた供え物があった。同行の人のフィールドワークのたまものとしか言えない。しかし、ニソの杜の信仰は消滅寸前だ。かつては二十四軒（三十の杜）の家で行っていたこの祭祀は、いまや、私たちがたどり着いた一軒だけということになってしまっているようだ。しかも、その一軒が行っていることを、近隣の人がどうも知らない。本来周囲には知られずに行うものであるらしいが、それにしても、「もうやっている家はなかろう」という周辺の人々の言葉は、来年はどうなっているかわからないことを、暗示している。後継者がいない。若者がいない。このニソの杜信仰も、日本の始原的な信仰形態の一つであろうと思っている。自然神が祀られていると言っていい。ニソの杜の信仰について、ここで詳しく説明する余裕はないが、大筋については記しておく。とりあえずは、祖先崇拝という言い伝えになっている。この地域を開発した祖先を祀っているということだが、それはあくまでも伝承でしかない。なぜなら、ニソの杜の木を伐採したら婆さんが死んだ、あるいは傷病人がでたという言い伝えもあるからだ。また、「ニソの講」というものもかつてあり、霜月二十二日の夜から二十三日にかけて、直会を行っていたという資料がある。「講」ということになると、組織化が図られたということになる。いやそれよりも、森があるだけで、あるいは、一本の大木があるだけの地を、「聖なる地」として崇拝する信仰がある、私はそこに注目したい。事実祖先の墓がそこにあるわけではない。古木があるだけだ。小さな祠が鎮座している場合もあるが。その古木はタブの木である。そこに分け入って、割れた酒ビン、汚れた酒器の割れたものが散らばっているのを発見して、私は安堵し、楽しくなった。おそらくここで、かつて酒盛りがあったのだろうと思わされたからだ。この村には、両墓制があり、資料によれば、サンマイ（埋墓）とハカ（祭祀墓）とが分かれている。サンマイに参拝することはないとある。ニソの杜はその二つとはまた別の所にある。祖先崇拝とニソの自然神信仰がいつの間にか合体したとも言えようか。ニソの名称は、二十三日に行われるからだという説と、御祖が語源だという説とがあることも、ニソの謎の一つであると言える。

国家神道のようなものは論外として、日本人の始原的な信仰心の対象とはなんだろうかという、素朴な疑問は、以前、寺社縁起を読みあさることで、一定の方向性が見えてはいた。石と水と木と火であると言えば、四大元素信仰のようなもので、あまりにも粗雑な物言いと思われてしまうだろうが、当時はそれくらいしか考えようがなかった。特に石と水は顕著だった。出雲と常陸の調査に出かけるようになり、磐座《いわくら》をあちこちで見かけて、実感させられることは多かった。常陸では、鯰絵で有名な、鹿島神宮と香取神宮の「要石《かなめいし》」がある。播磨一宮の伊和神社にも、要石のようなものが、本殿の裏にある。出雲で実見したものをあげれば大変な数になる。水の信仰もまた多く、水と石は信仰の源泉であるのは、当然のような感覚になっていた。先に記した水辺（井戸）の祭祀は自然神信仰と言えよう。そこで、最近『原始の神社をもとめて』（岡谷公二著、平凡社新書）という書物に出会うことになった。著者には『森の神、神の森』という著書があり（絶版）、さらに、『柳田国男の青春』という著書もある。蛇足になることは承知して加えておけば、ちくま文庫の『柳田國男全集32』（一九九一年）に、「初期詩篇」を、ほとんど収録し、その解説にあたったのが、岡谷氏であった。「初期詩篇」は、柳田が『定本集』に収録するのを「腹の中で思うてないことばかり言うておるんだよ」という理由で強く拒み、結局収録されなかったものである。

話題をもどす。この書『原始の神社を求めて』には、原始の神社の問題点がほぼ出し尽くされていると言っていい。そこには、「神社」はもちろん、「森」の問題も大きく取り上げられている。石と水を当然のこととしていた私は、うかつにも森のことを忘れていた。というよりも過小評価してしまっていたことは反省しなくてはならない。「神社」を考えるのに、「森（杜）」抜きでは不十分としか言いようがない。無論ここでいう「神社」とは、古代信仰のことである。日本の原始信仰（自然神信仰）と言い換えてもいい。それでは、原始の神社の問題点とは何か。それよりも、原始の神社とははたして何か。神社について思考した人、あるいはする人は、神社の起源に思いを馳せるのではなかろうか。私も例外ではない。「神道考古学」の創唱者、大場磐雄氏は、弥生時代には神社はあったとした。神道史学の西田長男氏は、縄文時代にまでさかのぼるとした。このお二方の説に出会ったときには、大いに納得させられたものだった。ここでいう神社とは、自然神信仰のことと言い換えてもいいだろう。いや、そう言い換えるべきであると考えている。考古学者は「物」を重視するから、大胆にはなれないだろうが、その大場氏が弥生までさかのぼるとしているのは心強い。もちろん全ての神社がそういうわけではないが、古くさかのぼれる神社を、私は「神社」と言わずに「自然神信仰」と言いたい。おそらく、宗教の始原はそういうことであろうと思われる。もう少し続けると、神社という言葉以前に神社があったという問題は、自然神を祭祀する場があったということであって、神社という言葉や建造物があったということではない。この書も、祭祀形態についてを眼目にしていて、神社という言葉の歴史については語らない。言ってしまえば、著者は、日本の神社の始原を「モリ」に求めている。建造物ではなく、「モリ」がその祭祀形態の場になっているということだ。祭祀の対象は簡単に解明できるのかと言えば、簡単ではない。地霊・祖霊・斎場等々、日本人が（この際アジア人がと言ってしまっていいかもしれない）神を感じる場とは何かをもとめたのが、この書である。ただ、具体的な指摘として、朝鮮半島の古代新羅の国の信仰に、森を神聖な場とする慣行があり、仏教が伝来すると、森の中に寺院が建てられてしまい、シャーマンは僧尼になっていったという、李基白氏の説を引用している。朝鮮半島の自然神信仰は、儒教が入ると儒教一色になり、仏教が入ってくると仏教色になり、日本の神社や沖縄の御嶽と違い、「啓示神宗教」に迫害されてきたという歴史があるようだ。古来の朝鮮半島の信仰が残っているのは、日本と沖縄ということになってしまうらしい。この書では、古い神社は渡来人が深く係わっているという説を拾い集めている。この著者は、そもそも、沖縄の御嶽と、済州島の堂（タン）、韓国多島海の堂（タン）との類似という直感を得たところから始原をもとめはじめた。それを、とりあえず、伝播という問題意識で押さえようとしているようにも見える。中国と台湾、朝鮮の信仰形態を比較する誘惑は多くの人にある。沖縄の御嶽と本土の神社の信仰形態をも比較したがるのは、祭祀形態が似ているからだ。何年も前の八月、沖縄の竹富島で、何人もの小学生があちこちに散在する自分の背丈ほどの「ウタキ」を写生している光景に出会ったことがあった。本土でいうとお地蔵さんのような（道祖神のようなというべきか）「ウタキ」がいくつもあり、小学生は分散して写生していた。夏休みの宿題だったのだろう。御嶽信仰が生きていると言ったら大仰だろうか。生徒の背丈ほどの「ウタキ」は、見た目では、当初、灰色の石のようなものでできていると思われたが触れてみると珊瑚の残骸であった。八重山では塀も珊瑚の残骸で造られている。ついでながら、ウタキという名称に統一されたのは権力によるものであって、原初は、地域によって、ウガン、スク、オン、ウガミ、グスクとさまざまであった。初めて石垣島を訪れて、港に立った時、小さな鳥居が見えたので、急いで近づくと「港御嶽」なる扁額が見えた。無知な人間は、「御嶽」は「神社」のことで、「港神社」と同義であり、神社の始原的な姿と名称かと単純に思考して、いささか動揺興奮したが、それはやはり無知の表れであった。本書巻末の谷川健一氏との対談でもわかるが、「ウタキ」が神社に変遷していったのではなく、神社が「ウタキ」に「融合」していったはずであると。しかし、ウタキとタンは確かに似ている（私はこの書の写真でしか、タンを見ていないのだが）、それはウタキやタンを包み囲む森を介して神社にも似ていると言える。ウタキと神社の関係はある程度見えている。そうすると東アジアの信仰の一端が見えてくる。この書の中心にあるのは、題名どおり、「原始の神社をもとめて」であって、私個人として使いたくないのだが、「聖なる場」をもとめてを意味しているように思われる。最近また、新訳が出た、ルドルフ・オットーの名著『聖なるもの』を一読すると、「聖」の概念を安易に使えなくなる。が、ミルチャ・エリアーデが多用した「聖」の概念が普及しすぎたのか、「聖」概念は氾濫するようになっている。もうそれを止めることはできないだろう。「聖なる場」を求めるという表現は、確かに便利である。だが、ここでは、岡谷氏も「聖」と同様に気ままに使っておられる、「神域」という表現がより適切かもしれないと私は思っている。ニソの杜で見た森（杜）の中央にある古木が、信仰の対象になっているのを、自然神信仰と言っていいだろう。枯れてもそのまま信仰の対象になりつづけていて、片づけたり撤去してはならないという。まさしく「神域」感覚であった。

さて、「神域」と呼んでいる場へ、私がなかなか出かけられないでいるもう一つの理由である。そうはいうものの、かなりの場へ出かけてはいるのだが、自然神というのは、あくまでも自然神であり、組織化、あるいは宗祖の絶対神化がないために、長続きしないという問題がある。ニソも「講」による、村の組織化が図られたと先に書いた。しかし、それも今では消えている。何が原因でそうなったのかは不明である。自然神とは、いつ人々の間に噴出してきてもいい、言ってしまえば、生まれては消えていく信仰である。そういう信仰に私は信仰の原点を見たい。ニソの杜からの帰路、山沿いから凪いでいる海を見下ろすと、かつては緑濃かったであろうタブの杜らしきものがいくつも見渡せた。夕暮れ近かったこともあってか、その緑がなんともたよりないものにみえていることを、同行者はだれも口にしなかった。

（「自然神を求めて（1）」『白鳥』第17巻第3号（通巻一九六号）二〇一〇年四月）

出雲の「竜蛇さん」

古代出雲の、現地調査のある時、軽い気持ちで、出雲の信仰には「蛇」が大きく係わっていると口にした。横にいた千家氏はすかさず「竜蛇さんと言いなさい」と咎めた。千家和比古氏は出雲大社の権禰宜、以後私はそれに従うことになった、というよりも、以後の知見を加えて、それが当然のことと了解した。出雲の信仰の一端には、と言うよりも、中心には、「蛇」を崇拝する自然神信仰がある、そう言ったらまた咎められるであろうか。

「蛇神」信仰ということで一般論化すれば、この信仰は古く広い。世界大であると言える。

脱皮する。

手足なしで素早く動く。

毒牙を有する。

ファルス。

普段は目にすることがない。

「旧約聖書」では蛇は悪の権化であり、古代ギリシアでは地下の世界の滅びの象徴として登場する。日本文学史でも多彩な登場の仕方をするが、古代出雲の信仰という視点で見ると、また独特の問題が見えてくる。

一〇月を神無月と呼び、出雲ではそれを神在月と呼ぶというのは知られている。出雲地域以外の神々が一斉に出雲に集うという謂われから来ている。平安時代末、藤原清輔の『奥義抄』に「天下のもろもろの神、出雲国にゆきて、こと（異）国に神なきが故にかみなし月といふをあやまれり」との「神無月」の語の説明がある。つまり、「かみなしつき」が「かんなづき」になったことの理由である。この語源考察についての是非はここでは問わない。ただ、「神無月」の語源に関する貴重な証言であることは事実である。これを踏まえると、出雲地域以外の神々が集う（立ち寄る）出雲の神社は、どの神社であるかということになるが、それは複数であった。向かう神社の当初はどうも佐太神社、その後出雲大社、ついで六社、そこに全国の神が集ったということになる。しかしながら、ここでまず振り向いておかなければならないことは、日本中の神すべてが出雲に出向いたわけではないということである。出雲には行かない神もいるということだ。四国香川県の金毘羅さんがその筆頭といえるだろう。他県の金毘羅さんも出雲には出かけない。つまり金毘羅神は出雲へは行かない（金毘羅は神なのか仏なのかという問題は保留しておく）。武蔵の国、大国魂神社の神も蛇で一〇月には出雲へは行かないという。そのような神々がいくつかあることも知っておくべきだろう。

さて、出雲の「竜蛇さん」である。ラフカディオ・ハーンが『知られざる日本の面影』において、

人々が尊厳なる竜蛇と呼ぶ小蛇は、竜王が神々のおこしを知らせるために使わしめるものである。竜蛇さまが来る前には、海が暗くなり大荒れになる。われわれが竜蛇さまと呼ぶのは、竜宮の使いであるからだが、白蛇と呼ぶこともある。その小蛇は自発的に社に来るのではなく、漁師によって捕らえられる。

かように記録している。「海が暗くなり大荒れになる」ことを、地元では「お忌み荒れ」と呼ぶ。神在月に、杵築に上がった竜蛇は出雲大社へ、日御碕の海でのものは日御碕神社へ、島根半島の七浦のものは佐太神社へ奉納するのが習慣となっている。竜蛇の正体は、インド洋・南太平洋に広く分布する、セグロウミヘビと呼ばれている海蛇である。大きさは多種多様、一メートルほどになるものもあるという。正体が分かっていても信仰の力に変わりはない。きれいに剥製にするのが宮司の務めだという。もちろん、セグロウミヘビではない「竜蛇さん」もいらっしゃる。また、気になる神社としては、「韓神新羅神社」がある。出雲市から西の、石見の五十猛の大浦に鎮座する。祭神はスサノヲノミコトであるが、地名のイソタケはスサノヲの子どもに由来することは言うまでもない。実はそこに竜神さんも祭られている。この地では、「竜神さん」が新羅国からのお使いになっていたようだ。大浦港では古く「竜蛇」がよく上がったようだが、時とともに港も変化し、いまでは「竜蛇」はまったく上がらなくなったという。出雲・石見には韓国《からくに》の伝承が多い。日御碕神社の境内には「韓国神社」がある。カラクニイタテ（韓国射楯）神社も存在している。古代にあっても、想像以上に朝鮮半島との交流があったと思わされる。

佐太神社の、文化六年の社記には「竜蛇さん」の記録が残されている。

> 佐陀浦伊奘諾浜といへる所に尺余の霊蛇出現し給ふ。事由は神秘の社伝なれば、みだりに書記することを憚るといへどもそのあらましを申すに、霊蛇常に顕ることなく、諸蛇地中にひそまる時にあらはるるは、是神蛇霊物おして知るべきか。又その形は背は黒くして、一天の水徳を表し、腹は黄にして大地の

黄徳をあらはし、平尾剣先にして鱗は亀甲なり。他の魚蛇にことなりて、その鱗重なることなく、幾としを経るとも生るが如くにして干乾而巳なり。

ということになる。いわば「天地玄黄の相」とでもいうべき「竜蛇さん」の色形状が紹介されている。ついでは、江戸時代以前の話で、明治以降は中断されている、「竜蛇さん」の神事についてである。「神在月」に近づくころの、「お忌み荒れ」のあと、稲佐の浜、出雲大社から二キロほど西へ離れた浜辺で、「竜蛇さん」をお迎えするわけだが、大社では大国主神のお使いとして、佐太社では竜宮からの使者として、日御碕社ではワタツミノ神のお使いとして、それぞれお迎えする。ときに「神無月」。八百万の神々も、お迎えすることになる。そして、おこしになった神々を、大社境内の「旅社」にご案内する。境内の「旅社」は東西に一九ずつある。大社町では、この夜は「物忌み」で家の灯りを消すならわしであったとか。

大社の本殿は南面している。しかしなぜか神座は西に向いているという謎があるというが、西は稲佐の浜である。「竜蛇さん」そして八百万の神のお迎えの方角である。謎ではないだろう。

「竜蛇さん」は、捕獲した漁師によってか、とぐろを巻く形で三方に乗せられる。とぐろを巻くことを、こしきだて、という。三重であったり五重であったりする。ここで大切なのは、尾の形状と扱いである。セグロウミヘビの尾は、幅広く、斑紋がある。この斑紋が、神紋であるという言い伝えがある。見方次第と言ってしまえばそれまでのことになろうが、神社の神紋になっているというのである。そのためか、こしきだてするに際して、「竜蛇さん」の尾をそのとぐろの中央に逆立てる形にする。つまり、神紋を中央に高々と掲げるのである。これが特徴である。大社の亀甲紋、佐太社の白扇、日御碕社の三つ柏葉が、尾に描かれているというのである。今でも、出雲大社の神紋は亀甲の中に大の字が書かれているものだが、亀甲はウミヘビの背の紋であるとされている。それはそれぞれのご神体ということだろう。

すべてを拝観させていただいたわけではないが、神紋が明確に浮き出ているとは言い難いというのが、率直な感想である。しかしながら、ご神体としてのオーラは感じさせられる。

海からの「竜蛇さん」のご来訪。ここまで書けば、だれしもが『古事記』『日本書紀』を連想するであろう。『古事記』神代巻、大国主命の条である。国造りで、オオクニヌシノカミが、スクナビコナノカミと兄弟となってこの国を造り堅めた。その後、スクナビコナは常世の国にわたり、自らの名を「ヤマダノクエビコ、ヤマダノ案山子のソホドである」と明かす。一人になったオオクニヌシが困っていると、

この時に海面を照らして、近寄って来る神がいた。その神の言うには「私を十分に祭るならば、私もあなたと一緒によく国を造り成しましょう。もしそうしないならば、国づくりは成功しないでしょう」と。

ここに着目したのが、谷川健一氏であった。氏は、出雲美保神社の船庫に懸かる扁額に「神光照海」とあるのを見逃さなかった。『日本書紀』に、

神光照海、「忽然有浮来者」　あやしき光海を照らして忽ちに浮かび来る者有り。

とある。『古事記』の方では、その国づくりの後に、自分を大和の三輪山に祭れという話になる。『日本書紀』では大和の三輪山に住みたいという願望になる。三輪山の神は、オオモノヌシ、蛇神とされている。海を照らして、浮かび来る者とは、セグロウミヘビであることは、言を俟たない。黄色い腹がそれを示している。セグロウミヘビの黄色い腹が光って見えるという証言がある。

『古事記』では、蛇は恐れられる存在としても登場してくる。垂仁天皇記の「ホムチワケ」説話である。言葉の喋れないホムチワケが、出雲大神の祟りで喋れないのだというお告げを受け、出雲大神の宮へ参拝し、喋れるようになるというくだりが、そこに、ホムチワケがヒナガヒメと結婚する話が出てくる。ホムチワケが覗き見をすると、ヒナガヒメは蛇であったという話になり、ホムチワケはすぐに逃げるのであるが、ヒメは、なぜか唐突に「海原を照らして船で追ってくる」のである。繰り返すが、ヒメは蛇である。セグロウミヘビであろうか。この話には出雲の大神も登場している。

いまさらながら、出雲と大和の古代における深い関係を指摘する必要はなかろうが、セグロウミヘビという自然神からの視点も面白いのではなかろうかと、考えてみた。

その続きということになろうか。出雲の国造（こくそう、と清音で読み慣わしている）さんが、かつて、「出雲国造神賀詞《かんよごと》」を朝廷に奏上していた経緯がある。霊亀二（七一六）年から天長一〇（八三三）年までのことである。大和への服属儀礼か否かが問題になっている。歴史学では、当然のことながら、その事実と形態が議論されるが、やはり注目すべきはカンナビだろう。「神賀詞」のなかに「神奈備」が四か所出てくる。

出雲のかんなびを大和の四か所（三輪、葛城、宇奈手、飛鳥）に「皇孫の命の近き守り神と貢り置」いたというのである。出雲にも当然四か所のかんなび山がある。意宇郡（松江市の茶臼山）、秋鹿郡（朝日山、佐太神社の背後）、楯縫郡（大船山）出雲郡（仏経山）である。カッコ内はあくまでも比定されている山である。遠方から秀麗な姿を見せている山々である。この四山のかんなびが、大和の守り神として分けられたということなのだろうか。

かんなび、とはなにか。穏当なところでは「かん」は「神」として、「なび」は「隠れる」、神の隠れているところ、そのような理解がある。「なび」を朝鮮語の「木」を意味する「ナム」として、神の木とする説もある。そこから敷衍して、神の森と解釈する。民俗学では、柳田國男の「青大将の起源」がある。青大将を青なぶさ、あるいはただ、なぶさと呼ぶ方言を中心にして、なぶ、のじ、くちなは等が、蛇の古語であることを列挙した。この説に動かされる。「なび」が蛇であるとしたら、セグロウミヘビは、かんなびとして、出雲から大和まで、「守り神」として出向いて行ったことになるかもしれないからだ。むろん、このような、海の彼方からやってくるような来訪神は、セグロウミヘビだけとはかぎらない。来訪する自然神はまだまだあるにちがいない。

（「自然神を求めて（2）」『白鳥』第17巻第5号（通巻一九八号）二〇一〇年七月）

神無月・神在月

はじめに

前項で、出雲の「蛇」信仰について記した。出雲大社の千家和比古《よしひこ》さんから、「龍蛇さん」と言いなさいと、私が咎められたという件だが、その、ご本人の許可を得ぬまま、名前を出して原稿を書いてしまったので、事後承認的に、ご本人に送らせていただいたところ別件で事実誤認の返信をいただいた。私信であるから、その他の内容は控えるが、これは訂正しなければという、事実誤認の件をここにまず記しておかねばならない。出雲大社の神紋のことである。

「龍蛇さん」の尾の「神紋」に関して、私は「亀甲紋」と思いつづけていたから、それを書いたのだが、「剱花菱」である旨、ご教示いただいた。ここに訂正させていただく。しかしながら、出雲大社の神紋を「亀甲」とする論文は幾つかあるので、その実を再度千家氏にご教示願うつもりでもいる。もう一つ、千家さんはそのように、私を咎めた記憶はないということであったが、これについては、私には確たる記憶があるので、訂正するつもりはない。

粗雑な思考を続けているために、記述し忘れたものが、その後多々あることに気づかされた。ここに書いておかなければ、多分忘れたままになってしまうかもしれないので、書いておきたい。佐太神社の宮司をされていた朝山皓《あきら》氏（故人）は、多くの論文を残されていて、それらは、ありがたいことに、島根県の古代文化センターで著作としてまとめられて（『古代文化叢書』の三冊）、広く見られるようになっている。この神紋について、その古代文化叢書6『出雲の神信仰と祭り』から引用する。

一体佐太神社の神紋は現在一口には扇の地紙といひますが委しくは正殿が扇地紙、左殿が輪違ひ、右殿が亀甲であります。（略）今日でも出雲系の神社の神紋の亀甲は、亀の甲文によつたと云ふよりも龍蛇の鱗文によつたとすべきと信じてゐます。

別のところで、

世諺に『杵築に大蛇、御碕は白蛇、佐太は龍蛇』と申しますが、『お忌みさん』と云ひ別名を神在社とさへいふ佐陀大社の神在祭が最も古く知られている（略）この三社に共に龍蛇の信仰が伝へられているのであります。

繰り返すけれど、杵築とは、出雲大社のことである。御碕とは日御碕神社。佐太ではその後、正殿が扇の地紙になった経緯が述べられている。ここでは龍蛇信仰があることを強調されている。実は、佐太神社に伝わる文書に「立蛇」の文字が出てくる。それが、一五一二年（永正九年）である。これを「龍蛇」と判読できるならば（石塚尊俊氏）初出文献ということになる。また、朝山氏には、まだ公開されていない大きな研究論文があり、それによれば、『出雲国風土記』の研究が大きく前進するかもしれないという、情報もある。実見した方からのものである。

柳田國男からの神在月問題

さて、話があちこち飛ぶようで申し訳ないが、神無月の問題を再説させていただく。話は、とりあえず、柳田國男から始まる。柳田の文章は、論文なのか随筆なのかということで、誰しもが抱く感想の一つには、引用しづらいということがある。折口信夫も別の理由で同様である。

その柳田に『神道と民俗学』（昭和十八年）という著作がある。これは、講演に補足してのものであるから、論文として直接の引用は避けたほうが長くならずに済む。以下、神在月に関する部分の要約である。そこには、日本海文化圏とでもいうものが、民俗宗教の面から読み取れるというような指摘もあって興味深い。その延長に、神無月の問題が語られている。

神在月という、全国の神々が出雲に集まるという、興味豊かな話題がある。しかし、これは中世以前には文献に見えない。この俗信が全国的に広がっているのは理由があるのだろう。だが、村々の神社でこの日に祝詞を奏している例はないだろう。ただ神無月の前後に氏子が参籠する例は多くある。神送り、神迎えという行事もあるようだ。それを神様の出雲行きと呼ぶのは、事を好んだ言葉であろう。待ちに待った春の神様が、左義長の煙に乗ってお還りなさる、三月の節句に雛送りがあり、七月七日の七夕流しに「また来年ござい の」を唱えるところがある。神を送るということは、祭りのために必要であったことであり、それが、男女の縁を結ぶという、人望ある神地へと送ることになり、出雲は男女の縁定めの地であったから、出雲をその地としたのではないか。

およそ、このようなことを柳田は述べて、ついで、『新国学談第一冊』(昭和二十一年)「祭日考」に至って、「出雲の所謂神在祭」で結論をくだす。そこは著書から引用しておくべきだろう。

九月の晦日から出雲に集まりたまふといふなどは、中古以来とは云ひながらも、誠にたわいのない俗説であって、論破するまでも無く之を信ずる者はゐないにも拘らず、今に於いてもなほ神在祭の名を守って、それから出発したやうな無理な説明を、下さうとしてゐるのは困りものである。そんな事をするから神祭の全体が、新らしい世には向かぬものの如く見られるのである。(略)是は次に来るべき十一月の厳粛なる祭に、神に奉仕することの出来る身になれるやうに、極力戒慎して信仰を攪き乱されまいとする心づかひであつたことは、宮中の大新嘗などとも異なる所は無かつたのである。

神無月・神在月問題を簡単に終わらせている。出雲を単に縁結びの神として片づけてしまうのは、いささか性急で、ここでは詳しく論証しないが、縁結びはおそらく江戸時代あたりまでにさかのぼれるだけであって、中世・古代までは無理な話になるはずである。この柳田の見解を、冷たく、かつ浅い見方であるように感じるのは、私一人の個人的なものではなく、当時もそのように感じた方がいた。この問題を、そのように簡単に説明して終わらせることはできないとしたのが、柳田の活躍したのとほぼ同時代に、佐太神社の宮司であった朝山晧氏であったのである。柳田のこの見解以前から、以後にいたるまで、この問題に関して、「出雲民俗」「神道学」「國學院雑誌」などに堅実な八編の論文を発表している。当時（一九三〇～五〇年代）は柳田を批判するなどということはできない風潮であったろうから、言葉づかいは丁寧であるが、批判であることに間違いはない。その自信は、無論、ご自身が、佐太神社の宮司であったことにあるだろう。

朝山氏は、佐太神社社務所の発行する『神在祭概説』（一九三六年）に、つまり、柳田の見解が出る以前から、神無月は「神嘗月」であって、神嘗は「神名樋」であり、そこで神在祭が行われていたと推定し、神在月は『八雲御抄』の「鎮祭月」と想定し、「要するに神在月・神在祭は神嘗月・神嘗祭より移った天神地祇八百萬神を迎へて新穀を献ずる祭祀」（「神在祭について」）とした。柳田との見解の差は一目瞭然であって、これが、「神名樋山」の問題へとつながっていく。

朝山氏の見解は単純明晰で、「神嘗（カンナメ）」が「神無月」の語源であろうという、荻生徂来、谷川士清、加藤宇万伎以来の説を踏襲し、さらに「神名樋」にも通ずるとするのである。「嘗」とは、中国古典に登場する、新穀の出来たときにこれを捧げて神を祭りともに飲食すること。「神在社」はジンザイシャと音読し、その祭典を「神在祭」（ジンザイサイ）という。『八雲御抄』の「鎮祭月（チイザイヅキ）」と音で通ずるところがある。鎮在とは、「シヅメイハフ」つまり「お忌み」の意であり、「神在祭」を「お忌祭」と称する理由もそれで解ける。そのまま「シンジョウサイ（新嘗祭）」にも関係してくるであろう、と説明された。これは、かなり説得力のある論である。この説を沈めておくのは惜しい。

柳田説の再説

その後、石塚尊俊氏がこれらの問題をさらに深めていく（『神去来』一九九五年等）。氏は、地方の神様の出雲行について、民俗地誌を利用し、北海道と南西諸島以外の日本列島のほとんどの地域に、それが見られるとした。ただ、この結論については、江戸時代に出雲大社教の布教活動を行った「御師《おし》」の活躍は無視できない、というより大きい。関東にある出雲系の神社、たとえば氷川神社は東京都に五十九社あり、埼玉には百六十二社を数えるが、他の道府県には七社しかない（西角井正慶『古代祭祀と文学』）。武蔵一宮とされる埼玉大宮の氷川神社の存在が大きいのだろうが、この武蔵での布教活動は、御師の力が大きかったと推測される。しかし、である。江戸以前、十世紀の『延喜式』「神名帳」に掲載されている、中氷川神社、出雲伊波井神社なども、武蔵にはあり、江戸時代の御師の布教だけでは読み解けない問題もある。文献上も、前回あげた『奥義抄』（平安末）、藤原範兼の『和歌童蒙抄』（一一六五年以前）、順徳院の『八雲御抄』（鎌倉時代）に、記事がある。『八雲御抄』には、「十月かみなつき、出雲国には鎮祭月と云」とある。これ以外にも江戸時代以前、いくつかの資料がある。

石塚氏はまた、日本列島の、出雲行の民俗資料を調べつつ、出発と帰還の日程、また出雲での滞在期間の差、それらがまちまちであることを指摘している。すべての地方神が、同時期に出発して、同時期に帰着するのではないということだ。さらには、受け入れる出雲の側の日程が、それらと合っていないという事実も指摘している。暦法の改正などによる原因も考えられる。しかし、それだけの問題ではないという。また、中国地方の神様の出雲行の理由に、酒作りのためというのがあげられていることにも注目している。酒作りは、神祭りの重要な要件であり、それは、米作りと深い関係を持つからである。それはまた、新穀の祭りということにも重なる。石塚氏は、柳田國男が、田の神の祭り、つまり秋の祭りが、元来十一月であり、その前月が、「お忌み」として禁忌の期間であったのを、「神無月」として膨らませてしまったという説を、形を変えて、再説しているように思われる。今回の結論を言えば、朝山氏の説の、否定も肯定もないという形で、現在は、次の論証を待つ状態である。朝山氏の説から再度出発するのが面白いのではないかというのが、私の現在の立場である。どうも、出雲の信仰の問題は、結論を出すには早いようだ。

金比羅問題

前回、金比羅さんは、出雲へは行かないということを書いておいた。民俗学では、神無月には出雲へは行かない神のことを、「留守神」と称する。金比羅さんの場合は、大祭が、古来十月十日であったために、行くことができないという言い伝えもあるようだ。青森から四国までである、讃岐の金刀比羅宮、かつての金比羅大権現の神社の神さまは、確かに、出雲へは出かけていない。特に、愛知の平坦部あたりの金比羅さんは、「留守神」として、出雲へは出かけないとのことだ。無論、金比羅さん以外にも、出雲へは出向かない神さまは多い。その理由をと問われても、いまは分からないと答えるしかない。それは、以上述べてきたとおり、神無月・神在月のもともとのあり方が、まだまだ明確でないからだ。むしろ、柳田國男が、冷淡とも思える論じ方をしている、その姿勢と合わせて、朝山氏の説を読みなおすべきだと考えている。

（「自然神を求めて（4）」『白鳥』第18巻第1号（通巻二〇二号）二〇一一年一月）

鮭と古代びと

鮭神社のこと

出雲の歴史資料館に案内されて、一センチ足らずの魚の骨が展示されている前で、案内者は私たちの足を止めた。そして「鮭ですよ」と言って、顔を緩めた。たかが小指の先ほどの魚の骨、そういう思いは他の見学者にもあったはずである。あるいは、はたして、私だけが無知だったのか。案内してくれた、埋蔵文化財調査センターの内田律雄さんは、後日、私をまた別の所へと誘ってくれた。鮭神社だった。当時、内田さんは、「鮭」テーマにしていたのだろう。目の前に、縄文時代や、自然神信仰があるという認識が浅かったその当時の私には、まさしく、豚に真珠ということであったろう。内田氏の論文（『古代日本海の漁撈民』同成社刊所収）は、その私のか細い導火線に火をつけた。

出雲に鮭を祀る神社がある。斐伊川の支流のさらに支流のほとり、阿用にそれはある。残念ながらというべきか、『風土記』にも『延喜式』内の神社としても記憶はない。しかし、それを理由としてこの神社を軽視することはできない。古代における、鮭とヒトとの関わりをあかす記述は多々あり、ここ出雲でもそれは例外ではないはずだからだ（一例として『延喜式』延長六年に、越中・越後から「鮭」が納められたという記述がある）。鮭の考古学的な存在証明は難しいとされている。他の生き物の遺物に比して、あまりにも痕跡が少ない。鮭の骨が軟らかいので残らない、燻製にしてすべてを食べてしまうので骨は残らない、等々の言い訳めいたものはあったが、それらの弁護は、どう考えても貧弱であるし、いまではほとんど相手にされていないようである。残っていなければ存在しない、当然の論理で厳しい。しかし、わずかながらとはいえ、骨が発掘されている。鮭とヒトとの関係は深かったはずだという、その直観を信じている内田氏は、鮭のささやかな骨の現物を、私たちに、提示して見せてくれたということなのだろう。ヒトと鮭の関係は人類史のなかで、おろそかにできない問題だと。それと同じように、あるいはそれ以上に、鮭神社の存在は大きいと言えないか、祀られるほどの存在として鮭があったということなのだから、と内田さんは言っていたはずなのだが、私は鈍かった。実は、鮭を祀る神社は少なくない。その中で、たぶん、一番知られているのは、福岡県の嘉穂町にある鮭神社である。ヒコホホデミ、ウガヤフキアヘズ、トヨタマヒメを祭神としているが、名は鮭神社である。氏子の人々の間では、鮭は神の使いであるから食べないという習慣が残っているという。

鮭については、『常陸国風土記』の、久慈郡条に、次の記載がある。

此より艮の方廿里に助川《すけかわ》の駅家あり、昔遇鹿《あふか》と号《なづ》く。古老のいへらく、倭武の天皇、此に至りましし時、皇后参り遇ひたまひき。因りて名づく、国宰、久米の太夫の時に至り、河に鮭を取るが為に、改めて助川と名づく。(細注)俗の語に、鮭の祖を謂ひて須介《すけ》となす。

鮭が珍重されていた証ではなかろうか。嘉穂と違って、常陸では「食べる」ために大切にされていたのだと解釈できよう。もちろん、「食べる」ことと「食べない」ことの意味は、反対ではなく、ヒトにとって「尊崇」の両義の、それぞれ一方が表れていると考えるべきだろう。

鮭をスケということ

サケをスケと呼ぶ。『常陸国風土記』に、「河に鮭を取るために、改めて助川となづく」とあるのは、気になる一節ではなかろうか。「アイヌ地名から見た古代日本の鮭の分布」という論文で、木村圭一氏は、チュク、キク、ツク、シュク、スク、等の鮭に係わるアイヌ語由来の地名を集めた。それによると、日本中に鮭の名にまつわる地名が点在することになった。埼玉の秩父、神奈川の菊名、栃木の都賀、等々、出雲の須賀にいたっては、「氏の注釈があり、「スサノヲノミコトが心清々しといったことから起こった（神代記）等の説もあるが、蝦夷・須賀君・古麻比留等という名が霊亀元年の紀に見えることから夷語と考えていい。」とある。須賀、それはチュカ、鮭がいる、そういう意味になるとのことだ。その当否については、保留と再検討が必要だが、木村氏の考えでは、当然、金田一京助氏の、アイヌ南限白河関までという説は否定される。俗に鮭の祖はスケであったという『常陸国風土記』の記述について、鮭（サケ）の名は新しく、スケの名が古いということを言いたいように私は読み取るが、どうだろうか。サケとスケは同音とも言えるように近いが、おそらく、異質なものだったのであろう。スケはサケ以前にあった呼称で、アイヌ語であった可能性が高い。というよりは、サケの名が出る前の時代の名称であったのではないか、そういう言い方の方がいいかもしれない。スクであったとすると、まったく別の問題に展開していきそうなのだが、それは別の機会にまわしたい。

鮭のオースケコスケ

日本昔話研究・分類は、『日本昔話大成』(角川書店刊)という本にいたって、専門家からすれば、かなり精密になったと言っていいのだろうが、私ら素人からすると、微に入りすぎて、気楽に利用するには、いささか面倒くさい。「話型」の問題が細分化され過ぎたような気がする。「話型」の定義そのものが細かすぎて、理解できないものがある。それはそれとして、それ以前の『日本昔話集成』では採択されていなかった「鮭のオースケコスケ」が『大成』で収録された。関敬吾氏が『集成』から『大成』へと細密化させた。その編集の補訂に係わった野村純一氏に、その説明の論文がある。その骨子の要約もまた難しい。『大成』に収録された基本昔話を、そのままここに引用するには長すぎるので、「鮭のオースケ」の昔話の、短いものを引かせていただく。出雲の地名が出てくる昔話である。

田畑の仕事も終えて、雪囲いをすませた家々の廂の下に揺れる干大根の影もまばらになり、そろそろ雪に埋もれかける十二月の半ば頃、出雲の国に赴く神様は、鮭のおう助の背に乗って、大鳥川を下って行く。「鮭のおう助、いま下るわい」川の方から聞こえてくるそんな声を耳にした者は、間もなく死んでしまうか、何かしらひどい災難を被ることになるのだ、だからその頃、付近の人々は、鮭のおう助の声が聞こえないように、賑やかに餅を搗いているのである。

動物がヒトや神を背に乗せてやって来るという「話型」は、日本に限らず世界中に古くからある。無論、それだけで一つの類型「話型」だという話ではないが、ここに引用した話については、野村氏によれば、話の基底には、「出雲の神無月に向かってでかけるのだとするエビス信仰をそれとなく説いている。」のではないかという説明がある（「『鮭の大助』の来る日」『昔話伝承の研究』所収）。エビス講の日が鮭の上る日になっている、他に、鮭の上る日にエビスが釣りをする、鮭の頭を叩く棒をエビス棒と呼ぶなどの資料があげられるからだろう。ついでながら、そのエビス信仰である。これも謎なのだが、あの七福神のなかの神である。そもそもが、異郷からの荒々しい来訪神であり、福をもたらす神であるとされ、来訪というゆえにか、異人としての「夷」ともかかわる。つまりアイヌとも共通するものがあるようなのだ。ここでは、毎年、時を定めてやってくる鮭、そのなかでも大量の鮭を引き連れてくる大将と目されるオースケに対しての、地元の人々の、季節の訪れを神と重ねて見ての信仰と言っていいだろう。端的に言って、鮭は貴重な食糧だったはずである。毎年のように、川を上って、同じころに、やって来てくれなければ、人々は困るのであり、救われなかったのである。

又兵衛伝説

鮭のオースケと類似する伝説が、岩手県宮古市にある。又兵衛という鮭漁にかかわる恩人の伝説である。骨子を、神野善治氏の「鮭の精霊とエビス信仰」から書き出す。

一人の浪人が（又兵衛）この村で鮭を一尾盗んだ。
村人たちは鮭を捕る鉤でこの盗人を殴り殺した。
殺された浪人の祟りで鮭が上らなくなる。
それから又兵衛を神として祀ることを約束する。
鮭が上るようになる。
以後、毎年川留めの日に祀る。

神野氏は、この伝説を「虫送り」行事の説明譚となっている「実盛人形の伝承」に近いとしている。稲に害をもたらす虫を稲田で稲株につまずいて、敵に殺された「実盛」の怨霊と考えて、丁重に祀ることにしたという伝承である。名前からも推測できるように、この二つの伝承は、歴史的に古くはない。しかし、構造的には類似している。

鮭と縄文人

鮭は、ほぼ日本中で捕れる。縄文人の主食は木の実であったろうと、遺跡の発掘などから、推測されている。しかし、その多くは秋に収穫されるのであって、春から夏ということになると、蓄えられた木の実と、漁労と狩猟ということにならざるをえなかったのではないだろうか、それが考古学での通説である。狩猟よりは、漁労が選択しやすかったであろう。それがサケ・マス漁であったかどうかはまた別である。しかし、海岸ではさまざまな魚が対象になるだろうが、内陸部になれば、サケ・マスが川を遡ってくるので、それを頼みにするしかなかったであろう、そう言うことはできそうだ。北米のインディアンなどでも、サケ・マスに依存していたという証拠がある。東日本の縄文文化でも、最近は、サケ・マス類の骨が砕かれた状態で発見されていて、食糧とされていたことが、認められつつある。しかしながら、主食であったかということになれば、発掘量としてはまだまだ、少ない。アイヌにあっては、知里真志保氏によれば、鮭は神の魚、あるいは真の魚と呼ばれていて、主食とされていただろうという。考古学的にどうなっているのか、私には情報はないが、そうなると、鮭神社のある文化とアイヌ文化とは類似している部分もあるのではなかろうかということになる。

結語

話が、神社から、昔話、伝説と広がってしまった。これは、鮭にかかわるこれらの話が、長い時代に広がって残っているということの、意味を考えなければならないということだろう。鮭は、縄文時代から、現代にまで、問題を提供している。ところが、その重さについては、随分と変化してしまっているということだ。ただし、考古学的な成果がまだまだ、古代、縄文時代の鮭の重要性を証明していないのは、今後の問題となる。

しかし、毎年、古くから、おそらく縄文時代から、同じ時期に川を遡ってやってくる、来訪者としての鮭の存在を、注目しなければならない。われわれは、どうも、時の流れをというか、季節の来訪者を無自覚にやり過ごしているような気がする。はたして、われわれには新しい鮭の伝説を作る力があるのだろうか。

（「自然神を求めて（3）」『白鳥』第17巻第7号（通巻二〇〇号）二〇一〇年一〇月）

モリの神

もりは、うゑつきのもり。いはたのもり。こがらしのもり。うたゝねのもり。いはせのもり。おほあらきのもり。たれそのもり。くるべきのもり。たちぎゝのもり。ようたてのもりといふがみゝとまるこそ、あやしけれ。もりなどといふべくもあらず、ただ一木あるを、なにごとにつけけむ。(百九十三段)

(口訳)

森でいうなら、

殖槻の森。

石田の森。

木枯の森(がいい)。

転寝の森。

磐瀬の森。

大荒木の森(も結構)。

たれその森。

くるべきの森。

たち聞きの森(は面白い)。

ようたての森という名が耳につくのが、奇妙だ。森なんていえそうもない、ただ木が一本あるだけなのに、何のつもりで（森）と名づけたのだろう。（萩谷朴『枕草子解環四』）

清少納言は、ここで、ただ一本の木を、なぜ森と呼ぶのかという疑問を、呈している。いまの学校教育でも、一本の木を森と呼ぶようには教えられていない。無論、教えられていないというのは、私個人の経験からであって、そうでない地域もあるかもしれない。清女が「何のつもりで森と名付けたのか」と記しているのは、「もり」が「森」という漢字であることに定着している時代相を語っていることになる。彼女の時代、あるいは居住地域では、一本の木を「もり」と呼ぶのは、不思議なことなのだ。逆に見れば、一本の木を、森と呼んでいる例に出会い、不可解を感じたということになる。

つぎのような疑問をかかげてみると面白いかもしれない。清少納言は『万葉集』を呼んでいたかと。

哭沢《なきさは》の神社に神酒《みわ》するゑ祈れどもわが大君は高日知らしぬ

哭澤之　神社爾三輪須恵　雖祷祈　我王者　高日所知奴　（二〇二）

（哭沢の杜の神に、酒甕を据ゑ奉つて、御病気平癒を祈つたが、私の焦がれてゐる皇子は、とうとう天を治めにお昇りになった。折口信夫口訳万葉集。）

木綿縣けて斎くこの神社越えぬべく思ほゆるかも恋の繁きに

木綿縣而　齊此神社可超　所念可毛　戀之繁爾　（一三七八）

（榊に木綿をかけて、斎み清めて祀る社の杜に近づかれぬ様に、我々が手出しも出来ぬ様になってゐる制限さへ、乗り越えてしまひさうに思はれる。あまりに恋ひの激しさに。同訳文。）

二首に共通する「神社」は、「もり」と訓まなければどうしようもない。諸本そう訓んでいる。「神社」を「もり」と訓むことは、知っていたかもしれないが、一本の木を「もり」と呼ぶのは知らなかったということなら、それはそれで疑問はおしまいになる。

疑問を代えてみよう。清少納言は『古事記』を読んでいたのだろうかと。神代に、自然神の太陽、アマテラスが皇祖神として登録される。しかし、それ以前の王権が祀っていたのは、『古事記』『日本書紀』を読むと、ともに、タカミムスヒであったらしい。『古事記』では、この神の別名を「高木の神」としている。これも自然神の、高い木であろうことは、素朴に了解できる。つまり、高い木、巨木は、神として崇拝されていたのだ。それを、清少納言は、知っていたはずではないだろうか。父親は、『日本書紀』の解読者に選ばれた、梨壺の五人の一人、清原元輔である。とすると、『日本書紀』を目にすることはあったかもしれないが、『古事記』は目にしていなかったと、弁護すべきなのかもしれない。言うまでもなく、両書ともそう簡単にお目にかかれる書物ではなかったはずだが、それにしても、アマテラスやらタカギノカミの名前くらいは、耳に届いていたとしても不思議ではないとおもうのだが、そうではないのだろうか。

『日本書紀』には、景行天皇条に、「樹」について、読み過ごせない記事がある。十八年七月。例のごとく、地名起源説話に仕立てあげられている。

倒れた一本の大樹があった。長さは九百七十丈であった。役人たちはその樹を踏んで出仕した。時の人は歌を詠んで、

朝霜の　御木《みけ》のさ小橋を　群臣《まえつきみ》い渡らすも御木のさ小橋

天皇がその樹について質問すると、くぬぎという答えがあり、倒れる以前は、朝日を受けて、杵島の山を隠し、夕日の光では阿蘇山を隠した。天皇はそれを聞いて、「この樹は神木だ。それではこの国を御木の国と名付けよう。」と言った。

この記述をそのままに読むと、概して他の記述によく見られるように、単純な誇張表現のように思われるが、その誇張の仕方には注意した方がいい。そもそも誇張表現には注意が必要だと思う。現在、島根県の三瓶山の麓の小豆原には、県立の「埋没林公園」がある。そこでは、縄文時代の破砕流によって埋められてしまい、なんと、そのまま地中に保存された格好になっていた縄文杉が発掘されて、倒れたままの姿で見ることができるようになっている。その大きさは、想像を超えていた。このような大木が乱立している光景というものは、この『日本書紀』の記述を納得させる。いま、私たちが山で見る、巨木などと呼ぶ「小さな木」とはあまりにも違いすぎるものが、乱立していたのだ。想像力を超えた古代がここにあった。

高い木、巨木が、古くは、崇拝の対象になっているという、その信仰が、『枕草子』時代の清少納言の周囲からは、消えていたということだろうか。高い木、あるいは巨木が、「モリ」信仰の対象であることにつ

いては、以下述べていく。

先に引用した『万葉集』歌の、折口信夫の口訳に、「杜《もり》」という言葉が出てくる。この「杜」の文字について、古代文学の西宮一民氏に興味深い考察がある（『上代祭祀と言語』桜楓社刊）。この字を訓読して「もり」とするのは何故か。この文字の訓にはいま一つ「さかき」というのがあり、それを西宮氏は「境木」であると提案した。「あて漢字」とでもいう思考方法と言える。境界の木ということだ。「塞ぐ」ためには木を植える必要があり、そうすると熟語「杜絶」の「杜」が「塞ぐ」の意であるから、「塞ぐ」ために木が植えられ、それが「モリ」になるというのである。「モリ」は境界であるというのである。「中国では、土地神を祀る聖地に「社樹」を植えたが、それがモリに当たるわけで、それなら必然的に日本人は「社」の字をモリと読む連想が働いた」という風にときほぐす。

さて、『出雲国風土記』意宇郡に「母理郷《もりのさと》」がある。その条の本文と訳とを並べる。

母理の郷。郡家の東南卅九里《さと》一百九十歩《あし》なり。天の下造りまし
し大神大穴持の命、越《こし》の八口《やくち》を平け賜ひて、還り坐す時に、長江山に来坐して詔りたまひしく、「我が造り坐して命《うしは》く国は、皇御孫《すめみま》の命平世《やすくに》知らせと依せ奉らむ。但、八雲立つ出雲の国は、我が静まり坐す国人、青垣山廻らし賜ひて、珍玉置《うづのみたま》き賜ひて、守《も》らむ」と詔りたまひき。故れ、文理と云ふ。神亀三年、字を母理と改む。（意訳・天下を造った大穴持の命が、越の八口を平定して還る時に長江山で「私が造って治めている国は天つ神のご子孫が平和な世として治めてくださいと、さしあげます。ただ、出雲の国は私が鎮座している所なので、青々

と垣をめぐらして、大切な玉を置き、国を守ることとする」とおっしゃった。だから文理という。）

この地名起源説話は興味深い。大穴持は、のちに昇格して大国主となる。その大穴持が「守る」国だから「もり」と名付けたという説話は、一読すると、駄洒落的な命名であるかのように受け取られがちで、他の地名起源と同様、無理があるように読み取れる。しかし「青々と垣をめぐらしてある」場所を「もり」と呼ぶのは、じつは不自然ではなく、自然なのではないだろうか。この説話は、本来、「森」と呼ばれていた場所の、権威付けをするために、大穴持の命名であるとして、作り直された話であると考えると、編者の意図が見えてくる。しかも、霊力のあるものとしての「珍玉」が置かれた「もり」である。深読みすれば、この「もり」は「霊力」を持った「もり」であると言ってよかろう。そうするならば、「もり」にはそもそも「霊力」があったということなのだろう。その霊力を大穴持の命名によって、再生させたというべきなのか、それとも「もり」の霊力を大穴持がわけてもらったということなのか、その双方が混在している。

森の信仰はなぞである。「自然神を求めて」の第一回に、「ニソの杜」実見記を書いた。その後、石見国の「荒神森」を訪ねたが、何も発見はできなかった。出雲国の荒神信仰については、神木の根に荒縄を巻いているものだが、まだ結論を出してはいない。それよりも、ここで紹介しておきたいのは、山陰ではなく、九州の、薩摩・大隅の、「もいどん」と呼ばれる森の信仰である。現地調査を重ねられた小野重朗氏に『民俗神の系譜』（一九八一刊）という著書があり、九州南部の、民俗神（自然神）を訪ね歩いた報告がなされている。その中に、「モイドン」の記述がある。著書のなかにある、他の民俗神の名もいくつかを紹介しておこう。火の神（ヒノカンサア)、海の神(ウンジャミ)、田の神(タノカンサア)、疱瘡神(ホソンカンサア)などである。

モイドン

想像できるように、モイドンの呼称は、森に殿の敬称を付けたもの。「古い民間信仰の聖地または神の名である。南九州、特に薩摩、大隅両半島部には集中して分布しており、鹿児島県下で一〇〇を越すモイドンがある。」「ほとんどのモイドンは神社としての建物をもたない。」「モイドンには必ずといっていいほどに古い木がある。シイ、タブ、クス、アコウなどの常緑広葉樹(照葉樹)が多いが、エノキ、ムクノキ、サクラなどの落葉樹のこともある。これらの樹を、モイドンそのもの、神そのものと考えており……。」読みつづけていくと、ニソの杜と酷似しているものがある。そのモイドンから、木の枝や、葉などを持ち出すと祟りがあり、人々はそういうことをしない、これも同様である。自然神信仰がいつか祖霊信仰に重なっていったのか、それもまた謎として似ている。また、森であるにも係わらず、山にあるのではなく平地にある。

よく知られているが、モリの語源説の一つに「盛り上がる」の「モリ」がある。平地の中の「盛り上がった場所」、小野氏は、その語源説を支持しているようだ。私も同調したい気持ちが強い。一本の古い巨木に対する信仰が、かつてはあった。それが福井のニソの杜であり、九州のモイドンであり、また出雲の「母理」であり、『日本書紀』の、「御木(神木)」であるのだろう。微妙な違いはあるものの、「樹木」(モリ)に対する信仰が、広く日本列島を覆っていた時代があったと言っていい、私はそう考えている。

（「自然神を求めて（5）」『白鳥』第18巻第3号（通巻二〇四号）二〇一一年四月）

敦賀へ

敦賀・越前のこと

月清し　遊行の持てる　砂の上　『奥の細道』、芭蕉は気比明神に夜参している。気比神社を「仲哀天皇の御廟なり」と記しているのは、当時の理解のこと。先年『白鳥』同人と、福井の小浜のニソの杜にでかけたことは、「自然神を求めて[1]」に書いた。その帰路、敦賀までをN氏の運転で出て、そこで気比神宮に寄るつもりが、夜となり、泊まるというH氏を残して、翌日の仕事もあり、敦賀をただ通り過ぎた。いつかまたという気持ちが残った。今夏、それを果たすべく、敦賀行となった。八月の末の平日、朝、パソコンでホテルを探し、予約の作業に入る。しかしながら、駅周辺のホテルはすべて満室。意外な状況に直面する。駅から離れたホテルになんとか予約がとれた。この時期の平日に、その日だけというのではなく、敦賀のホテルが満室になっていることの、謎。

着いた日の夜、日本海側、若狭湾、敦賀湾があるので、夕食に魚介類を求めて歩いたが、商店街の店はシャッターが降りていて、店はほとんど開いていない。地方の商店街は、夕方は閉まるのが早いというのは、島根県、松江や津和野で経験していたので、そういうことだろうと思っていた。やっと探し出した寿司店に入る。板前さんに話を聞いて、一つの謎が解けた。

敦賀は原発の町なのだ。分かっていたはずの事がなぜか消えている。頭は神社のことだけになってしまっているのだ。原発の点検作業のための人たちの宿舎として、駅周辺のホテルは、3・11以降企業による貸し切り状態らしい。それで満室の謎はとけた。美浜原発もある。関係者はみな敦賀周辺に宿泊しているという。寿司店からホテルに戻る際に、タクシーの運転者から、敦賀の町は原発がなくなったら消えますよ、そういう話を聞かされた。毎日原発所まで客を運んでいるらしい。消えるかどうかは分からないが、依存していることは知れた。駅から離れた、私の泊まったホテルですら、原発関係者がほとんどだということが朝食時に分かった。しかも、職場の上下関係がわかるような挨拶をし合っている。原発関係の出張所になっていると いった感じだ。原発がなくなればホテルの客は激減する。シャッターの下りていた商店街も、早く閉めたのではなく、店じまいをしているらしい。

大虫神社　新羅神社　白城神社　信露貴彦神社

レンタカーで、まず、遠方にある大虫神社に向けて北へ走る。ナビ付きの車なので、一時間ほどで迷うことなく、武生にある神社に到着した。しかも、道路、トンネルは立派で、走りやすい。大虫神社の御神体は、直径一・五メートルほどの球に近い岩だった。湧き水があり、飲めるような設備が整っている。「ふくいのおいしい水」という看板がある。この神社、『延喜式』神名帳、丹生郡の名神大社である。先にも記したとおり「お岩さま」と呼ばれる岩が御神体である。無論、岩を御神体にしているとは説明せずに、祭神はアマツヒダカヒコホホデミノ尊とされている。江戸時代に柴田勝家の重臣に攻められて神殿を焼かれているようだ。それはここでは続けない。

敦賀方面へ戻る。途中、今庄町に新羅神社がある。道路は大型トラックが多い。整備された道、新しいトンネルは、原発による工事からだろうと推測できる。新羅神社は名前から分かるとおり、朝鮮半島からの渡来のものだ。『延喜式』の北陸官道の駅に「叔羅駅」とあるのが、それを「しらき」と訓むとすれば、ここに比定されてもいいだろうが、ほかに白城神社、信露貴彦神社もあり、定説には達していない。

次に白城神社へ。「しらき」と読む。白木町にある。ここでも立派なトンネルと道を走り、白木町に入ると、高速増殖炉「もんじゅ」があった。長いトンネルがなければ、辿りつけるような場所ではない。「もんじゅ」の入り口は厳戒体制になっている。そこを左折して道を下りながら集落に入る。海岸沿いの集落は、二十軒はない。「もんじゅ」が道路とトンネルを造るまでは陸の孤島であったという。家々の間の道は車一台やっと通れる広さ。入っては行かないことにした。白城神社を探すが歩いても人がいない。尋ねることができない。整備された海水浴場白木ビーチがあり、客を集めるように定期バスも通っている。夏の終わりでしかも雨模様、そして「もんじゅ」の真下だ。泳いでいる人は一人もいなかった。乗客のいないバスが敦賀方面へ向けて出ていった。神社は高台にあるという先入観があったので、山の方を探したが見つからない。とうとう海水浴客用に新しくできたらしい、たった一軒の店で尋ねた。集落のはずれにあると教えられた。車で入っていくのは難しいのではと言われたが、今度はなんとか到着した。

陸の孤島の集落にあった白城神社。当然「新羅」だろう。しかも今はその上に「もんじゅ」が建設されている。集落はひっそりとしていた。

二十軒以下の建物が肩を寄せ合っている集落は、この神社を中心として、独特の民俗儀礼を遺しているという（足立尚計『日本の神々　神社と聖地8北陸』白水社刊）。その一つに竜神信仰があり、海中に鉄製品を落とすことをタブーとし、漁で鉄の道具を海に落とすと、神職が神社で祈祷をしなければならないという。さらに、鰻を食べないという禁食の風習もあるという。また鶏の卵も食べない習慣《しきたり》なので、集落に鶏はいない。国号を「鶏林」と称して、鶏を神聖視した「新羅」の習俗が反映しているのかもしれないということだ。いまだから車で簡単にたどり着けるが、孤立したこの集落の歴史はまことに興味ぶかい。帰り、「もんじゅ」の前を通ると、黒いズボンに白いワイシャツの、まだ若そうな男女が正門で何台かのタクシーから降りるのを見た。

気比神宮

気比神宮、敦賀駅から歩いて二〇分ほどであったろうか。片側二車線の大通りの商店街が続く外れにある。ここを中心に門前町になっていたのだろう。越前一宮、『延喜式』（一〇世紀）には「気比神社七座」とある。それよりも、『古事記』『日本書紀』に記録されて由緒が残されている。『記』では今と同じく「気比」の表記だが、『紀』では「笥飯」と表記される。『紀』の文字表記の方が本来の意味を伝えているだろう。『記』でも、本文に、鼻の先を傷つけたイルカが海岸にあふれて、「御食《みけ》の魚給《な》へり」、よって「御食津《みけつ》大神と号す」、それが「いまに気比大神と」なり、ついで、イルカの血の臭さから血浦《ちうら》と呼ばれ、都奴賀となったとされている。無論、むりやりの完結である。とはいうものの、元来食物神であったのは読み取れるのではないか。祭神は『記・紀』ともにイササワケの命とある。イササワケについては、奇妙な記録が『応神紀』に遺されているので紹介しておく。

　天皇が太子となり、越の国へ行き、角賀の笥飯大神を拝む、その時大神と太子が名前を互いに交換した。そこで大神をイササワケとし、太子をホムダワケとしたというものである。『紀』は、これ以上詳しいことは分からないと記している。この名前の交換の話は、解きはじめたら大きな問題になるだろう。ここでは、続けない。応神天皇については、複雑な問題が多すぎる。

　さて、話をもどす。『記』の「血浦」の地名起源説話だが、これに惑わされてはならない。白木神社は、九州筑前に四社ある。新羅との深い関係を考え直さなくてはならない。『垂仁紀』には、任那と新羅の抗争の話が遺されていて、両国の関係が悪化した理由が書かれたあと、額に角の生えた者が、越の国の笥飯浦に来た、それでその地を「角鹿」と呼ぶようになったとある。笥飯浦という地名がまずあり、その後角鹿に変わったということだ。「ケヒ」という地名は「ツルガ」という地名より古い。しかし、『紀』はその話を裏切るかのように、続けて次の話を遺している。越の国の笥飯浦に来た者に、「何処の国から来たのか」と尋ねたら、「意富加羅《おほから》国の王の子でツヌガアラシト……」と答えた。出雲の国を経てここに来たのだという。オホカラの国は、『三国遺事』に確かに登場する。ツヌガアラシトは渡来人であった。「笥飯浦」という名がつくからには、ここまで海であった。いまでは、海岸は大分離れてしまっているが、古代、敦賀湾は天然の良港である。気比神宮境内には、摂社、角鹿神社があり、ツヌガアラシトを祀っている。式内社である。「角が生えた」者ではなく、「ツヌガアラシト」という名前を持つ者が海を渡ってやって来たのだ。しかも「出雲の国を経て」来たという文言に、私は執着する。「出雲」にある、大陸文化の影響は、ここ福井「越の国」にも大きかった。しかし、なぜ出雲が「ツヌガ」にならなかったのか、そういう疑問が残る。「敦賀」の地名は、「ツヌガアラシト」からきているだろうという発想は、自然ではないだろうか。定説にはなっていないようなのだが。その前に「ケヒ」があったことをこの神社の名前として忘れないようにしよう。

日本海側における、大陸との関係。最近のニュースにもあるように、いまだに、北朝鮮からの密航者が、日本にやって来ている。交通はしごく簡単だったようだ。「不審者を見たら一一〇番」という看板の、「不審者」の意味は関東と日本海側では違う。

常宮神社

ついで、常宮神社。ここは、鳥居のすぐ前は海。敦賀湾の西部、常宮湾の北側にある。湾をはさんで気比神宮があり、もともと気比神宮の摂社であった。明治の始めに独立した。

小浜のニソの杜で見たタブの木の杜、ここの境内でも、タブの古木が海に向かってせりだしている。折口信夫『古代研究』の全集第二巻の、あの口絵写真の「タブの木」は、第三巻の「追ひ書き」以外では、他のどこにも言及のない、説明不足の不思議な写真である。私の頭から離れない。「追ひ書き」には「海には「たぶ」山には「つばき」とある。

それはそれとして、「仲哀天皇紀」二年二月に、天皇の角賀行幸の記事がある。そのとき行宮《かりみや》を建てた。『奥の細道』の著者はこのことを、当時の伝承で知っていた。それが「笥飯宮」とされている。その天皇は熊襲征討で出発する。しかし、神功皇后は同行せず角賀にとどまり、この常宮神社をお旅所としたという、社伝がある。朝鮮半島と神功皇后伝説については、その子の応神天皇と同じく複雑であり、ここでは触れないが、この常宮神社も無関係ではなさそうだ。境内に設置されている見晴らし台から海を眺めると、目の前一面の天然の良港であることが分かる。海岸で拾ってきた貝殻を、「お土産にどうぞ」と鳥居の横に積んである。それよりも特筆すべきはここには国宝がある。「朝鮮鐘」である（新羅鐘とも呼ばれている）。高さ一一一・五センチ。口径六六・七センチ。

統一新羅時代、銘によると八三三年に製作されたもの。渡来鐘では最も古いものとされている。ただし、豊臣秀吉が文禄・慶長の役の際、慶長二年（一五九七）に寄進したというものであり、それ以外の詳しい経緯は分からない。そして、この常宮神社の先には敦賀原発がある。

日本海文化と原発

さて、話は大きく変わる。原発の問題である。NPOの「原子力資料情報室」というのがあり、私は会員になっている。毎月「通信」が送られてくる。3・11以後、随分と強気な内容になってきている。読んでいると、敦賀半島をぐるりと取り囲むように多くの活断層が複雑に存在しているということを教えられる。美浜原発の直下にはC断層と呼ばれるもの、もんじゅの直下にはC断層と、白木・丹生断層の二つが、敦賀原発の敷地内には浦底・内池見《うちけみ》断層が走っているということだ。巡った神社と原発の位置とが重なるという偶然に、いささか不気味な思いをさせられた。出雲（古代の余部《あまるべ》とされている所）にも原発がある。古社と原発。謎がまた一つ増えた。

（「自然神を求めて（6）」『白鳥』第18巻第7号（通巻二〇八号）二〇一一年一〇月）

フツヌシの周辺

山国の郷とフツヌシ

『出雲国風土記』、意宇郡に、山国郷がある。

郡家の東南三十二里二百三十歩なり。布都努志命の国廻り坐しし時、此処に来坐して詔りたまひしく、「是の土（クニ）は止まず見まく欲りす」と詔りたまひき。故、山国と云ふ。すなはち正倉あり。（止まずに見つづけていたい、だから山国というのだ、そういう地名起源説話に仕立てられている。無理というより、安易なこじつけである。多分、山国という地名が既にあり、風土記編纂者によって、その命名者としてフツヌシが後付けされたと考えていいはずだ。）

フツヌシが登場してくる。そのフツヌシが地名の命名者とされている。地名が山国であり、正倉がある。それだけの話であると言えばそれまでのことであるが、謎だらけである。何が謎なのか、それは、まずフツヌシということになる。説明は後述するが、フツヌシは自然神（民俗神）である。『出雲国風土記』では、他例として、本文の引用はしないが、秋鹿《あいか》郡大野郷にワカフツヌシが狩りをする存在として登場する。また出雲郡の美談郷《みたみ》では、高天原の御領地を管理する長として登場する。それでは、フツヌシとは、出雲に特有の存在なのかというとそうではない。『常陸国風土記』の信太郡の高来《たかく》の里にも、フツの大神の伝承がある。

古老の曰へらく、天地の権輿《はじめ》、草木言語《ことと》ひし時に、天より降り来たまひし神、名は普都の大神と称す。葦原の中つ国を巡り行でまし、山河の荒ぶる梗《かみ》の類を和し平けたまふ。……。

『肥前国風土記』の物部の郷にも、物部経津主の神の伝承がある。推古天皇が来目の皇子を将軍にして、新羅遠征を行い、その際に、物部若宮部を遣わして、神社を建てて、フツヌシを祭らせたというものである。物部氏とフツヌシがここではつながっている。それよりも、出雲と常陸と肥前にフツヌシが登場していると いう謎があるとでも言ったらいいだろうか。広域に存在するということである。記録に残されていないものもあるはずである。風土記そのものがほとんど残されていないのだから。しかし、この広域というのが大きな問題なのである。言い訳であるが、そのために今回の論点が拡大、拡散することも予想される。

さて、フツノミタマを祭神としていると言えば、石上神宮の名前を出さないわけにはいかない。フツノミタマは神剣そのもののことだと言われている。その根拠となる伝承は、『古事記』の神武天皇の条にある。タケミカヅチが投げ降ろした横刀がそれ、フツノミタマであるといわれる。この物語が興味深い。

カムヤマトイハレビコ（神武）が東征に難儀をしている時、タケミカヅチに助けを求める。その際、タケミカヅチは、自分が出ていかなくとも、かつて自分がこの国を平定した際に使った刀を使えばいいだろうと、横刀を降ろし渡したという話である。それによって大和は平定された。その刀の名が、サジフツの神、亦の名は、ミカフツの神、亦の名は、フツノミタマという（亦の名、という記述の仕方についてはここでは論じない）。それが、石上神宮に祀られているということになる。フツという共通の音がある。実は、そのタケミカヅチが、出雲のイナサの浜で剣を波に逆立てて刺し、その剣の上に座し、オオクニヌシに服従を誓わせた、その剣こそがそのフツの名を含む刀剣《ふつのみたま》であったのだということになる。

フツヌシとは何か

フツとは何だろうか。言葉から入ってみよう。フルノミタマという名前も出てくるので（『日本書紀』には石上振神社という表記が、『延喜式』には石上坐布留御魂神社という表記が見られる）、フツとフルの音は通底していると考えていい。そこで、フルに注目して、朝鮮語起源説で、プル（呪歌）の事ではないか、それが日本での「風流」の語源にもなっているのではないかという説（三品彰英）、フツに着目して、漢語説で「祓（フツ）」から朝鮮語に流入して日本に流れたという説（松前健）、『古事記伝』の物を断ち切る様子（擬音）であるとする説、「付着・タマフリ」説（折口信夫）、振動説（土橋寛・上田正昭）、「山神・川神などの全ての神の象徴的な存在、自然神そのもの」（関和彦）等がある。私が、フツヌシを自然神であると考えるのは、これらの説を総合した結果である。

フツヌシを考えるに、欠かせないのは、タケミカヅチ（建御雷神、『紀』では武甕槌神と表記する）である。

だが、どうもこの二神の関係がすっきりしない。タケミカヅチは、葦原中国を平定した第一の功労者ということになっている。『古事記』『日本書紀』からの本文引用は煩雑になるので、ここでは控えるが、結局、亦の名をタケフツの神・トヨフツの神といわれたタケミカヅチの、剣の神格そのものが、今、石上神宮に祀られている(菅野雅雄氏)ということでしめくくるしかない。つまり、フツヌシとタケミカヅチを一体としてみなすように、文献が残されているということである。なぜ、そうなったのか。

石上神宮

そこで、刀剣を祀るという石上神宮について触れなければならない。タケミカヅチ＝フツヌシ＝刀剣とは、武器であり、石上神宮はある種武器庫であったと言われている。当時の兵器は神器である。渡来の神宝「七支刀」については、呪器であるとも言われている。『垂仁紀』八十七年条には、「物部連等、今に至るまで、石上の神宝を治むる」とあり、物部氏が神宝＝兵器の管理に関与していることが見える。先に引用した、『肥前国風土記』に見られた物部氏であろう。あろうと推量するのは、物部氏について判然としたものがまだ見られないからである。言い換えると、物部氏は一党として統一された氏族ではなかったようだからである。ただし、モノノフとしての物部氏が、武器と強く関係していたことは否定できない。フツヌシを管理する側にいた氏族(ここが微妙なのだが、祀っていたのと管理していたのとは同一とは言い切れない)としての、物部氏の存在が浮上する。フツヌシと物部氏との繋がりは否定できないどころか深いものがある。

物部と言えば、島根県の出雲ではないが、石見に物部神社がある。忘れてはいけない神社である。石見一宮とされている。立派な社殿であり、静謐なたたずまいの、石見地方としては、ちょっと驚かされる大きな神社である。大祭である鎮火祭《ほしずめのまつり》には参詣していないので、人出についてはあれこれ言えないが、平日に数度訪れて、参詣者を見かけるということがほとんどなかった。過疎地ということもその理由だろう。ただし、境内は見事に手入れされている。境内にタブの木のあるのは見逃せなかった。祭神は、宇麻志麻遅命。この地になぜ物部の名を冠する神社があるのか。出雲の勢力を押さえ込むためだという見解は、あまり説得力がない。述べたとおり祭神はフツヌシではない。しかし、宇麻志麻遅命については、江戸時代の記録ながら、神武天皇の大和平定に際して功績があり、石見の地を賜ったとあるのは、タケミカヅチを連想させる、というより、その記述は派生だろう。

鹿島・香取神宮

話は、関東に移る。タケミカヅチとフツヌシ、そして物部といえば、鹿島神宮・香取神宮に触れないわけにはいかないからだ。広域にならざるを得ない。『梁塵秘抄』に、「関より東の軍神、鹿島香取《かんどり》諏訪の宮」とある、古事記・風土記の時代から離れてしまうが、鹿島・香取の祭神は、軍神であったという伝承が読み取れる。軍神、つまりフツヌシでありタケミカヅチである。そして物部であろう。フツヌシとタケミカヅチが香取神宮と関係している記事が、『日本書紀』にある（天孫降臨、一書の二）。

アマツカミが、フツヌシとタケミカヅチを派遣して、葦原中国を平定させた。その相手はアマツミカホシであり、亦の名をアマノカカセオであった。そして「此の神、今の東国のカトリの地に在す」と。この終わりの一文の怪しさが、津田左右吉以来問題にされている。ここに当該の『紀』本文を引用する余裕が無いので不親切なのだが、文脈として強引に香取をフツヌシとタケミカヅチとつなげたというものである。なぜ、『紀』編纂者は、そうしたのか。

物部氏とは何か

物部氏の家記とされている、『旧事本紀』にはこうある、

建甕槌之男神　亦の名建布都神。亦の名豊布都神。今常陸国の鹿島に坐す大神。即ち石上布都大神、是也。

ここで、タケミカヅチ、フツ、鹿島、石上、がつながることになる。無論、家記をそのままに受け入れることはできないまでも、物部家としては、この伝承がある。物部氏にはタケミカヅチ、フツ、鹿島、石上は譲れない名前だったのであろう。

ここで、話の拡散を止めて、『出雲国風土記』の一点にもどさせていただく。全文を引用する余裕はないので一部を引用する、意宇郡の国引き詞章である。

此くて、堅めたてし加志は、石見の国と出雲の国との堺となる、名は佐比売山、是なり。(動かぬように立てた杭は、(後ろに見える) 石見の国と出雲の国との堺にある、名は佐比売山、まさにあれである。)

加志《かし》とは、船をつなぎ止める杭のことと、注釈にある。このカシは、説明を省略して言えば、鹿島のカシである。本文では、石見と出雲の境界にある、佐比売山が、カシであるという記述になっている。佐比売山(現、三瓶山)は、出雲と石見の境界であり、麓には例の物部神社がある。風土記は境界にある山をカシと呼んだ。境界というのは、地理的なものはもちろん、権力と反 (非) 権力との場合も意味するであろう。地域勢力 (旧勢力とでも呼ぶ方が適切か) 物部と、タケミカヅチとフツヌシと、鹿島 (香取) は、「境界」の片側にいたものを指している。そのすべてが同類同種のものということはできないが、個別については、各論としてべつに書かなくてはならない。

結語

冒頭の『風土記』の山国についての注釈を付記しておくべきだろう。民俗語彙としての、山は、今私たちが使っている意味の山とは違う。狩猟者にとっては、熊であり、猪・鹿の獲物がいる大切な場所である。それは農耕者にとっては、田畑である。冒頭の、山国郷の山とは、そういう場であった。日常の空間と非日常の空間の違い、そして、非日常の空間としての「山国」の命名者を、フツヌシであるとするのは、そうであるべきだという、地元の伝承というよりは、風土記編纂者にかかっていた、圧力のようなものではないかというのが、いまのわたしの思いであるが、そこまでは書ききれなかった。

主要参考研究書

菅野雅雄『古事記成立の研究』（著作集3）
松前健　『大和国家と神話伝承』
大和岩雄『神社と古代王権祭祀』
関和彦　『出雲国風土記註論』
大林太良『私の一宮巡詣記』　等

（「自然神を求めて（7）」『白鳥』第19巻第1号（通巻二一〇号）二〇一二年一月）

渡来の神アメノヒボコと海洋信仰

古代の思考について

この列島は、旅をすれば海にたどりつく。折口信夫『古代研究　民俗学篇1』の冒頭の論文「妣が国へ・常世へ」にこうある。（初出、大正九年、一九二〇年。）

　十年前、熊野に旅して、光り充つ真昼の海に突き出た大王ヶ崎の尽端に立った時、遙かな波路の果に、わが魂のふるさとのある様な気がしてならなかった。

あまりにも有名なこの一節を引用するのは、題名になっている「妣」が、気になったからである。漢和辞典にこうある。「生前には母といい、死後には妣という。」古事記「ウケヒ」の段に「妣」とあれば、それを踏まえての論であるのだから、この文字をそのまま使うのは、当然のことと読み過ごしていいのだろう。実は、この論文の書かれた前々年に、母が他界している。折口は、同論文で続ける。

　すさのをのみことが、青山を枯山になす迄慕ひ歎き、いなひのみことが、波の穂を踏んで渡られた「妣が国」は、われ〳〵の祖たちの恋慕した魂のふる郷であつたのであらう。

ここでは、「すさのを」は折口である。そして「魂のふる郷」は、海の彼方であった。折口信夫についての研究は進んだ。ここで折口が「妣」を使った、その意味を解析するのは、困難ではなくなっている。「魂のふる郷」としての「ハハの国」、そこには出生の秘密とでもいうべきものが係わっていることが、見えてきているからだ。しかし、それはそれとして、折口の、海に対する物言いそのものが、日本人の感性を知る手掛かりになっているのではないか、そう言ってしまうと、言い過ぎになるのならば、こう言い換えてもいい。折口は、日本人の感性を再確認させる道筋を示したのではないかと。折口だけではない、柳田國男しかり、鳥居龍蔵もまた。そして、江戸期国学者たち、そのように遡っていくと、文献としては、『古事記』『日本書紀』『風土記』にたどりつく。それらには、この列島の人々のアイデンティティーを読み取る作業の、連続があると考えていいのではないか。それらから、もう一度、日本人の感性の枠組みのようなものを、再度読み取ることができないか、それがこの小文の目的である。まずは、古く、海の彼方から、この列島にやって来た「渡来人」に目を向けてみる。この列島の人々の「海洋宗教」のようなものが、「渡来人」をどのように受け入れたのか、それを見てみるのも、一つの作戦ではなかろうか。

帰化人と渡来人、そして渡来神

「渡来人」がそのまま神として祀られるという例はいくつかある。我々の世代では、「帰化人」と学校では教えられていたが、国家成立以前に、この列島にやってきた人々を、「帰化」とするのはよろしくないとして、一九六〇年代の後半に「渡来人」への名称変更の提唱があり、いまでは、渡来人が一般的となった。いまから思えば先駆的な研究書である、上田正昭氏の『帰化人』(中公新書)のなかで、この用語は「王化思想」の現れであると批判された。大学教授以前に、高校教員として部落差別と向き合った経験のある古代史学者の上田氏ならではの著書であったのかもしれない(今回読み返してみて、同書のなかで、上田氏は、「渡来者」という言葉を何度か使っていることに気づかされた)。一九六五年である。統一国家成立以前の「帰化人」は論外として、「渡来人」にしても、実質は単なる移動民ではないかと考えたほうがよさそうな気もする。いや、どのような名称であろうと、国家成立以前の、大陸とこの列島の関係は、対立やら従属ではなく、自由と言うと言い過ぎかもしれないが、気楽に移動できる状況だったのではなかろうか、そう思えるからである。

渡来神、マレビトとしてのアメノヒボコ

渡来人(神)の代表は天日槍《あめのひぼこ》であろう。『古事記』では天之日矛と表記される。新羅の「王子《こにきし》」が渡来してアメノヒボコとして巡行し、と『記・紀』では伝える。アメノヒボコを祭神とする神社を数え上げると、西日本ではあるが、多い。そのアメノヒボコを紹介する前に、同じく渡来のツヌガアラシトについての記述を紹介しておくべきだろう。朝鮮半島で、任那と新羅の抗争があるなか、ミマキ天皇の世に、額に角が生えた人が、船に乗って、越の国のケヒの浦に停泊した。したがってそこを名付けて角賀《つぬが》としたというものだ。

ツヌガアラシトのやって来た経路は、穴門（アナト、後の長門）、北つ海（日本海）、出雲国を経てやってきたという。出雲に立ち寄ったと記録されているのが気になるが、ここでは触れない。角賀は、現在の福井県の敦賀。そこの一の宮、気比神宮の境内摂社に角賀神社があり、そこにツヌガアラシトは祀られている。摂社といっても立派なお社である。本来は、気比神宮の主祭神であったのではないかという見解もある。それを私は支持したい。

その後にアメノヒボコが、いくつもの宝物を持ちやって来る。天皇は、播磨・淡路の好きな処に居住してよいと言う。その地がどのような意味を持つのかを、ここでは深追いしないが、要所であることに違いはない。しかし、アメノヒボコは、自分の好む所に居住したいとして、それが許されて、近江・若狭を経て、但馬に居を定めた。そこで、出嶋《いずし》の人、太耳の女麻多烏《まさたお》を娶り、但馬の諸助《もろすく》を生む。諸助は日楢杵《ひならき》を生み、日楢杵は清彦を生み、清彦は、田道間守《たじまもり》を生んだ。タジマモリは、言うまでもなく、常世に出かけたとされている。「渡来の人」の裔が常世に出かけるという。常世とは海の彼方の場である。最後にたどり着くのは、但馬（兵庫県）の出石神社ということになる。海の彼方からやってきた渡来人が、そのまま列島の中で神として祭られ、定着するという、この現象が、この列島の神に対する心性の一端をかいま見せる。ただし、ここで一つ細かいことに注目しておいてよい。それは、ツヌガアラシトは、日本海側から越の国に、アメノヒボコは、瀬戸内海側から、出石にという、経路をたどっていることである。これは、政治の問題になるだろうから、ここでは続けないが、どこかで問題としてとりあげるつもりだ。

確かに、アメノヒボコは、大陸の文化をこの列島に持ち込んだ。それにまつわる伝承に明らかである。『記・

紀』以外に、播磨・肥前・摂津・筑紫の『風土記』から、『古語拾遺』『新撰姓氏録』にその名が登場する。ここでは、その中で注目すべき語の出てくる『播磨国風土記』から引用する。揖保の郡条からである。

粒丘《いひぼのおか》。粒丘と号くる所以は、天の日槍の命、韓国より渡り来て、宇頭《うづ》の川底に到りて宿処を葦原の志《し》挙乎《こを》の命に乞ひて、曰く、「汝は国主為り。吾が宿る所を得まく欲りす」といふ。志挙、すなはち海なか(ワタナカ)を許す。その時、客神《まらひとのかみ》、剣以て海水を攪きて宿る。主の神、すなはち客神の盛りなる行を畏みて、先に国を占めむと欲ひ、巡り上りて粒丘に到りて、湌《みをし》したまふ。ここに、口より粒落ちき。故れ、粒丘と号く。

ここで、アメノヒボコは、客神となっている。「マラヒトノカミ」と訓まれている。「マレビト」である。言うまでもなく、折口信夫の作品解釈の重要語彙の一つである。韓国からの来客を「マレビト」とした『播磨国風土記』の、当時の人々の発想がここにある（無論、風土記の編纂に大和が無関係であったとは考えられない）。海の彼方からやって来て列島内を移動し、地元の人々の歓待を受けあるいは衝突し、また外部へと去っていく、あるいは地元に定着する、そういう神々への信仰というものがここに見られる。折口信夫が「マレビト」についての概念を固めたのは、大正一三年（一九二四）以降、二度の琉球調査の後と言われるが、海の彼方に「魂のふる郷」を見ていた折口には、海洋を行き来する存在がもっと早くに見えていたはずである。

アメノヒボコとは

アメノヒボコは、出石（兵庫、福井県より）に祀られた。いま、出石神社がある。但馬一宮。古社である。アメノヒボコという名前からは、神々はその名前に意味を込められているが、どのような意味を読み取ればいいのだろうか。ツヌガアラシトについても、おそらく、列島の人々は、その名前を最初に耳にした際に、「角がある人」と聞き取ってしまったのかもしれない。そこから地名起源の「角賀」が生じたのだろう。これはあくまでも勝手な想像だが、実際は、そう簡単ではなかろう。「ツヌカは王子などに与えられた新羅の最高官位の日本読みであり、アラシトは新羅の始祖王と同語である」（三品彰英）とする説が有力である。

では、アメノヒボコという名前は、なんだろうか。渡来の神としては、あまりにも日本語的な名称である。アメノヒボコの伝説は以下のようである。『古事記』「応神天皇」条から要約して引用しておく。

昔、新羅の国主《こにきし》には子がいて、名前をアメノヒボコといった。そのアメノヒボコが渡来してきた理由は次のようであった。

新羅の国の、アグ沼のほとりで、一人の賤しい女が昼寝をしていた。日光が虹のように輝いてそのホトを指した。また賤しい男がいて、その様子を伺っていた。女は妊娠し、赤玉を生んだ。賤しい男はその赤玉をもらい受けて身につけていた。ある日、アメノヒボコはその男と出会い、赤玉を賄賂としてもらい受けた。

それを床に置いたところ、玉はたちまち美しい乙女となった。そこで結婚したが、ある日、アメノヒボコが妻を罵ると、妻は祖先の国へ帰ると言って、難波に行ってしまった（そこでヒメコソ神社に祀られて、アカルヒメの神となる）。アメノヒボコは妻を追いかけたが、浪速の渡りの神が行く手を塞いで入れず、新羅に帰ろうとする。だが、それもできずに但馬の国にとどまった。

日光感精説話と、水辺の女が妊娠して卵を生むという、卵生説話とが複合されている。水辺というのが、いささか気になるところではあるが、日本では、中世に縁起物のなかの、柳田國男がよく引用する大隅正八幡縁起や、対馬の天童伝説などにも、日光感精説話が見られる。この説話は、大陸、蒙古や高句麗などに見られると言われている。北アジアの遊牧民族にその原型があったのではないかとされているが、ジンギス＝カンの生誕伝説なども、この型で残されている。

先に記したように、ツヌガアラシトの名前は、おそらく原型をとどめている。しかし、アメノヒボコは、その妻となった、そして難波に帰ってきたヒメコソ神社の祭神アカルヒメの神と同様に、日本名化した神なのである。その名前を分解してみれば、天の日光（日矛＝神器）であり、大陸からの金属文化をもたらした存在とでもいうことになろうか。ここに、この列島の人々が、海の彼方との往来によって、自分たちの世界ができあがっているとする、一つの認識をみることができるのではないだろうか。いわば、歴史の中の、マレビトとして、分析概念としてではない、マレビトという存在を、アメノヒボコに見いだしたいというのが、本稿の目的である。（つづく）

（「自然神を求めて（8）」『白鳥』第19巻第7号（通巻二一六号）二〇一二年一〇月）

「渡来」の神と海洋信仰

一　自然神信仰について

芭蕉は出羽三山の一つ、月山で野宿をした。

雲の峰幾つ崩れて月の山

いい句だと思う。山岳信仰とでも言うべきものが、芭蕉の心の奥にあることを知らされる。そうでなくて、あの寒い月山で野宿するだろうか。無論、山岳信仰という言葉があの時代にあったはずはない。ここでいう、山岳信仰とは、仏教の宗派に関わる教義信仰のことではない。山に対する自然信仰のことである。ついで、芭蕉は『奥の細道』を南下して敦賀にたどり着く。そこでは、翌日、気比神宮にお参りするつもりでいた。宿の主人が明日は雨と告げると、あわてて、その夜、芭蕉は参詣することにする。

月清し遊行のもてる砂の上

説明を要する句だ。砂は海の砂である。ここには海洋信仰とでも呼んでいい心情が込められている。それについては続けないが、実は、この夜、芭蕉が宿にした大店は「出雲屋」と称していたことが分かっている。越前一宮の気比神宮の所在地に「出雲屋」があり、そこを芭蕉が宿としたことについての研究は、どこかにあるだろうか、寡聞にして知らない。月と山と海、そして出雲、不思議な取り合わせがここにある。

さて、芭蕉は気比神宮を「仲哀天皇の御廟なり。」と書き残している。当然ながら、妻である神功皇后も祀られている。日本海側に多く伝わる神功皇后伝説の一つと言えようか。気比神宮の主祭神は今、イザサワケ（伊奢沙和気命）である。しかし、境内摂社に、都怒賀神社があり、訪ねると隣接して、「鬼神社」があった。両社とも建築様式は同じで、摂社とはいえども立派な社である。そのツヌガ神社の祭神は、ツヌガアラシトである（ツヌガと訓むかツノガと訓むかはここでは問わない）。もともとはこの、ツヌガアラシトが気比神宮の祭神ではなかったかという研究もある。月と山と海、『奥の細道』に記録してなかった「出雲」と「ツヌガアラシト」は、すべて気になるテーマである。

二　ツヌガアラシト

海洋宗教という言葉を、最初に使ったのは、山岳信仰の研究家であった、五来重であったと記憶している。折口信夫没後三〇周年を記念して行われた、公開講座の一つであった(1)。折口信夫なら、常世信仰とでも言うだろうところを、海洋宗教としたのが、私の気を惹いた。ここでは、それにヒントを得て、海洋信仰という言葉を使いたい。

ツヌガアラシトは、渡来の神である。『日本書紀』垂仁天皇条の一書に登場する。崇神朝に、「額に角有る人、一船に乗りて越国の飯浦に泊れり」、それで地名が角鹿（敦賀）となった、そう、地名起源説話に仕立てられた。その額に角有る者にたずねると、「意富加羅国の王の子、ツヌガアラシト」と答えたという。ヤマトの国に聖皇がいるというので、北つ海から出雲を経てここまで来たという。ここにも出雲が出てくる。しかしたどり着いたのはヤマトではなく越の国である。話がかみあわないが、そのことはここでは問わない。書紀の編纂者は、ツヌガアラシトの名の音を知って、「角がある人」と理解し、それを地名起源説話として書紀に組み入れたのだろうか。諸説を整理したのは、三品彰英である。(2)そこにも紹介されているとおり、本居宣長は、「角がある人」に執着した一人だが、さすがに「角のある人間」の存在は無理と考えたのか、「実の角には非じ、頭に冠りたりし物の形を角と見たるなるべし」と解釈することで納得しようとした（古事記伝三十一巻）。こじつけのように思われるが、簡単に否定すべきではない（ついでに言えば、シトとヒトの違いであるが、シとヒの音韻の交替はある得る）。とは言え、ツヌガアラシトは古代朝鮮語で了解できるとした、三品彰英の意見は重い。それは、ツヌカは王子などに与えられた新羅の最高官位、角干（スプルカン）の日本読みであり、アラシトは新羅の始祖王、閼智（アルチ）と同語であるというものだ。「閼智は小童の形相で天界から降臨したと伝説化されている日の御子であり、それが日本的に表現されてアメノヒボコと呼ばれたとすれば、両者は必ずしも別でない」(2)とする。他に、「角が有る人」と主格の「が」を使用しているのは、古代日本語としてはあり得ない、少なくとも、「角有る人」でなければならない、そういう議論もある。しかし、助詞「が」を主格として使用している例は『万葉集』にあるので、この議論には目をつぶろう。次いで、三品氏は、ツヌガアラシトとアメノヒボコは「別ではない」という。これは、『記』ではアメノヒボコが、『紀』ではアラシトが、難波のヒメコソ神社の祭神（女神）を追いかけてやってきたという、似たような記述があるのを了解すれば、確かに、同一神であったということの可能性はある。しかし、それだけで、ツヌガアラシトとアメノヒボコを「別でない」と推断してしまうことは、危ない。むしろ、別と考えたほうがよいように思われる。ツヌガアラシトの存在そのものが、未解決と言ってよく、『垂仁紀』二年に登場する、ツヌガアラシトについては、「またの名」として「于斯岐阿利叱干岐《ウシキアリシチカンキ》」と注されていて、別名のあったことが分かる。編者が、アメノヒボコも同一神としたいならば、「またの名」と紹介されてもいいのではなかろうか。「亦名」については、菅野雅雄氏の、大国主の「亦名」についての研究があり、本来はそれぞれが別の独立神であったという説が有力であると言及されている。(3)とすれば、ツヌガアラシトもウシキアリシチカンキも、ましてやアメノヒボコも、別の独立神であった可能性が高い。三品氏の、ツヌガアラシトという名前が日本名でないとする論拠は、古代朝鮮語でも理解できるという一説であって、重要な説ではあるが、それで解決というわけではない。(4)

三　日本列島と大陸

『出雲古代史研究』第二三号（二〇一三年）の鼎談記録で、内田律雄氏が語られているように、日本海側では、

気多・気比の神　田村克己『日本海と北国文化』（海と列島文化1）

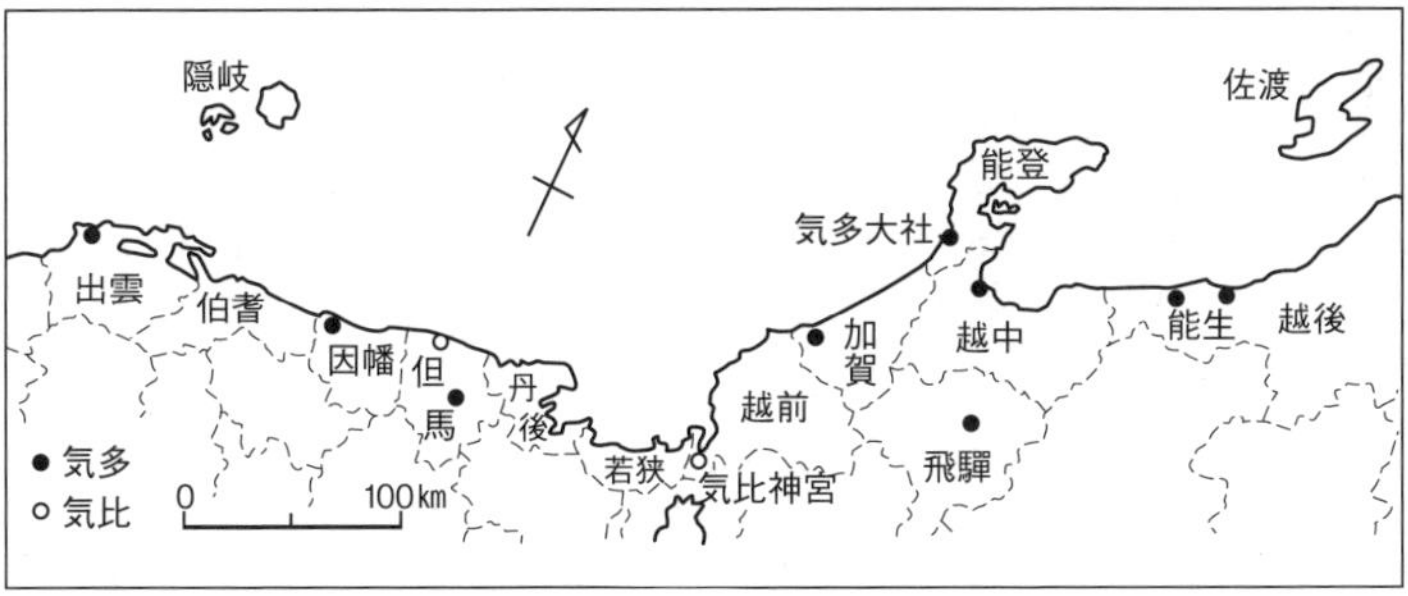

図1　日本海沿岸地域の気多・気比地名および神社名

大陸の影響と見られる遺跡が次々と発掘されている。影響というよりは、大陸と日本海側の関係は、古くから密度が濃いものであった。敦賀の気比神社の近く、能登に、気多神社がある。祭神は大己貴命である。実は、分布ということであれば、日本海側だけではなく、太平洋側にもあり、広い（図1）。しかも、ある程度の共通項があり、海岸、あるいは川の近くである。能登半島だけでも、いくつかある。いまほど、考古学での発掘のなかった時代に、この「気多」という地名に着目したのは、折口信夫であった。著名な論文「春来る鬼」である。[5] まず、「男鹿の岬では、神は海から来る、と考えたのでせう。」として、中山太郎の「けた」説、論文「気多神考」を紹介する。[6] そこでは、ニコライ・ネフスキー[7]の「ケタ」ロシア語説が採用されていて、「鮭」のことだと結論づけられている。しかし、折口はそれは採用できないとする。そして、「けた」とは水の上に渡した棒で、橋の一種であるが、橋とは違う、渡し木のことだという。神は海からすぐ陸地に上がるのではなく、この「けた」を通らなければならないとする。文献的根拠が明示されていない仮説ではあるけれども、興味深い。広く分布する、「けた」という地名は、海の彼方からやってくる神の、上陸のための、一歩を記す場であったのだ。

折口信夫は、海の彼方への信仰に執着した。『古代研究』巻頭の論文「妣《はは》が国へ・常世へ」(全集では、編集者の判断で第2巻になっている)では、亡き母(のことを、漢字では妣の字をあてる)の国へ行きたがって泣きわめいたスサノヲと自分とを重ねていると見ていいだろう。折口信夫は、この論文の二年前に実母を亡くしている。スサノヲは海の彼方に行きたがる。

アマテラスとツキヨミとスサノヲの生誕後、イザナキは(記ではイザナミも)三貴神に分割統治する場所を指示する。そこでは、スサノヲは、まず海原を指示されるが、別伝では、根の国も指示される。単純に考えると、伝承の誤り、記録の誤写ということになるが、海原と根の国とは同じであると考えれば、不都合はない。つまり、伝承意識としては、海の彼方は根の国、つまり同じ他界なのである。スサノヲが他界した母のいる所へ行きたい、そしてそこは常世であるとしたのは、折口の一つの見解である。なぜなら、「常世」という言葉を、このような学術的意味で使い始めたのは、折口信夫本人だからである。折口の術語なのである。スサノヲは、妣の国へ行きたいと、そう言った。

『日本書紀』には、有名なスサノヲと新羅の関係の記述がある。スサノヲの出自はどこであるのかを考えさせる記事である。

乱暴狼藉の末に、高天原から追放されたスサノヲは、子の五十猛《いたける》をつれて、新羅の国に天降る。しかし、「この土地にはいたくない」と言って、そこから、赤土で舟をつくり出雲国の斐伊川の鳥上峰に着いたというものである。

前掲の鼎談で関和彦氏が指摘されたが、石見に五十猛町があり、そこには漁港の上に韓国新羅神社があり、五十猛神社もある。そして、アラキ姓の人が多いという。アラキは新来ではないかと関氏はいう。つまり、

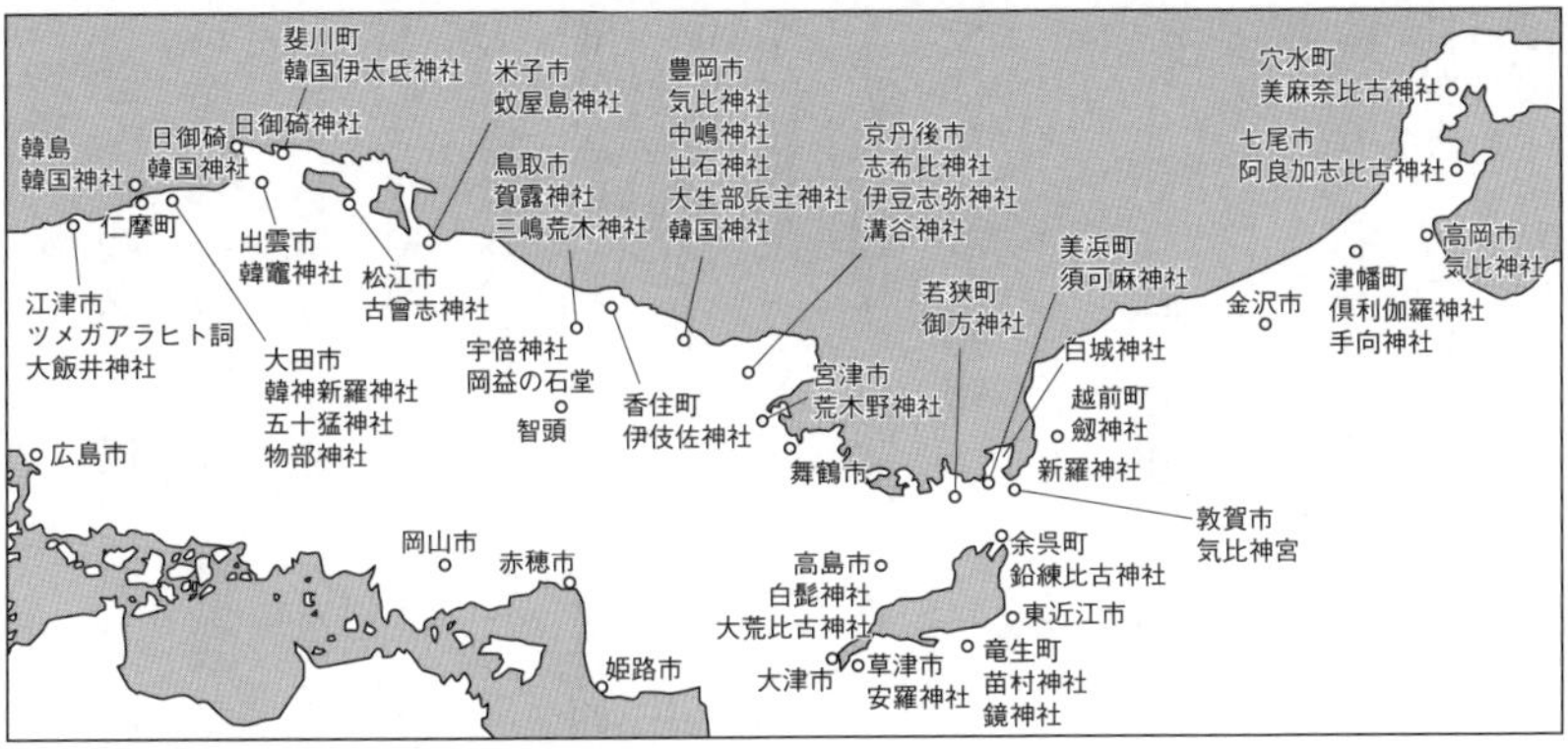

図2　天日槍と渡来人の足跡（曺智鉉）一部省略

古くから住まいしていた者（古来《ふるき》）に対して新しく大陸からやって来た者ということだ。スサノヲと海の彼方の大陸との関係が、どのようなものであったのかを伺わせる。ついでながら、韓国新羅神社の、新調された狛犬は面白い。

四　アメノヒボコ

アメノヒボコという名前は、ツヌガアラシトに比べて、随分とわかりやすい。天・日・矛は、そのまま、太陽の光線を意味すると見て間違いないだろう。いままでの研究で、大陸の、日光感精説話の伝播が、あるいは影響がここにあるとされてきたのは、いまさら説明するまでもない。太陽の光で妊娠するという説話は、大陸に、特にユーラシアに見られる。それが伝播してきたのだという見解が多勢を占めている。しかしながら、天日矛神社の分布を見ると、いかに広いかがわかり、その浸透力の強さが知られる（図2）。これを単に伝播してきたというだけですまされるだろうか。天日矛を祭神としていて有名なのは、いうまでもなく、但馬一宮、出石神社である。『垂仁記』にタヂマモリを常世の国に派遣して、トキジクノカグノコノミを取らせてくる話がある。「元来日本人が持っていた「トコヨ」の観念は、根の国とか妣の国という観念と等しいものであったが、そこに、永遠の楽土といった観念が加わったのは、神仙思想が中国から入って来てからのことである。」とは中西進氏の意見であるが(8)、折口信夫の見解を踏まえていると思われる。タヂマモリは、三宅の連の祖とされている。『新撰姓氏録』右京諸蕃に「三宅連。新羅国王子、天日桙命之後也」とあるので、タヂマモリもアメノヒボコに連なる。海の彼方の、常世への信仰がアメノヒボコへの信仰を支えている。そうは言えないだろうか。アメノヒボコ神社の分布は広い。それぞれの創建時期を調べるのは不可能だが、すくなくとも、海の彼方からの、「渡来」の神への信仰があるということにおいては、異論がないだろう。資料として、どの程度使えるのか、参考までに、『古語拾遺』に登場するアメノヒボコの漢字表記を記しておく。「海檜槍」である。アメを「海」としている。「渡来」の神は、当然、「渡来」の人が祀る。海の彼方へのノスタルジーが、海への信仰を生み出しているのではなかろうか。

五　韓国伊太氏《からくにいたち》神社について

『出雲国風土記』には登場してこないが、『風土記』に記載されている神社に同座している、韓国伊太氏神社がある。『延喜式』意宇郡に三社、出雲郡に三社とある。他にも、民家に個人的に祀られているのを拝観させていただいたことがあるので、正確な数はわからない。名称から考えて、「渡来」系としてよいであろう。

ただし、「伊太氏」の意味については、議論の最中であると言ってよい(9)。
ここでは、国語学的に、簡単に考察しておく。『延喜式』での表記は、「射楯神社」である。しかし、古代にあっては、漢字表記をそのまま意味表記として理解するのは危険である。そこで、ヒントになるのが、『播磨国風土記』の「因達の里」の表記である。内容もヒントになるので、全文を引用しておく。

播磨国風土記（餝磨《しかま》の郡）
因達《いだて》の里《さと》。土《つち》は中《なか》の中《なか》。右《みぎ》、因達《いだて》と称《い》ふは、息長帯《おきながたらし》比売《ひめ》の命《みこと》、韓国《からくに》を平《ことむ》けむと欲《おもほ》して、渡《わた》り坐《ま》しし時《とき》に、み船前《ふなさき》に御《ま》しし伊太代《いだて》の神《かみ》、此処《ここ》に在《いま》す。故《か》れ、神《かみ》のみ名《な》に因《よ》りて里《さと》の名《な》と為《な》す。
（『新編日本古典文学全集　風土記』小学館）

古典大系本『風土記』の頭注では、伊太氏の神を、航海神としている。「因達」の二文字は、本来「達」一文字だったのを、むりやり二文字表記にしたものではないかと思われる（発表会の当日、参加者の方から、討議の時間に、伊達の出身だが、伊達の表記も、それに近いというようなご意見をいただいた。そのとおりだと思われる）。小学館の全集本の頭注では、『和名抄』の「以多知・いたち」を紹介している。「いたて」「いたち」とあり、平安時代に、「至」を「いたて」と読ませている例があるので、「達」は動詞であった可能性が高い。すると、「いたて」は、到着して、到着するの意味でつかわれていたと、判断できる。航海神であることはこれで了解できる。韓国から海を渡って到着した神、それを祀るのが、韓国伊太氏神社ということになるのではなかろうか。

〈附記〉

以上は、二〇一二年一一月三日、横浜市歴史博物館で行われた、第二三回出雲古代史研究会でお話させていただいた内容の一部である。ご指摘いただいた、中世・近世が抜けているという点、実は、フダラク渡海、また『好色一代男』の世之介が、最後に女御が島に向かって船出する問題。また、近代におけるツラン文化圏、日鮮同祖論、第二次大戦後の騎馬民族征服王朝説、そういう所まで文字化したかったのだが、いかんせん力量不足。今回はここまででお恕しを願うのみ。

注

(1) 五来重「「まれびと」論と海洋宗教」『折口学と古代学』桜楓社。
(2) 三品彰英「天之日矛帰化年代攷」論文集第四巻・平凡社。
(3) 菅野雅雄『古事記系譜の研究』著作集第一巻 おうふう。
(4) 馬淵和夫「「阿羅斯等」について」『古代日本語の姿』武蔵野書院。
(5) 折口信夫全集、旧版15巻、新版17巻所収 中央公論社。
(6) 中山太郎『日本民俗学二』大岡山書店（のち復刻版あり）。
(7) ニコライ・ネフスキーについては、わざわざ記すこともないであろうが、念のため。『月と不死』（平凡社東洋文庫）という著名論文他を日本語で書いて、願いかなって祖国ソ連へと帰国したが、粛清の時代に逮捕されて、シベリアに抑留され非業の死をとげたとされている。
(8) 中西進『大和の大王たち　古事記を読む3』角川書店。
(9) 瀧音能之『古代出雲の社会と信仰』雄山閣。
関和彦『古代に行った男ありけり』今井出版。

(「『渡来』の神と海洋信仰」『出雲古代史研究』第23号　出雲古代史研究会　二〇一三年七月)

第Ⅱ部

折口信夫の世界

『死者の書』を読む

作品評価の現在

釈迢空《しゃくちょうくう》・折口信夫《おりぐちのぶお》の『死者の書』は次のように始まる。

彼の人《かのひと》の眠りは、徐《しず》かに覚めて行つた。まつ黒い夜の中に、更に冷え圧するものゝ澱んでゐるなかに、目のあいて来るのを、覚えたのである。

した　した　した。耳に伝ふやうに来るのは、水の垂れる音か。たゞ凍りつくやうな暗闇の中で、おのづと睫と睫とが離れて来る。

この、重いというか、無気味というべき調べは、何に由来するのだろうか。「彼の人」という単語、カタカナのルビ、「した　した　した」という擬音語。とりあえずは、そのように指摘できようが、それは、指摘であって、なんの説明でもない。ただ「彼の人」については、岡野弘彦氏の興味深い説明がある。

「彼の人」には日本の民族的な隠語の内包するものが秘められている。折口の晩年に民俗学の講義を聴いていて、樵や猟師など山で働く人々の間では、猿を霊的なものと信じていて、直接その名を呼ばないで「彼のひと」などと呼ぶということを知った時、ああそうだったのかと、『死者の書』の「彼の人」の出所がわかった気がした。新しい語感を持ちながら、実はその奥に長い民族の心理伝承を秘めている言葉であった。

(『折口信夫伝』中央公論新社、二〇〇〇)

多分、そういうことも、無気味さの要因になっているだろう。だが、ここで、冒頭文にのみかかわっていても、仕方がない。『死者の書』は、雑誌発表当時はなんの反応もなく、大きく改変されて単行本になってからも、これという評価もなされずにいた作品であった。しかし、現在ではそうではない。『死者の書』は、実に多くの好意的な評価に囲まれているのであるが、その嚆矢と言うべきは川村二郎氏であった。

『荒地』においてエリオットが、『ヨセフ四部作』においてトーマス・マンが、『修羅』において石川淳が、そして『死者の書』において釈迢空がおこなったのは、その同じ仕事であった。ただ、迢空が、エリオットに対するフレイザー、マンに対するフロイトとケレニイの役割を、ひとりで引き受けてしまったところに、『死者の書』の光栄ある孤独が由来しているのかもしれない。

(『限界の文学』河出書房新社、一九六九)

思想史的な面を含めて、『死者の書』の最終的な評価は、佐々木重治郎氏によって、次のように行われたと私は考えている。

折口信夫は、『死者の書』において、時間意識に対し果敢な抵抗を示しているが、しかし一方で本書を「近代小説」とよばざるをえなかったのは、彼が近代という時間内存在でありつつ、時間を超えようとする絶対的ともいうべき大きな矛盾に気づいていたからなのである。そういう点からすると、すこしおおげさな表現になるが『死者の書』は、人間存在の最大のアポリアに対する挑戦の書といえるかもしれない。（「文学における根源力」『折口信夫のトポロジー』所収、花曜社、一九八五）

言うまでもなく、これらは玄人の評である。プロの読み手の評は確かに説得力があるのだが、将棋で、いきなり王手を打たれるようなところがあって、もう少し身近な説明が欲しいと思わせるところがないではない。その役割を、ここで担ってみたいというのが、私のささやかな願望である。

作品の読みづらさ

さて、『死者の書』とは何か。これから述べることを、誤解されては困るので、予め言っておく。この作品は、傑作である。しかし、その説明については小説についてなら（この作品を小説と呼ぶとして）、当然のことなのだろうが困難である。ほかのどの小説よりも困難である気がする。

実は、私は学生時代にこの小説を全集本で読み始めて、途中で投げ出し、たまたまその頃出た『日本近代文学大系』(角川書店)の注釈付きで、再挑戦して、投げ出したという過去を持っている。民俗学も古代史も何も知らずに読み始めたのだから、当然だったかもしれない。いや、ということは、この作品を読むには、それなりの、前提となる知識が必要ではないのかということになる。民俗学や古代史の知識なしには、この小説は読み通せないということになるのではないか。そういう作品を「名作」と呼んでいいのかどうかということになるだろう。しかし、それは逆であった。私はこの作品を読んで、民俗学と古代史の世界に足を踏み入れてしまったのだから。それはそれとして、ともかくも私は、結局、ある日、読み通した。読み通して、よく分からない作品であるということがわかった。前掲引用の、川村氏、佐々木氏の説明に従えば、この作品は、それは全くそのとおりであると、極めてよく分かるのだが、それでは自分で読んだことにはならないだろう。私は、何が分からなかったのか、あるいは未だにわかっていないのか。読みおえて、釈迢空・折口信夫の他の作品(論文やら短歌やら)といくつかの折口論を読みつつ、『死者の書』のあそこはこう読むべきだったのか、と思わされることが数度、いや数十度に及び、「読み」が新たな「読み」を誘発していくという経験を味わった。いや、いまだに味わいつづけている。まことに、作品を読むということは難しいと嘆息させられたのであった。民俗学や古代史云々だけではなく、つまりこの作品の、無気味さの(魅力のと言い換えてもよいだろう)よってきたるところの問題が、多分、まだまだわかっていないようなのだ。わかったところについて、読めたところについて、一部ではあるがともかく語ろう。

読むためのキーワード

『死者の書』を理解するということでなく、目の前にある、釈迢空・折口信夫の全集を開き始めて、まず惹かれたのが、「鎮魂」という用語であった。「鎮魂」。それは自死した友人に対する、距離感覚とでもいうべきものが、うやむやになっていた私に、一つの結論を与えてくれたのだった。彼に対する「鎮魂」がなされていないのだと、気がつかされたのである。もちろん、当時は私の皮相な解釈で、キリスト教的な「鎮魂」理解から出ていなかったのだろうが、この用語に出会えたのは、大きかった、便利だった。戦後の、反天皇制=無神論的教育のなかで育ってきた私と宗教的用語は無縁だった。しかし、宗教理解は、古典を読解する際に、必要ではなかろうかと思わされたのであった。それは、古典読解だけではなかろうということになるのに、まだ時間がかかった。誤解されることを恐れずに言えば、「たましいを信じる」という事柄を、了解しておかないと、先へは進めないということになってしまったのである。無論、古典研究の視座としてであることは言うまでもない。

とりわけ、折口信夫が照準を定めたのは、「敗者」、歴史上、敗れ去ったものの「たましい」であった。『古事記』中巻の応神天皇条に大山守《おおやまもり》命の説話がある。皇位継承にあたって、大山守命・大雀《おおさざき》命・宇遅《うぢ》能《の》和《わ》紀《き》郎子《いらつこ》の三皇子の中から、大山守命が消えていく、いや消されていく話である。『日本書紀』も同様の話を載せている。その名前から推測するだけでも、大山守命は、先住の地域支配者であったであろう。最期は、謀叛者として、川に流されて死ぬ。『古事記』のこの条は、叙事詩となって残されてある。迢空は、「おほやまもり」という叙事詩劇を書く（『古代感愛集』所収）。おおやまもりについては、かなりの執着があったのであろう、「寿詞をたてまつる心々」（新編全集17巻所収）も書いている。これは敗者が勝者に寿詞を奉ることになる経緯を、大山守命の歌を例にして論じたものである。「敗者の文学」ということである。

折口信夫伝説

釈迢空・折口信夫の作品を読むのに、もう一つ、知っておく方がいいことがらがある。それは、非差別部落の問題である。佐々木重治郎氏が「無頼の位相」（前掲書所収）で説いた事を、直接読んでいただければいいのだが、なぞらせていただく。折口信夫は、大正七年のエッセイ「『毎月帖』の中に「私の生れた村は、日本で一二を争ふ、大きなえた村と境を接してゐた。」と書き残している。池田弥三郎が『まれびとの座』（中央公論社、一九六二）所収の「著作概観」の中で、論文「妣が国へ・常世へ」について、「古代人のもとつ国へのあこがれに先生が異常な関心を示したのは、先生自らの生立ちのなかに、その根本の出発があるのではないか。短歌作品、詩の諸編を通じて、先生が御自身の父君について全くふれておられないのは、伝記製作者のまず行きあたる問題であろう」と指摘しているのは、無視できない。飛躍を許していただくならば、ここには「異世界」あるいは「異郷」という問題が見え隠れしているということである。自分の今居る場所とは別の所、今とは異なる世界への憧憬があるということである。

もう一つ、折口信夫伝説として、認識しておかなければならないのは、恋愛問題であろう。「折口信夫の生涯を見渡して留意して置くべきことの一つは、同性に対する深い愛慕の情である」（一ノ関忠人「辰馬桂二『折口信夫必携』學燈社、一九八七）ということである。『死者の書』を書く動機の一つとして、中学生の時に友人だった男が、夢の中に現れて、恋心を告白された、その男は、辰馬桂二《たつまけいじ》であるとされている。昭和四年に亡くなった辰馬のことを、折口はその二年後に知り、供養については、昭和七～八年の短歌連作「池寺」となり、「そして同じ念いは昭和十四年の『死者の書』に受け継がれ、阿弥陀が池の中に見た俤は、山越しの阿弥陀像へと昇華していったのである」（井口樹生「『死者の書』論」『國文學』、一九七七年六月号）。

ここに、突然登場してくる「山越しの阿弥陀像」とは、『死者の書』のモチーフとして重要な役割を果たす、仏画である。海の彼方の西方浄土に導かれるはずの仏教信仰に、なぜ山越しの阿弥陀が描かれるのか。なぜ「海越しの阿弥陀像」ではないのか。それは、仏教以前の在来の信仰と渡来仏教との融合した形での信仰になっているからであり、山越しの阿弥陀像に、在来の信仰の姿を見いだせるという折口の古代文学者としての考えが基底にある。

近代文学史から外れて

この物語（と呼んでいいのどうか）の要約は、まず困難である。それは、自分の研究の成果は、論文ではなく、小説か戯曲の形式にするしかないと考えていた、作者ならではの方法で世に問うた作品だからでもある。改変されたためもあるが、作品内では時間が交錯して、これもまた要約を困難にしている。しかし、触りだけを書いておこう。
作品の冒頭は、最初に紹介したとおりである。謀叛の罪で斬首された大津皇子をモデルとした滋賀津彦の魂が七十数年ぶりに岩室で蘇るシーンから始まる。刀は錆びて衣服はぼろぼろである。もう一人の主人公は、藤原南家郎女《いらつめ》（中将姫）である。姫は藤原不比等の子武智麻呂《むちまろ》を祖父とする郎女であり、父、豊成《とよなり》から送られた『称讃浄土教』千部の書写にかかっている。一心不乱の書写にやつれ果てて、西の空をぼんやりと見ていた時、二上山の男嶽と女嶽の間に沈んでいく入り日に、荘厳な〈俤びと〉（阿弥陀仏と滋賀津彦とが重ねられている。それは渡来宗教と在来信仰とが重ねられていると言ってもよい。さらに辰馬桂二が重なってもいるだろう）を見た姫は、次の春の彼岸に家を抜け出す。「南家の郎女の神隠しに遭つたのは、其夜であつた。」どこを探しても見つからない。姫は二上山にある女人禁制の当麻寺に彷徨い入っていた。ついで、姫は、そのほとんど裸形の〈俤びと〉のために、蓮糸織りを始める。

姫の俤びとに貸す為の衣に描いた絵様《えよう》は、そのまゝ曼陀羅の相《すがた》を具へて居たにしても、姫はその中に、唯一人の色身《しきしん》の幻を描いたに過ぎなかった。併し、残された刀自・若人たちの、うち瞻《まも》る画面には、見る〳〵、数千地涌《すせんぢゆ》の菩薩の姿が、浮き出て来た。其は、幾人の人々が、同時に見た、白日夢《はくじつむ》のたぐひかも知れぬ。

ここで、この作品は終わる。先にも述べたとおり、筋をおいかけるということが、まず困難である。近代小説風なテーマというものが、見当たらないからである。そういう点では、泉鏡花の作品や、夢野久作の『ドグラマグラ』に似ている面があるような気もするが、全然違うといわれれば、それはそのとおりと答えるしかない。が、明治以降の日本近代文学史の枠から外れていることだけは確かだろう。この作品を、どこに位置づけるかという問いに、答えられる「読み」を提示した人はまだいない。

（『死者の書』を読む『環』藤原書房　二〇〇三年夏）

折口信夫は読まれているのか

戸板康二氏の『折口信夫坐談』のなかに、次のようなエピソードがある。戸板氏が小説家小島政二郎氏に「折口先生にうかがってください」と言われたのでということで、「ながいものにはまかれろというのは、一体なんですか?」と問うたのに対して、言下に「それは蛇だろう」と折口信夫が答えたというものだが(1)、その時、折口は「ニヤリ」としていたかどうか、気になるところではある。が、それはそれとして、この「蛇」の一言に「日本民俗学」が折口信夫の血肉になっている側面を見出せるような気がしないでもない。というよりも、折口の体質そのものが草創期の日本民俗学というものであったのではないか、というような極論を、漠然とだが考えている。柳田國男にしても、初期の『遠野物語』は、全著作のなかでは随分と異色であり、込み入った言い方になるが、その『遠野物語』の世界は(無論、影響されたと明言しているのは折口の方なのだが、だとしても)、むしろ折口的なものとして考えていいのではなかろうかというのが、はるか以前からの私の感懐である。里人からは隔離された秘密めいた異界、近代的論理思考を拒絶する世界の展開。柳田國男の以降の著作は、この『遠野物語』から離れよう離れようとしているようにも見受けられる(しかし、最後の著作『海上の道』でふたたび異郷に目を向けているのは興味深い)。

先の「蛇」にまつわるエピソードについて、ここではそれが、学問的に正しいかどうかということを問題にしたいのではない。しかし、実際問題として、文学研究において「蛇」をときほぐしていくことがいかに重要かは、知る人ぞ知るであろう。それならば、折口が「蛇」にかかわる文学史を体系的に整理して残したのかと言えば、そういう訳ではないのだが、しかし、戸板氏とのやりとりには、たとえば、ゴムボールに穴を開けて、表と裏をくるりと引っ繰り返して見せるような、小気味良さのようなものがある。しかも、それが「蛇」にまつわっているところに、折口学の片鱗を見せられたような気がするのだ。秩序だって整理された体系よりも、端的な言葉の一つ一つに重さを残していくという折口学(『折口名彙と折口学』西村亨著という書物もある)。こと、「蛇」についてだけでなく、折口の作品解釈にたいする姿勢の、あの意表を衝くやりかたについては、学ぶべきものがおおいにありそうである。民俗学の導入が、それまでの国文学のテキストの読解に全き新風を送りこみ、かつ社会科学の一分野を切り開いたという研究史の事実だけでなく、どうも折口信夫の著述にはそれ以外のところでも、読み手の意表を衝く面があるようなのだ。意表を衝く、というのは逆に衝かれた側にある種の快感をもたらしてくれる場合が多々ある。先の折口の「蛇」は、その時、戸板氏がどのように感じられたかは記録されてないにしても、やはり、意表を衝かれ、かつ快い知的刺激があったればこそ、メモされていたのであろう。それはとりもなおさず、折口学の本質を垣間見させてくれたものであったに違いない。しかし、ひるがえって考えてみれば、古典研究の本文解釈をめぐるすぐれた仮説というものは、えてして、そのようなものではないのだろうか。極端な話、丁寧な文献考証の操作は必要であるにしても、それはあくまでも過程に過ぎない。読み手を刺激するもの、あるいは昂奮させるものを内包していなければ、読者あるいは聞き手は、そこに近づきはしないのだ。無論、計算されつくした慎重な方法と手順により提示される仮説のその途中経過に魅了されるということもあろうが、それについても、やはりそれはあくまでも途中経過でしかないと、繰り返しておこう。誤解されては困るが、折口信夫が意表を衝く仮説が大事だと言っている訳ではない。むしろ、折口自身は、「他人の意表を衝く」ことについては批判的であったらしいのだ。なぜなら、折口は同じ『折口信夫坐談』のなかに、次のような談話を残しているからだ。「人の意表に出て突飛なことをいうのは、狂句や川柳の境地で、純文学ではない(2)」と。単純にこの言葉を了解するならば、折口は突飛なことを言ってはいないと、自覚しているらしいことが分かるが、それについては、深追いするのは止めておこう。ここで語っている折口の「純文学」という定義についてもいつか論じなければならなくなるときも来ようというものだ。

さて、当たり前の事を言うようだが、文学の営みはそこにまだ見ぬ世界があることを期待して続けられると言えるのではないのか。まだ見ぬ世界などと遠回しに言わずとも、危険なあるいは隠微な、もしくはいかがわしい世界と言ってしまっていいのかもしれない。無論、それがすべてであるなどと断定はしないが。折口の著作にはそれが充ちている。そのノート編を含めた全集にいたっては宝庫であると言ってよい。だが、折口は読まれているのだろうか。生前はもとより、没後の折口も読まれていそうにない。いや、「思想家・折口」や「史学家・折口」は読まれているかもしれないが、「国文学者・折口」は読まれてはいないのではなかろうか。いや、こう言っている私が読めているのかと問われれば何とも答えようがないのだが、正反対に「折口には近づくな」という声の方が、強まっているという話もある。(3)それはそのまま、折口学が「危険」なものであることの証明になってくれているのなら、結構なことと言ってもいいかもしれない。しかし、そうだとして、「危険」でない「文学」なぞに誰が付き合うのだろうか。折口が読まれなくなる傾向にあるとすれば、一部で密かに、折口は読みつがれるということになるのだろうか。それはそれで構わないという気がしないでもない。それよりも、皮相的に読み流した者が、印象批判以下の次元で、折口信夫を安易に批評しているのに出会うと、「そうかな」という気にさせられる。確かに、折口学派の中に『金太郎誕生譚』という蠱惑的書物を著した学者はいたが、折口の学問を喩えて「金太郎飴」で終わらせてしまったのでは、何ともさびしい気にさせられる。ここでは折口の学問の生成について、あるいは変遷について多少触れておきたいと思う。

「あられふる」という枕詞について見てみよう(4)。

『常陸国風土記』の「行方郡」に次のような記事がある。崇神天皇の世に、東国平定のため建借間命を遣わした(注 すでにここに、タケカシマの音が使われていることにも注目しておいていいであろう)。そこで、抵抗する国栖《くず》の二人に出会ったが、「杵島唱曲《きしまぶり》」を七日七夜歌い舞って国栖をたぶらかして「焚き滅ぼし」た。その際の「きしまぶり」の内容については、『肥前国風土記』逸文に残っている。

あられふる　きしまがたけを　さかしみと　くさとりかねて　いもがてをとる

これは『万葉集』(三八五)にも出ているものでもあるが、それよりも問題なのは、その『常陸国風土記』の中ですぐあとに続く「香島郡」のそのなかに次の一節が割注としてあることである。

風俗《くにぶり》のことばに「霰零り香島の国」といふ。(あられふり、あられふるどちらの訓みをとるべきかがまた問題になるかもしれないので原文も掲げておく)

風俗説云霰零香島之国

「肥前のきしま」と「常陸のかしま」の枕詞がくしくも同じであるということ。その遠く隔たった地「きしま」と「かしま」の双方の枕詞として「あられふる」があることは、かねてより問題とされていたところである。

最近、民俗学が一時ほどの元気を失い、かつ民族学までが人類学に吸収されて消滅しそうななかで、谷川健一氏は、「民俗学」を継承されている数少ない学者で、『青銅の神の足跡』『神・人間・動物』等の著書が刊行されるたびに私などはいつも啓発され学恩を受けている。その谷川氏の編集されている『地名と風土』(三省堂)という季刊誌の5号(一九八六年十月)に、井上辰雄氏の「『常陸風土記』と地名」という論文が掲載された。「あられふる鹿島」にかかわる内容も含んでの枕詞の新解釈ということで、谷川氏はそれをさらに月刊誌『言語』(大修館)の一九八七年六月発行の別冊「総合特集　日本語の古層」でも取り上げて紹介された。以下のような内容である。

『常陸国風土記』の香島郡の条に「霰零る香島の国」とあり、『肥前国風土記』逸文にも「あられふる杵島が岳」と出てくる。「あられふる」が「かしま・きしま」の枕詞になっている理由として、霰が降るとかしましい音がするので、と通説ではとかれていたが、井上辰雄氏が、肥前の杵島、筑波の香島も、歌垣の行われた場所で、「かがい」は中国の踏歌と同様、踊る際には踏む音、激しい足音がしたであろうから、あらればしりとよばれていて、歌垣の行われた場所の枕詞として、「あらればしり」から転化した「あられふる」が使われたのであろうと提起した説を、谷川氏が「充分納得できる卓説である」と称揚されたわけである。

この枕詞の解釈について、批判するつもりはない。しかし、その仮説のプライオリティーを、井上氏一人のものに帰していいのかという危惧をいだいているというのが正直な感想である。また、踏歌が「あらればしり」と呼ばれるにいたった経過と「あらればしり」が「あられふる」に転化するに到った説明についてはここでは語られていない。それはそれとして、実は、折口信夫には、「古代修辞法の一例」(全集第十九巻)という論文(というより、例によって口述講演筆記である旨、巻末に記されている)があり、そこに、すでに、明瞭にはないまでも、これもまた折口風の仕方ではあるが、示唆的に、この「アラレバシリ」の説が提示されていたことをたまたま記憶していたために、つまらない危惧を抱いたというわけなのだ。この口述論文は昭和七年のものと書かれてある。引用してみよう。

A　あられふりが鹿島にかゝるのは、古くからかを囂《カシ》に聯想した時代が長かつた為だらうが、その前に尚考へなければならぬ事がある。かの正月十五日前後に行はれた踏歌の節会——あらればしり——の起原を説くところの諺が、萬代あられなる風俗諺のうちにあり、それが平安宮廷よりも遥かに前から、その言葉とともに行はれてゐたもの、と見なければならぬ……

(全集第十九巻　五三頁)

折口がこの仮説をどこから援用してきたのかは、さだかではない。おそらく独創と思われる。つまりそれについては、残念ながらこちらに判断の材料がない。折口信夫は、国文学者として(あるいは、新国学の徒として)、注釈ということを、どのように考えていたのだろうかという不満を抱かせる一面がここにもある。ここで、折口がこの「あられぱしり」についてさらに言及し、かつ注釈として整理していたならば、その後著されたいくつもの『風土記』あるいは『万葉集』の注釈に、掲げられないまでも、参考として紹介されていたのではないだろうか。折口の論文は、いつも呪詛のように連綿と綴られるだけで、ある種の人々のかんがえるスタイルとしての論文の態をなしていない。無論、それが、折口の魅力であると考える人も多いのだろう。しかし、そこで、判断停止を選択するわけにもいかない。たとえば、折口の初期の著作(当時としては空前のものであったと言われる)『万葉集辞典』の「あられふり」の項を見てみよう(先の引用論文よりも遡る大正八年の刊行である。蛇足ながら、この『辞典』と『口訳万葉集』のみが、折口の著述した世にいうところの注釈と言えるのではないか、ノート編には近いものもあるが、これも、折口の学問の仕方を考えるのに大事なところだろう。この『辞典』の改訂版が未完成であったことが惜しまれるところではある)。

B　其屋根をうつ音から、囂《カシ》(まゝ迄言はずとも知れた)にかゝるのである。きしみにかゝるのも擬声か。かしまの音轉か。

(全集第六巻　四二頁)

初期のここでは、「あられぱしり」という言葉は無く、「霰」が降るという点に主眼がおかれた解釈になっているという違いがまず見てとれる。しかし、実はもうひとつの違いに注目したほうが興味深い。それは、あられふるが「かし」にかかっているという判断についてである。Aの方の説明では「か」にかかるとなっている。これがじつは些細な問題ではないようなのだ。とにかく、折口の学説は、決して、いつの時代も同じだったわけではないことが見てとれる。

しかし、これらのことは、全集の索引についてみれば、だれにでもわかることがらにすぎない。いや、索引を使えば、まだまだ折口の生成過程がわかる。おなじく「あられふる」の解釈をめぐって、いささか明瞭でない折口の説明を『万葉集辞典』の刊行と同じ大正八年の「万葉集講義」に見ることができるのだ。長いが引用しよう。（四三七〇の歌の注釈である）

あられふり（阿良例布理）鹿島の神を祈りつゝ　皇軍勢に　我は来にしを

C　阿良例布理　霰降りである。かしま・きしみ・とほなどを起してゐる例が見える。枕詞が、動詞で終つてゐる時、終止形をとつてゐるものと、連用形を持つて居るものとがある。やすみしゝ（∧安見せす）・さねさし（∧さ嶺さす）など、同じ形である。終止形のものは、どうかすると、連体形と見謬ることが多い。其で、枕詞の用を全うする為、動詞を固定させて、連体形と区別するのが、連用形を持つ枕詞である。囂《カシマ》しの語根かしを起したものと見、きしは音轉と言ふことが出来る。ま・みなどは、此際問題でないので、囂のかしま迄かゝつたと見るのは、却て枕詞の成立に叶はぬ。或は、しま（屢）

しみ（繁）などに懸つたものとも見られよう。とほと続く訣は、明らかでない。とゝ・とゝめくなどの根とを起したのか、其ともとほといふ擬声語があつて、其に接したものとも思はれる。

（全集第二十九巻　六一頁）

いささかの混乱の原因についてはとりあえず二つ考えられる。その一つは、折口はまだこのころ（大正八年）の時点では、国語学者の尾を強く引いているということである。解釈が徹頭徹尾国語学的なのである。ここには、民俗学的国文学者の風貌は見られないと言ってよいであろう。また、ここでも、『万葉集辞典』と同じく、「あられふる」が「かし」の二文字にかかるという主張をよみとることができる。それにしても、あれやこれやを取り込みすぎての説明は、読者に不親切である。混乱の原因のいま一つについては、例えば、『折口信夫坐談』の次のような談話を知っていると理解できるような気がしないでもない。

「渋うちわを持って『にわかじゃにわかじゃ』という節まわしが、ぼくにもなんとなくある」（一〇八頁）

にわか芝居というのは、あちこちにあるが、ここでは、当然、大阪にわかの猿芝居のことである。大騒ぎによって論理の停滞を誤魔化してしまう、こういう言い方がよろしくなければ、問題を錯綜化して思考の当初へもどしてしまうのが「にわかじゃにわかじゃ」ではないだろうか。いや、大仰な言い方をするなら、折口はテキスト読解の無政府状態を作り上げる名人と言えるような気がする。それはともかく、ここの「あられふる」の説明については、折口自身に明瞭な結論のないのが見てとれる。だが、むしろ、ここで注目すべきは、引用AとBCとの違いである。折口の初期のBCでは「あられふる」が「かし・きしみ」等にかかるとしているが、Aでは、はっきりと一文字「か」にかかるとしていることである。引用の時間的順序は逆になったが、ここに、折口の枕詞についての思考の変遷を見て取れる（またBCの中でも、「かし」の方が音転なのか「きし」の方が音転なのか判然としていないということもあるが、これはここでは瑣末な問題でしかないようだ）。同様の問題が同じ全集のなかで二転三転していくということ、これも折口を読む場合にこちらが構えておかなければならない初歩的な姿勢であろう。しかも、後からの仮説が常に納得し易い訳ではないという困ったことも無いわけではない。口述筆記が多かったという理由の一端は、著書として世に問おうとするためには、「にわかじゃにわかじゃ」が多すぎてとても一冊を仕上げるまで、一つの仮説を維持しつづけていられなかったということかもしれないのだ。しかし、無論これは難点ということではなく、佐々木重治郎氏の説くごとく[5]、それが学問としての現在性に耐える一面なのかもしれない。こざかしく整理された著書を体系的だなどと称賛する体質が折口学にはもともとないのである。しかし、学説を理解しようとする読者には、迷惑な話とも言える（もっとも、折口は、著書よりも講義・教育で勝負していたきらいはある。「一冊の著書を著すると、学者一人を育てるのは等価である」というどなたかの言葉を目にしたことがあるが、それにしたがえば、折口の著書の数はすごいものになろう）。とにかく、ここには、まだ、「あらればしり」と「あられふる」の関係を示唆する言辞はない。それが、先に引用した、昭和八年の論文には登場してくるのである。しかも、昭和七年の「万葉集講義」（全集九巻）には、説得力の有無については別にしても、

「踏歌」と「アラレバシリ」との関係をともかく説明している。

D　踏歌の節会の場合に唱へる章曲で、所謂『うた朗詠』となつて行くものには、「よろづ代あられ」といふ囃し詞が多く繰り返されて居た。踏歌を、古くから「あられればしり」と言うた様である。踏歌節会の行はれるのは、小正月前後の夜であるから、ちやうど霰の降る時節である。時節とは言ひ條、必しも霰は降らないであらうが、さう言ふのは、一種の祝ひになる。大空のものも、地上の光栄を祝福する忌みであつたのである。それで、「あられればしり」と言うた。ちやうど、時季も適切で、昔の人の心持ちにぴつたり叶つた訣であるが、其ばかりでなく、「萬年あられ〱」といふた囃し詞から出た名であつた。さうして居るうちに、霰の事を言うて囃している様な気がするところから、踏歌の舞踊を、「あられればしり」と日本風に言ひ変へたのである。

（全集第九巻　一二六頁）

ここでも、読んでわかるとおり、「あられればしり」から「あられふる」という枕詞への推移が説明されているというわけではない。しかし、今までの引用をとおしてみれば、大正七〜八年頃の折口と、昭和七〜八年の頃の折口では、「あられふる」という枕詞についての考えに違いが生じてきていることがわかる。国語学者としての折口から、独自の学風への蝉脱がみられると言ってもいいように思われる。言うまでもなく、そういった変化は、こと、一つの枕詞「あられふる」だけに限ったことでもなければ、無論、その「思想家」的側面についてのことだけでもない。五十巻を越える折口信夫の全集と、未刊行のまま終わりそうな講義ノート（追補が刊行されても尚残るノート）を読むということの難しさがここにありそうな気がしてならない。「あられふる・かしま」について、最近の『万葉集』のテキストは結局「霰の音がかしましいので鹿島にかかった」ということに落ち着いて居るようで、なんともそっけない。確かに、『常陸国風土記』の他の枕詞の掛かり方の例から類推すると、妥当であろうと納得して済ませても、『風土記』の読みそのものに変動はないのかもしれない。しかし、枕詞全体を包括する折口の学問的姿勢をいささかでも齧った者から見れば、折口学からの後退であると言っていいような気がする。あられが降るとかしましいので「あられふる・かしま」だという意味からの連想として枕詞があるというのであるならば、そういう体系としての「枕詞論」を注釈家はもって居なくてはならないだろう。

折口信夫以降、「枕詞」に折口学的視点から、つまり正面から取り組んだのは、吉本隆明氏の『初期歌謡論』(6)のなかの「枕詞論」「続枕詞論」だけのように見受けられる。吉本氏は、折口の「正語序」「逆語序」の考えを枕詞に応用された（この用語については、折口信夫のものとは言い切れないが、ここではそれについては触れない）。折口信夫の「日琉語族論」（『全集第十九巻』所収）で展開された正語序・逆語序とは、直接には熟語の語構成に係わる問題である。たとえば、岡の傍らが岡片にならずに片岡という地名になっていくという経過、「下着」と「靴下」ではなぜか語構成が逆であること。また「もがり」が、本来、「仮り喪」であっただろうものが逆になり、ついには、「仮りもがり」という「重言」ができたというあたりに、語序の問題を見出し、日本と琉球の古代を探しだす糸口としている論文である。

われわれは、熟語の単語構成について、確かに、本来なら言葉が逆なのではないかと疑問を抱くことがあっても、言葉というものの成り立ちにおいて、このようなこともあるさくらいで片づけてしまう場合が殆どである。また、ここでは直接関係はないが、月名の異称の解釈についても、折口は一風変わった見解を不意に提出してくる。睦月は、「む・つき」ではなく「むつ・き」であろうとか、「神無月」はこの漢字にこだわっていると正解は得られないであろうとか、こちらの思考回路を切断してしまうようなことを、ついでにというような形でチラリと言う。しかも、そういった問題を折口は、古代史・比較言語学のレベルまで引き上げてしまう。言わば、私たちの思考回路の外にあったものを、内部に繰り込んでしまうのだ。これも、折口の意表を衝く仕方の一つであると言っていいであろう。しかも、それが、おいそれと否定できない展開を見せる。

ここで、ごく簡単にではあるが「あられふる」に「逆語序」の考えを導入してみよう。この枕詞も、「香島にはあられふるなり」のような形で出てくると、少しも不思議ではない実景歌になりそうなのである。それが、逆に「あられふる香島」となるから、つまり、枕詞となるから、読解が容易ではなくなるのだ。「あられふる」が実景ではないということは、ここからも推測出来そうである。(7) ここで、折口の枕詞「あられふる」の解釈の変遷を整理して振り返って見るのも無駄ではあるまい。

大正八年刊行の『万葉集辞典』では、音が「かしましい」からとしている。それが、同年の万葉集講義では、「かし」もしくは「しま」に懸かったのではないかと変化する。昭和七年には「あればしり」との関係を示唆していると同時に「か」音一音に「あられふる」が懸かるのではとしている。この折口の仮説の変遷は注目に値しよう。ついで、直接「あられふる」もしくは枕詞に言及している訳ではないのだが、昭和二十五年の「日琉語族論」では、「久しい懸案で、殆、書かないまゝで四十年に近い年月を經た」（『全集第十九巻』二六〇ページ）として、「逆語序」の問題を深化させてくる。

確かに、直接には枕詞に言及していないながら、「あられふる」の見解の歴史を見てみると、「あられが降るとかしましい音をたてるので、香島に懸かった」という、どうも近世・江戸時代の民間語源解風の注釈から離陸して、「あられふる、は〔か〕の音にゆかりがあるのではないか」というところまで達した折口の思考は、実証するにはとてもしんどいことで困難だが、粗雑ながら以下のようではなかったかと推測している。香島の信仰のようなものはそれとしてあったのであろう。それとはべつに「あられふる」がそれはそれとして「K音」で始まるような何かの言葉と関係していたのであろう。しかし、時の流れとともに「K音」のみの印象が強く残っただけで、本来の言葉は忘れられるか、その関係の強さが薄れて、いつのまにかK音で始まる信仰の地「かしま」に優先権が委譲されてしまった。そのような流れを、背後に読んでいたのではないのだろうか。そのために、「あられふる」音がかしましいので「かしま」にかかるという素朴な解釈を、後年、とらなくなったように見受けられるのだ。

ここではこれ以上続ける余裕はなくなったが、「かしま」と「きしま」「とほ」の関係については、古代氏族の動向等を考慮して考えるべきではなかろうか（注4を参照）と一言添えて、この稿を閉じる。残された問題は別稿に譲ることとする。

注

(1) 戸板康二『折口信夫坐談』中央公論社　一三三頁　昭和四七年刊行。

(2) 注1、同書四七頁。

(3) 藤井貞和　月刊誌「言語」(大修館)　1987、6月号。

(4) この言葉を選んだ理由について若干触れておくと、考古学者の大場磐雄氏、乙益重隆氏が、装飾古墳について論究されたなかに、肥後の国と東国の古墳の装飾文様に類似性があるという指摘があった。それは三角と丸の形から出来ているものだが、古代多氏が肥後の杵島から東国の鹿島まで移動してきたからではないのかという、じつに興味深い仮説として展開されたのだが、古典研究サイドからも枕詞を利用して考えてみたいからに他ならない。残念ながらこの稿では結論まで到達しえないことになろうが。大場磐雄『考古学上から見た古氏族の研究』乙益重隆『装飾古墳と文様』(古代史発掘8　講談社)また、逆に東国の壬生氏が、防人として出向き、帰りに「きしまぶり」を持ってきたのではないかという三谷栄一氏の説(『日本神話の基盤』も出されているが、志田諄一氏は否定的である(『常陸風土記とその社会』)。まだ決定的な解は出されていないと見てよいであろう。

(5) 『折口信夫のトポロジー』(花曜社)所収「口述筆記論」「折口信夫においては、話の主題というものは先験的に固定したものとしてあるのではなく、話のプロセスのなかでつぎつぎと新しい局面をひらきながら形成されてゆくというものでなければならなかった」一二六頁。

(6) 『初期歌謡論』昭和五二年河出書房新社刊行　その後、吉本氏の枕詞論は、「柳田国男論」(『吉本隆明全集撰4　思想家』大和書房刊、所収)の中で、新たな展開を見せている。

（7）『神楽歌』に　深山にはあられ降るらし外山なるまさきのかづらいろづきにけり色づきにけりがある。ここでも、「あられふる」ことを、なんらかの意味で読みとらなければならないようである。実景の問題ではあるまい。

（「枕詞「あられふる」をめぐって―折口信夫は読まれているのか―」『折口博士記念古代研究所紀要第五輯』一九八八年六月）

女歌論(1)

いい読み手が現れると、作品の重さが変わる。フェミニズム批評が、折口信夫の「女歌論」の読み方を変えた（というか、正鵠を射た読み方を提示した）のだとしたら、フェミニズムの功績は大きい。いや、ここで、フェミニズムについて語るつもりはない。阿木津英著『折口信夫の女歌論』（二〇〇一・五柳書院）について語りたいのだ。思うところあって、遠回りをさせていただく。

上野千鶴子氏の「平成言文一致体とジェンダー」という文章がある（『上野千鶴子が文学を社会学する』所収二〇〇〇・朝日新聞社）。文体の男女差、その虚妄に対する啓蒙の一文とでも言うべきか。結論を引用してしまえば、

「た」「である」体で、男言葉を標準化した「近代国語」のなかでは、女言葉はまわりくどい「しるしつき」の言語にほかならなかった（以下略）。

ということである。どういうことか。例えば、上野氏は太宰治や三島由紀夫、大江健三郎、村上春樹などを引用していく。女性の会話文の結びに注目されたい。

さっき私がお縁側に立って、渦を巻きつつ吹かれていく霧雨を眺めながら、あなたのお気持ちの事を考えていましたら「ミルクを沸かしたから、いらっしゃい」とお母さまが食堂の方からお呼びになりました。

（『斜陽』）

「それはお忙しいことはわかっていてよ」と節子は言った。

「でも八時のお約束があれば、どっちみち、今日は八時までしかお会いしていられなかったわけだわ……」

（『美徳のよろめき』）

ペイはずいぶん良いわね、と女子学生がいった。

君は引き受けるつもり？　と驚いて私大生が訊ねた。

引き受けるわ、私は生物をやっているんだし、動物の死体には慣れているわ。

（『奇妙な仕事』）

「ねえ、これだけは覚えといて、確かに私は飲みすぎたし、酔っぱらったわ。だから何か嫌なことがあったとしても、それは私の責任よ。」彼女はそう言うとヘアブラシの柄で殆ど事務的に何度か手のひらをピシャピシャと叩いた。僕はだまって話の続きをまった。「そうでしょ？」「だろうね」「でもね、意識を失くした女の子と寝るような奴は……最低よ。」「でも何もしてないぜ。」彼女は感情の高まりを押えるように少し黙った。「じゃあ、何故私が裸だったの？」

（『風の歌を聴け』）

例えば、このなかでは一番新しい（一九七九年）村上春樹の作品は「『よ』『の』『わ』の女言葉の文末、地の文と会話の文の歴然たる区別、など、会話の内容の鮮度にくらべれば、おどろくほど古典的である。わたしたちはむしろ、七〇年代の女子学生がこんな典型的な女言葉を、作家のテクストのほかに、ほんとうに使っていたのだろうか、と疑ってみることができる」と評される。登場女性たちが、「よ」「の」「わ」のような「しるし」のついた言葉を使わされていたということだ。上野氏は、男性作家の書く小説の中の（いや、男性作家に限らず、女性作家の作品の中においても）、女性の会話文では「性的規範」がしっかりと遵守されていたのだと言いたいらしい。しかし、それは、女性自身によって解体されつつあるのだという。その例証の一つとして、少女マンガの、吉田秋生『櫻の園』の話言葉が引用される。

「学校にバレんな　あの調子じゃ」
「……ったく、すぎやまがつっぱるからさあ
せっかくあたしが泣いてやったのに
あーゆーのはすぐあやまっとけばいーのよ」

〈この文体は、「あたし」という自称詞を除けば、すでに男言葉とほとんど変わらない〉ということになる。
さらに、いじめにより自殺した十三歳の女子の遺書までが引用される。

消えてやるよ。てめえらも、オレ自身もそれを望んでいるはずだ。なら望みどうり消えてやるよ。
てめえらのそのうざったくこざかしい『いじめ』もなくなるし、そのすさんだカオを見らずにすむ。

〈この文章に「ショック」を受けるのは、女子中・高生のあいだでの日本語の変貌に気づかない人々だけである。（略）この女子中学生の言葉が、女言葉の性別特性をみごとに失っていることは記憶されてよい〉ということになるようだ。本当にそうだろうか。

まず、作品中の女性の「しるしつき」の会話体の事。とりあえず、作家は写実主義者でなければならないとして、これは、「近代国家」によって作られたものだろうか。七〇年代に学生だった私としては、そう指摘されれば、実際の女性たちは、こういう言い方はしていなかったな、とも思い出されるし、いや、こういう言い方をしてたよ、とも頼りなく思い返される。上野氏の批判に従って「ハイ、そうでした、机上の空論的女性会話体でしたね」と、素直には、答えられないのだ。しかし、あれは男性の願望が込められた女性言葉ではなかったのか、そう責められると強く反論できない面もある。

もう一方の、吉田氏の少女マンガの台詞だが、そのジャンル名にもあるように、少女が主人公である。また、遺書も十三歳の少女のものである。それらを根拠として、「男言葉を標準化した『近代国語』のなかでは、女言葉はまわりくどい『しるしつき』の言語にほかならなかったが」、その「性別規範」が、ついにここに至って女性自身の手で解体されつつあるのだ、と結論づける論理にも、にわかに同調できそうにない。なぜなら、女子高生が、モノセクシャルな表現を、しかも特に、薄汚れた男性言語を真似している（？）中で日々生活している、学校現場にいる私などの、体験を言わせていただくと、そういう生徒と卒業後に出会うと、まったくその面影が消え失せているということが殆どだからである。

十代が、モノセクシャルな言語表現を（ジェンダーフリーな言語表現をと言うべきだろうか）するのは、過渡期だからとしか思えないのだ。社会に出て、「近代国語」を強要されて帰ってくるから消え失せるのだという反論については保留しておく。

かなりの、遠回りをしてしまった。言語表現のジェンダーフリーに対して、違和感のあったことを、上野氏の論文に則して表明してみたかったのだ。本題に入りたい。フェミニズム運動、というか、私たちが学生の頃はウーマンリブ運動という名称でくくられていた、名前を変えて何度も現れてくるこの「男性中心社会への攻撃」運動は、周縁から中心を攻撃するという、歴史の絶え間ない動きの一つだろう。

それは、とりもなおさず、折口学のもっとも得意とする方法であったはずなのである。それをそこまで読み取れずに、釈迢空の「女流短歌史」に連なる作品には、触れまいとする傾向が、当時はあったようだった。「女流」とわざわざ「差別」されることに、非常な不快感を表明している「女性作家」もいて、それは、至極当然な態度だと誰もが思っていた。だから、あの釈迢空・折口信夫にだって、時代性もあって、女性差別的な発想があったのは、やむを得まい、しかしとりあえず、目をつぶっていよう、そんなことだったと思われる。

一体私たちは、釈迢空・折口信夫の何を読んでいたのだろうか。それを、フェミニズム批評の側から、教えられたということになろうか。『折口信夫の女歌論』である。その言わんとする内容に、近づくための枕が、いままでのものである。

阿木津氏は「ヴァナキュラー・ジェンダー」論として、折口信夫の女歌論を読み返してくれた。「ヴァナキュラー」とは「文化に固有な自生的、自俗的」といった意味合いで使われる。つまり、不要な男女差を強引に消し去ろうとする、論理的知性派のジェンダー・フリーとは立場が微妙に異なっているようだ。私には、共感させられる面が多々あった。

いままでの折口の女歌論の解釈としては、研究史から見ると、たとえば、アララギ・リアリズムという「中心」に対立できる歌風のようなもの（それを、何と、塚本邦雄まで含めてしまうような論もあるが）になぞらえたり、「ますらおぶり」に対する「たをやめぶり」の復権といったかたちでの論と見たりするのが妥当なものであった。女が歌ったから「女歌」だという、あまりにも気楽素朴な見解は、確かに越えてはいたが、それでも何か、物足りないものを感じていたのは、私一人ではなかったろう。そこに、この書物が登場してきた。

「女には女の歌の伝統というものがある、アララギの写生主義がそれを殺してしまった、今の女の歌は男の口移しだというような折口信夫の発言は、じつはこれが初めてではなかった」（『折口信夫の女歌論』38頁）。「迢空にとっては、アララギの歌が女性の歌をふるわないものにしてしまっていたという見解は、戦前から一貫して言いつづけてきた持論であった」（同39頁）。

ここで、釈迢空の「女流短歌史」から引用したい。

女性の短歌は、写生時代にも行われていた。だが、それはただ、婦人が作っている歌というにすぎない。つまり男性の歌の口うつしにすぎなかった。その事実は、女性が女性の文学を失った事になるのである。日本における唯一の女性文学であった短歌の一面は、今は完全に男性文学の方へ併合せられたように見える。新詩社以外、言いかえれば与謝野晶子以後、驚くべき才のある女流歌人の出で来て、我等の渇望を医さないことは、同時に、男女両面を持った短歌が一面だけになってしまった、ということである。

(『世々の歌びと』)

ここが、読めていなかったところであった。

この「女流短歌史」といったような仕事が、女性の手によってではなく、国学の流れをくむ男性の手によっていち早くなされたこと、ここに日本という場所の特殊性があるだろう。問題を単純化すれば、日本近代の女性たちは、西欧近代輸入概念である〈人間〉になろうとする意欲と、民俗学・国文学によって引き出された〝日本古来〟の〈女の特質〉に自己同一化しようとする誇りと、いわば二派の男性の指導によるはざまで右往左往してきたのである。日本という場所で、女性が自らの声をあげようとするとき、声はこのいずれかの立場に吸収されてしまう。女性自らあげたと信ずる声は、じつはこの二派のいずれかの代弁にすぎないといったようなことがしばしば起きる。そして、その時々の時勢によって〈人間〉派が優位に立ったり、〈女の特質〉派が優勢を示したりするのである。折口信夫の女歌論は、一般的に出されている解釈より、はるかに射程の長いものであり、また、その時代時代に生起する現実によって修正する柔軟さを持っている。

阿木津氏のこの「あとがき」の中に、結論がある。無論、これは、折口信夫の「女歌論」の一つの結論であって、「女歌論」そのものの、結論ではない。だけれども、「男歌」に一元化されない「女歌」というものの、認識を新たにさせる結論ではある。

（「発生と成立（11）―阿木津英『折口信夫の女歌論』―」『白鳥』第9巻第10号（通巻一〇六号）二〇〇二年一〇月）

女歌論(2)

第二次大戦前から、後にかけて、折口信夫の「女歌論」に変動はなかった。それが今でも有効であることを、阿木津氏は言う。折口の「女歌論」が、蘇生したとでもいうべきか。蘇生させた阿木津氏の、着眼と論評に、教えられる所が多々ある。『折口信夫の女歌論』（五柳書院）である。

一九三三（昭和八）年『短歌研究』一月号の「女流歌人座談会」からの、折口の発言の引用がある。「男の人の歌と、何れだけ違ふかと云ふことです。餘り違はなさ過ぎると思ひます。其點が今の女性の歌の缺陥かと思ひます」「女性はどんな歌を作つたら、男と違ふ歌になるだらうと云ふことですね」これだけを読むと、折口の発言には、「女歌差別」ともとられかねない、危うさがあるが、無論、そんな問題とは次元を異にしているのは言うまでもない。阿木津氏によれば、折口信夫は「日本文学史の上に（略）性差による違いをみとめ、女の歌の変化を系統的にたどる『女流短歌史』といった視点を提出し得た、初めての国文学者であった」ということになる。折口が女歌の特徴としたのは何か。著者は「女流短歌史」から引用する。

あしひきの山の雫に、妹待つと　我たち濡れぬ。山の雫に　大津皇子

我を待つと　君が濡れけむあしびきの　山の雫に　ならましものを　石川郎女

この問答歌の石川郎女の歌に、折口は女歌の特徴の一つを見ているというのである。「私を待つてゐてお濡れになつたと言ふ山の雫に、私が知つてをつたらなりたかつたのに……」「語だけは飽くまでもやさしく、表面は十分男の気持ちをひつぱつて、實は斷然として拒絶してゐる」「萬葉集に出て來る女の歌には、かう言ふ、ひしびしと、男の手を薙ぎ拂うてゐる様なのが多く、従つて、内容は強く、外形はたわやかなものが多い」ということなのだ。古代の「歌垣」で、「かけあひ」で男に負けてはならないという必要性が、女歌を、洗練させていく。その反動として、歌の独立性が欠けてくるという面も生じようが、それは別の問題として、阿木津氏は続ける。「折口信夫は、女とは女々しいもの、弱々しく優しく、言葉じりもあいまいに濁すものといった従来の固定観念を破り、気強く、論理的で、主体的な、女歌という解釈を提出した。それは、女々しいものの比喩として〈女〉を使うことから解き放」ったというのである。

戦後、一九五二(昭和二七)年の「日本文学の虚構性」という座談会では、折口は「要するに、女は女だけの表現があるべきものを、失つて来たといふことなのです」「男の表現法に対抗するものをまだもつてゐない。かへつてその男の表現法にたよつてゐる」と発言している。

これらを、まとめて、阿木津氏は以下のように述べる。

戦後の矢継ぎ早な女性への要請は、いわば折口の国学的要請ともいえるものであった。西欧文学の刺激から思想や哲学をうたいこみ、現実生活を客観的に描写できるように「改良」してきた近代短歌を「男の歌」=〈からうた〉とみれば、それに対抗する〈やまとうた〉としての「女の歌」が成立するはずではないか、と折口信夫は祈願した。それをになう中心主体は女性だと考えたのである。

現実生活を客観的に描写できるように「改良」してきた近代短歌とは、アララギのことだろう。とすれば、ここでは、「女歌」＝反アララギという図式を読み取るのが、当然のことになる。冒頭で、阿木津氏の、戦前・戦後を通じて、折口の一貫した「女歌論」があるという指摘を紹介したが、アララギ批判ということであるならば、戦前と戦後に、違いがないのは当然であった。また、「女歌論」が、アララギ批判に有効であるというだけのことであれば、それは、単なる「アララギ批判」だけで終わるものになったであろう。折口の批判は、アララギだけに向かっているのではなかった。阿木津氏は、「女流の歌を閉塞したもの」から引用する。

恐らく「明星」から「スバル」へかけての指導者であつた鷗外が、晶子・鉄幹を心服させてゐたので、それ以上を出なかつたのでありませう。鉄幹についても『相聞』が彼の最高峰であり、それ以後は、ちつとも動かなかつたと言へるのです。鷗外美学が結局、新詩社を壊滅させるに至つたのだとも言へます。

コメントが付される。

従来、「女流の歌を閉塞したもの」について論じたものは、アララギの現実主義が女の歌を殺してしまったという現実主義批判の部分ばかりを強調し、この末尾の発言をほとんど取り上げてこなかった。しかし、じつはアララギ云々よりも、新詩社を壊滅させたのは鷗外美学だという、この「鷗外美学」批判、また「鷗外の指導方針」批判にこそ明治以後の近代文学批判とともに、当時の歌壇（男性中心の）歌に対する批判が込められていたのである。

折口の鷗外嫌いは、次の歌にも見られる。

かたくなに　森鷗外を蔑みしつゝ、ありしあひだに　おとろへにけり　『倭をぐな』

もちろん、なぜ「蔑みしつゝ、ありし」なのかの、議論が終息したわけではない。阿木津氏は、明治二〇年代の、坪内逍遙と鷗外との「没理想論争」あたりが、折口の鷗外嫌いのはじめではと指摘して、次のようにその理由を述べる。

逍遙が敗北したかたちになったこの没理想論争に絡んでその後の鷗外の態度を疎む青年らしい潔癖感も、鷗外嫌いに関わっていたようだが、もちろん根本的には、英国派の実践的な常識（コモン・センス）の立場に自らはくみするとの、明確な自覚であった。折口はそこに、森鷗外の立っている「支配階級の文学」と、逍遙の立っている「民間の文学」との対立をも見通していた……。

鷗外は、論争の好きな文学者であった。勿論、好きであるから強いということにはならない。負けそうになると、巧く逃げる、あるいは、論点を自分の得意な（そして相手の不得意な）方向へ誘導する。かつ、恫喝的なもの言いもしていたようである。言うまでもなく、当時、鷗外は文壇の大御所である。権威であったはずである。

アララギ嫌いと鷗外嫌いの折口が頼ったのは「女歌」であったというのが、面白くないか。いや、頼った、という言い方は適切ではない。「女歌」が持っていた、また持っているはずの力に本物を見た折口が、それを潰しているアララギと鷗外を嫌った、そう言うべきかもしれない。

では、具体的に、近代において、「女歌」とは何か。阿木津氏は、例えば、出産（生む）という語を鍵として戦前を振り返ってみる。

男をば罵る彼ら子を生まず命を賭けず暇あるかな　　与謝野晶子『青海波』

この歌を説明して、以下のように記す。

女を虐げ、軽蔑する男を罵ってやる、彼らはこれほどまでの苦しみをして子を産むこともなく、出産で命を賭けることもなく、暇《いとま》のあることよ。これらを含む二〇数首が、歌の歴史の上で出産を題材として取り上げた初めての歌集である。『青海波』は一九一二年刊行、自然主義の波をくぐり抜けたのちの歌集。晶子は、理想や憧れとしての恋愛の場においてのみ対等な女性というところから、個人としての覚醒の気運を背景に、現実生活においても「産む」という力によって、女性を男性と対等な位置まで引き上げようとしたのである。

加えて、五島美代子の歌集『暖流』の「女流短歌史」的位置づけを行う。

少しづつもの解き初めし子の前に母とおかれてまどへるものを
床の上に坐れるわれを見つけて来し子がよろこびは鋭く痛し　　五島美代子『暖流』

明治以降には、与謝野晶子にもその他の女性にも、子供をうたった歌はいくらも見られる。しかし、歌集一冊をあげて母性愛をテーマとし、女性による自由な自発的な選択の結果として、家庭における専業主婦・母役割に自足し、子供の成長する一瞬一瞬の姿をうたいとどめて、なんら葛藤の痕跡を残さない歌は、この『暖流』が初めてだったのである。

出産や育児という、歌の題材が、男女の歌を分けるということであるとしたら、こんなに簡単な話はないのであるが、それだけではないという指摘は、本書中で、折口信夫の見解として記されてある。それでは何が分けるのか、それを「恋の歌」と了解する現代歌人もいて、「女歌」＝「恋の歌」であるという図式が、広まっているようにも見える。女性特有の題材を歌うという、目に見える「女歌」であるよりは、むしろ「歌体」が「女歌」であるということになるだろうか。しかし、それだけなのだろうか。折口が、アララギ批判・鷗外批判に執着して、それに対抗するかのように、擁護し期待をした「女歌」とは何か？　その解答には遠いにしても、関連して、一九八〇年代のフェミニズム運動が提出した問題について、阿木津氏は以下のように要約する。

女性自身が女性の特質と思っているものは、本当に女性の特質といえるのか。男性文化の中で作られた男性を補完する女性の特質を、つまりありていにいえば男性に都合よくできている「女性の特質」を本来の女性の特質であると思っているにすぎないのではないか。

このような認識は、確かに八〇年代以降は、誰もが何度も耳にしたものであろう。だが、八〇年代以前に、このような認識で作られた歌は無かったか。男性には都合よくできていない「女性の特質」が見える歌。本書中の「不服従の姿勢」と題された、中条ふみ子と森岡貞香に関するエッセイから見えてくるものがあるようだ。

未亡人といへば妻子のある男がにごりしまなこひらきたらずや　森岡貞香『白蛾』

月のひかりに捧ぐるごとくわが顔を仰向かすすでに噂は恐れぬ　中条ふみ子『乳房喪失』

すでにできている制度が用意してくれた「安全地帯」の中で、素直に生きていく事を、あるいは不承不承ながら生きつづける事を、キッパリと拒絶するという、この二人の歌人の姿勢。ここに、折口の言う、「女歌」の一面が見えていると思うのだが、いかがであろうか。

（「発生と成立（12）―阿木津英『折口信夫の女歌論』―」『白鳥』第10巻第1号（通巻一〇九号）二〇〇三年四月）

詩の世界(1)

新編の折口信夫全集の刊行終了が近づいている。旧のそれと、ノート編、更にノート編追補で、私の部屋の、書棚の一部は占領されている。新と旧との双方を揃えなければならない理由でもあるのかと問われても、答えられない。単行本を所持しているのに、全集を購入するというのとは、また質が違う。同じ全集の装丁の違うのをまた買ったようなものなのだから。かてて加えて國學院と慶應での「弟子」の著作を含めた、書棚の占有率に、いまさらながら「オタク」的に読みつづけてきたなと、我ながら恐ろしい。何の役に立ったのだろうかなどとは考えないことにしている。職場の同僚と雑談を交わす時の話題にはできない。誰も読んでいないからだ。いや、流石に、国語国文系統の人は、名前は知っている。社会系統の友人も、名前は知っている。しかし、ほとんどが、ただ、それだけだ。加藤守雄著『わが師折口信夫』あたりだと読んでいる人がいたりするが、そこに書かれてある話題が、折口を語るのに、どれほど必要で、役に立つものだろうか。逆に、『古代研究』というのは、どんな内容か、あるいは、折口信夫の学問や詩というのはどのようなものなのかなどと、逆襲でもされてしまったら、どう答えてよいのやら。だから、話題にはしない。折口博士記念古代研究所が縮小され、ゆくゆくは無くなるかもしれない。「いいんじゃないのか」とある教授からは直接聞いた。「もう、折口はいい」と。文学畑の人でなかったのが救いだっただろうか、私は怒らなかった。ジャンルを越えると人は無知になる、よくある話だ。

今、折口信夫を捕らえなおそうとしている一人が、東大の藤井貞和氏であるというのが、なんとなく、皮肉めいている。氏の近著『折口信夫の詩の成立』（中央公論新社）は、新編全集の月報に連載されたものを、第一部第1章にして、その他折々に新聞雑誌等に発表されたものをまとめて、作られている（無論、折口については、近いところで、岡野弘彦氏の『折口信夫伝』や西村亨氏の『折口信夫とその古代学』という貴重な仕事もあるのだが、ここでは、その書物の事は忘れておきたい）。

なぜ、今、歌誌「白鳥」に折口信夫に関連するこの書物を取り上げるのか。

折口と歌・詩の問題を藤井氏が掘り起こしているからである。大まかに言うと、古代における、五七五七七の形式の誕生、近世における五七五の形式の誕生、そして近代の自由詩の形式の誕生を見据えた、折口の詩論と実践（つまり、詩作）にメスを入れたのが、藤井氏のこの著書と考えられるからである。ちょっと大仰に、別の言い方をすると、初期万葉歌人、あるいは芭蕉が作り上げた形式から、次の一歩へと踏み出そうとした、折口流の近代詩の産みの苦しみとしての釈迢空の成功と失敗を、跡づけたのが、第一部なのである。

短歌・俳句に係わっている人の数は、多い。フト目を閉じて思い浮かべても、私の周囲にすぐ知り合いの名前が出てくるほどである。そのすべてがなどとは言わないけれど、厭味な言い方をするようだが、形式に安住して創作に励んでいるようである。

形式に安住する。『万葉』風、『古今』風あるいは『新古今』風というスタイルはあるけれども、形は同じである。それが少しずつ揺らいで、下の句が消えた。形式が変わったのである。無論、下の句を切り落としたという単純なものではなかろう。しかし、多くの人は形式に安住して、短歌やら俳句を創りつづけている。

自由律というのもあるが、律にはなっていないだろう。しかし、私は自由律は評価している。なぜか。簡単に言ってしまうと、五七五七七あるいは五七五にしばられる必然性が、現代人のどこにあるのだろうか、というあたりが言いやすい。ついでに言えば、無季俳句も評価する。いまでは一〇万もあるという季語の、多すぎる数の問題もあるけれど、季節とは何かという根本の説明が、なんとも苦しいのだから。いや、だからと言って、全部無季になればいいなどとは思っていない。私は、自分で創るときは、結構保守的なのだ。さて、折口信夫である。

葛の花、踏みしだかれて、色あたらし。この山道を行きし人あり

句読点の入った歌に初めて接したとき、やはり、困惑があった。新しいと思った。こういうことをやってもいいのだろうかとも思った、保守的に教育されていたというべきか（無論、鉄幹や折口の師の服部躬治を知る前の事であったのだが）。藤井氏は、武島羽衣が行ったこの歌の添削を紹介してくれている。

心なく山道ゆきし人あらむふみしだかれぬ白き葛花

折口には「此歌には散文詞をとりこまうと言ふ計画があった」という自信があったらしい。そういう事とは知らずとも、武島の添削は、いま読むと、陳腐だ。藤井氏は、武島の添削の根拠を「葛の花の蹂躙を原因

とする、山道を行った人を推理する、という類型的な論理として受けと」ったからだろう、「心なく」の追加はそこにあるとみる。しかし、折口には、そういう因果律では読まれたくない意図があった、と。

葛の花　踏みしだかれて、色あたらし。
この山道を行きし人あり

を「いわば気分として対等にしてみせるところに自信を覗かせた」と指摘する。またそれは、「現代短歌が、一つの座標の軸を折口の作歌のほうへうごかした、というのか、因果律としては読まないことの訓練をわれわれがへていまにある、という事情が作用する」とも。新しい短歌への踏み出しだったとでも言うべきか。

『折口信夫まんだら』という「弟子」たちの文章に寄せた、能村潔の説を紹介しながら、藤井氏は論を進める。そこでは次の二首が紹介されている。初めの方が原型、後の方が『海やまのあひだ』（刊行本）所収のものである。

もの言はぬ日のかさなれば　稀に言ふことば拙く　心足らふも
もの言はぬ日かさなれり。稀に言ふことばつたなく　足らふ心

前者では二句切れとは言い切れないものが、後者では、はっきりした二句切れとなること、さらに、五七五七七を崩していること。これが、折口の、いままでのものに安住できない、「短歌の先の現代詩を未然の現実において見つめることが、いわば真剣勝負のようにしてあった、ということを深くも知らされる」との

指摘を呼ぶ。葛の花の微妙な「破調」の「色あたらし」と類似のものが、ここにはある。

関東大震災が、折口を大きく変えて、「砂けぶり」（大正十三年）の連作がなる。藤井氏は、加藤守雄著『折口信夫伝』に依りながら、考察を続ける。

草の葉には、風が――、
ひなたには、かげりが、
静かな午後に過ぎる
のんびりした空想

横綱の安田の庭。
猫一疋ゐる　ひろさ。
人を焼くにほひでも　してくれ
ひっそりしすぎる

これを、「かうした様式の歌」と呼び、詩とは言わなかった折口である。この「四句詩形」とは何であるのか。

藤井氏の「一つの想像」が興味深い。

折口の感覚に声としてここにひびいていたのは、沖縄の、クェーナ形式のリズムではなかろうか。五・四、五・四、あるいは五・三、五・三、といった確実なリズムで進行する祭式歌謡がこれのベースにはある。（略）「草の葉には、」を、大体、五音程度に高めて読み、「風が――、」を三―四音に落ち着かせて読む、というようにして、くりかえしてゆくと、そこにはクェーナやウムイ（これも沖縄の祭式歌謡）の「一種アジア的な感触がのこる」のだそうである。

これは、言わば「詩的リズム」という観点から見た、折口の「四句詩形」の故郷探しであろう。「アジア的」であるかどうかについては、私は全く分からないが、沖縄の祭式歌謡が基調にあるのではないかという指摘に、妥当性がある事を私ごときが説明する必要もなかろう。さらに引用させていただく。

「砂けぶり」「砂けぶり二」は一時だけ、折口によって定型詩を越える、短歌のそとへ出て行こうとするかたちかと思われた、四句詩形の鬼子だったと言えるかと思う。短歌の運命から見ると、それは確かに鬼子だったとして、現代詩の自由という観点からするならば、「歌」との接点に浮上した貴重な試みであったろう。（38頁）

折口は、短歌の行き着くところを探した。次に行くべきところを実践した。それは、自作の、四行詩への改作（戦後の『沼空歌選』）に見られるのではないか。

葛の花
踏みしだかれて
色あたらしー。この山道を
行きし人あり

この『沼空歌選』のことである。「砂けぶり」の関東大震災から時はたつが、昭和二十二年刊行のこの書物についても触れておくべきであろう。既刊の歌作品を四行書きにしたものである。何のために、そしてそれは成功したのか。

やまあるき二日人見ずやまかげの蟻の穴をも見入りつゝ泣く（『安乗帖』）
やまめぐり　二日人見ず　あるくまの蟻の孔にも　ひた見入りつゝ（『ひとりして』）

これが、『沼空歌選』ではこうなる。

やまめぐり

二日人見ず。
山隈に　我はまもりぬ。
赤蟻の孔

何だか、長い改作の道程が、ついに律をはぐらかして、失敗へ終息したように読み取るのは私ばかりだろうか、と藤井氏はコメントするが、私も同感である。しかし、それはこの作品の事であって、私はこの『歌選』には否定的ではない。これもまた、迢空短歌が踏み出して見せた貴重な形式の発生だと思っている。

（「発生と成立（9）―藤井貞和著『詩の分析と物語状分析』―」『白鳥』第8巻第10号（通巻九四号）　二〇〇一年一〇月）

詩の世界(2)

折口信夫自選歌集『迢空歌選』では、『海やまのあひだ』の作品は、『春のことぶれ』風に、四行形式に改作されて収録される。「はじめに」の一首をのぞいて、冒頭二首。

昼あつき家に　こもれば
浜風の
　まさごはあがる。
竹の簀の子に

夕かげの
まほなるものか。
をちかたの　洲崎の沙の
静まれる色

昼あつき家にこもれば、浜風の　まさごはあがる。竹の簀の子に

夕かげの　まほなるものか。をちかたに　洲崎の沙の、静まれる色

原作の方も並べてみたが、これは、改作の分かち書きの、あえて言えば、冒険が、成功している例としてあげられるのではないか。藤井貞和氏の指摘する「『迢空歌選』の問題点は何といっても四句歌形への執念であろう。四句歌形へ定着させてゆくことを狙いにするというのではなくて、既成の律のなかに埋もれようとする未発の律を何とかしてひきずり出す」に、見合っているのではないか。

未発の律、何とも巧みな言葉が登場する。フと思って、振り返ってみると、「未発の律」……これが分からない。どういうことだろうか、まだ発ちあがっていない韻律……。別の所では、藤井氏は、折口信夫の短歌はしたたかな芸当だ、と指摘する。それは次の歌を引用してのことである。

ひねもす　ゐねむりすごしたり。あめふり霽れて、まだ昏れぬ庭

「従来の音数律、いわゆる五七五七七から逸れて、これで定まるのだから、折口の短歌はしたたかな芸当だ、という感じがする。」と言うのである。ついで、もう一首引用する。

遠く居て、人は、音なくなりにけり。思ふ心も、よわりゆくらし

従来の音数律、未発の律、当然、対になるものだろうが、これをどのように了解していけばいいのだろうか。従来の音数律といっても、当然、単一ではない。律＝リズム、「言葉のリズムは意味に優先する」（吉本隆明氏）と言われているあたりの「リズム」の事だろう。しかし、その律＝リズムが簡単にこれと言って提示できるものではない。「日本語のリズムとは何か」、それを言いだすと、収拾がつかなくなる。かといって、黙過するのも腹が立つ。ましてや、藤井氏が、未発の律、そう言いだしたことが、巧く言い得ている面があるので、気にかかる。釈迢空の律とは、どのように生まれたのか、あるいは未発の律とはどのように生まれるのか。

例えば、前回執着した「葛の花」の歌について、岡野弘彦氏は「迢空の短歌の描写は、単純な写実では決してない」（『折口信夫の記』中央公論社・一九九六）としつつ、「葛の花」の歌の「発想が短歌の形を持った最初を、ほぼ間違いなく指摘できると思う。前にもあげた大正九年に信州から駿・遠・三の国々のあい接するあたりの山村を歩いた、旅の手帖の七月二十二日の記事にある、次の歌がそれである」という。

焼け土の道にはひたる葛の蔓こゆる道細くなりまさりたり

初形態をここまで遡ることの、あるいは遡れることの、意味は深い。深いけれども、そこまで遡らなければ分からない歌であれば、作品としてはどうなのだろうか、失敗だろう。「葛の花」は、しかし、とりあえず、遡らなくても分かる。だからいいとしておきたい、しておきたいのだが、実はそれは安易な結論でしかない。

遡らなくても分かるなどと（私のような素人が）大胆な言い方をしたが、自分の短歌鑑賞眼を、簡単に信用しないほうがいいかもしれないという、戒めのような、次のような例を紹介しておくのは大切だろう。「葛の花」と並んで有名な（というか、教科書やら短歌啓蒙書に採られて広まっている）次の歌のことである。

人も　馬も　道ゆきつかれ死にゝけり。旅寝かさなるほどの　かそけさ

山本健吉は、「第三句ではつきり切れてゐて、この歌の非難者が言ふやうに、上句と下句とがそれぞれ独立句をなしてをり、連句の長句と短句との関係になつてゐるのである」（『釈迢空歌抄』角川新書・一九六六）として、これは「迢空の短歌における発想上の癖と言」えそうであると指摘し、古くからの伝統としての、「親句」と「疎句」の用語を使って解明している（補足は不要と思いつつ。新古今の頃から、用語・リズムの親近関係上、飛躍が始まって疎句という概念ができ、従来の近しいものを親句とする、二項対立的批評概念ができあがったようだ。近代がそこにも既にあったということだろうか、いやこれは蛇足）。山本氏の解も一つの解と言えるだろうか、それはまた後で触れたい。それよりも、この歌の「自歌自註」の、例によっての「口述筆記」をしていた際の岡野氏の、「あっ、そう解くべきだったのか、という意外な反応が私の表情に出た」というできごとが、先掲著に記されてあり、興味をひかれる。それは、

それまでの私は「人も馬も、長い道をゆき疲れて、力つきて死んでしまったことだ。それは旅寝のか

さなる間に起こる、かそけさの出来事である」というふうに、一首の内容を平面的に理解していた。折口のとき方は、三句の切れ目に大きな重点があって、ここから作者の思い入れが重くかかわってくる。上の句の事がらよりも、そんな事をこれほど深く心に感じるのは、自分自身が長い旅寝をかさね、かさねしている間に心に起ってくる、思いのかそけさによるものなのだと、「ほどのかそけさ」に大きな重さがかかって、下の句に作者の情念が凝縮してくる。

そして、岡野氏の反応に対して折口の口述が応える。

さう言った内容は、かつがつ感じてもらふ事が出来るとは思つてゐる。併しさういふ感情が、此歌にとゞこほりなく表れてゐる、とは思はれない。かういふ表現方法の責任は、一部私などが負担してゐるのだが、どうも「ほどのかそけさ」などは、語で暗示はしてゐるが、表現をとげてゐるとは言ふことが出来ない。

この深さまでの鑑賞を作者自身が読者に求めてくると、折口信夫の考えていた「律」というものが、あまりにも、大きなものというか、特異なものであるように思わされるのである。岡野氏の同著に記されてあるけれども、柳田國男を驚嘆せしめた折口の、常人には及びがたい、若い頃の旅の経験がその背後にはあるということなのだ。藤井氏が、「未発の律」と呼ぶものの誕生も、当然そういった事柄を踏まえたうえでの「表現方法」を含むものであろうし、それが当然「四句歌形」への執着にもつながらざるを得ないという事になったのだろう。とすれば、先に引用した山本健吉の「親句・疎句」での解釈は、順当なものではあろうが、充分なものではないと言いたくなる。そして、藤井氏の「短歌のための苦心が、『古代感愛集』を産みだすにいたることまでは、大体、私どもにも理解できるとして、折口はさらに詩らしきものに接近してゆき、『近代悲傷集』の詩篇をかたちづくる。（略）そうだとしても、ついに『現代襤褸集』の口語自由詩にまで来てしまうのはどういう理由によるのか」という問題提起が待っている。『折口信夫の詩の成立』がこの書のタイトルであることを、思い返そう。素朴に短歌から詩にひろがる折口信夫がどうであったかを、教えてくれる。『古代感愛集』にいたるまでは分かると藤井氏は言う。では、と『近代悲傷集』の「すさのを」と「天つ恋」に注目して、その創作工房をかいま見る。前者、一連目と、途中略して終連を掲げる。

わたつみのけだものは、
人の如　脚に立ち
ひたすらに　もの欲りて
ひとの如　泣きおらぶ。
　　略
わが御姉　我を助けて
かき出でよ。汝が胸乳

あはれはれ　死ぬばかり
　いと恋し。汝が生肌

　続く詩作品が「天つ恋　――すさのを断章」であるが、この詩創作の方法について、藤井氏は、穂積生萩氏の『私の折口信夫』（講談社・一九七八）の中の、創作の経緯と周囲の反響のエピソードを踏まえて（「やまと恋」という作品が大きく俎上に上げられるのだが）、眼前に在る、現代女性の恋の葛藤を利用しながら（エネルギーをいただきながらと言ったほうがいいかもしれない）、それをスサノヲに重ねて詩作品にしていく、そういう表現方法を指摘する。古典作品と現在の事実とを重ねあって、作品を作り上げていくという方法が、ここにある。これは、当選、『近代悲傷集』に至って採用された新しい方法ではない。『海やまのあひだ』の作品でもそうであったはずである。これもまた「未発の律」を引き出す歯車の一つになっていたのだろう。それよりも、ここでは『現代襤褸集』についての、藤井氏の重大な指摘に目を向けたい。なぜ、折口は「口語自由詩にまで来てしまったのか」。「口語については一定の有望さを認めながらも、結論としては古語や死語の採用を、古典的な心持ちについてばかりでなく、現代の精神作用のためにも」必要である事を「古語復活論」で提唱していた折口信夫なのにである。

　折口の短歌（詩）の形成過程にあったであろう、翻訳の象徴詩からの影響が、戦争を経て、「戦後詩らしい一連の作品群を形成する」が、『現代襤褸集』の作品は「象徴主義からも、ずいぶん遠く離れた、といわれるべきだろう」。これを藤井氏は、「詩の喪失」と呼ぶ。としながらも、「八事の鐘」を佳品ではなかろうかとしているのだが。引用しておく。

目の前に廻転する　一団のほむら
物となって閃き　そして散る　人　人
音のない世界に　生き残ったやうに
寂然として　漠々として
唯　歩み移る。我　我

「未発の律」を探し出すための前進ではなく、これを「詩の喪失」と呼ぶのは、いささか早急で過酷な裁断ではないか。

（「発生と成立（10）―藤井貞和著『詩の分析と物語状分析』―」『白鳥』第9巻第1号（通巻九七号）二〇〇二年一月）

「万葉びと」

学校で使う教科書は、検定があるにせよ、識者が編集するのであるから、取り敢えずは、誰もが信頼のようなものを寄せているはずである。無論、内容がつまらないという点は、自分が教えられる側であった頃から、変わっている様子はなさそうなのだが。

実は、この「識者の編集」というのが、最近の日本史の教科書あたりでは、むしろ、逆に危なくなってきているのではないか、などと思っていた。だが、愚かであった。日本史の教科書は危ないなどと、よその心配をしていたら、最近出た『万葉集の発明』（新曜社）を読みながら、自分の愚かさを思い知らされたのだった。とっくの昔に国語国文学の業界には、とんでもないものが侵入済みだったのだ。

どういうことか。明治時代の国語の教科書に、教材として掲載されていた『万葉集』の歌の選択基準には、時代からの「要請」があった。「識者」は、それを的確に反映させて教科書作りをしていたのである。つまり、『万葉集』の中の「いい歌」を教材にしたのではなくて、時代に見合った解釈のできる「都合のいい歌」を選んで載せていたという事なのだ。いや、そういう方向に論を進めると、この書の著者の意図からは外れる。言いなおそう。著者の言い方に沿って言えば、その時代の政策を押し進めるために、『万葉集』を「発見」したかのように見せながら、「発明」するという策謀（というか、悪意のない罪悪というか）の一端の、協力者として「識者」はあったのだ、と。

その時代の政策？ そう、近代日本の「国民国家」の建設という、重要課題だ。近代というのは、日本の場合、西欧と違って、暗黒の中世からの脱却ではなく、近世・江戸が外圧によって強引に脱皮させられるという時代である。「識者」は、「国家」を建設しなければならないという、強迫観念を抱えながら、「国家」とは何かを模索してしまった時期である。その時に「国家」なんて「幻想」だなどと、誰が言えるだろうか。「国家」が「幻想」であると言われて納得するのには、その後、百年以上かかったのが、日本なのだ。いや無論、百年たって、誰もが納得した訳ではない。というより、ほとんどの人が、納得するつもりはないかもしれない。実際に「国家」はあり、オリンピックが開催されているのだから。だけれども、インターネットの普及で、いいか悪いか、最近の若者（に限らないだろう）は、当然のように、「国家」が「幻想」であることを、了解しているのではないか。選挙で投票に行かないのも、そういうことと関係しているのかもしれないと、私は思っている。

話は、明治近代の「国民国家」思想である。「国民」が付く。当然、そこには、「民族」という概念が背後にこざるをえない。さらに言えば、「単一民族」という発想も重なってくる。「幻想」は幾重にも重なって、近代を支える人たちを支えるという構造となる。「国家」も「民族」も幻想である。しかし、政治家たちには、それは通用しない。政治屋と言い換えてもいいのだが、国境があって、人々がいて、領土があって憲法があれば、彼らには、「国家」があって「民族」があって、「国民」が成立することになるらしいのだ。それが、日本近代であったし、いまでも、続いている。『万葉集』は、その渦のなかで、その時代に合わせて、先にも言ったように、「発見」されたかのようにして、大衆の前に登場したが、それは、言わば「時代」に「発明」

された形で、読まれてしまったのだというのが、『万葉集の発明』の著者の主張である。ゆっくりと見てみよう。著者の言葉を並べる。

維新以来の二十年の過程は、学校や工場や軍隊によって国家の成員を近代化したものの、彼らに国民としての意識を共有させることには十分成功していなかった。この状態では国家の独立を維持することは難しいし、まして東亜に覇を唱えるなどとうてい不可能であった。今や国民を創り出さなければならぬ。そのためにも人々に国民としての自覚を喚起しなければならぬ。こうして日本人を日本人たらしめている根拠がさまざまの角度から探究・称揚され、もろもろの文化的「伝統」が国を挙げて喧伝されることになった。(六二頁)

この年(一八九〇年)は、およそ〈日本国民の古典〉なるものが一挙に立ち上げられた年なのである。(六三頁)

「国詩」の創出は単なる文学上の課題ではなかった。それは国民的課題であり、より限定的には国家的課題なのだった。西欧文学史によって培われた彼らの信念は、文学とは国民の花であり、燦然と輝く固有の文学を持たない国家は文明国とはいえない、と断じていたからである。(六七頁)

ところが当時の日本には、そんな文字などかいもく見当たらないのだった。(六八頁)

別のところで、著者の言うとおり、明治近代に、国民と国家は誕生したのである。であれば、理屈として、国民歌集などというものが、明治以前にあったはずはない。しかし、無かったはずはない、いや、なければならないという信念は、『万葉集』を見つけ出して、「国民歌集」が「あった」として作り上げてしまうのである。「天皇から庶民」までの歌が掲載されていることが、何よりありがたいことであった。「防人」の歌は庶民の歌として扱われる。「防人」が庶民として定型の歌を残したのだろうか、あるいは、「防人」が庶民の代表なのだろうか、もしかすると、「防人」の記録を残すために貴族が編入したのではなかろうか、などという疑問は、一切消去されて、『万葉集』に始まる、五七五七七の定型短歌は、日本「国民」の文学表現型式であるという「発明」がなされてしまったのである。『万葉集』の事実よりもなによりも、「国民の文学」があるという事実を作り上げることが、最優先されたのであった。

教科書である。国語の。『万葉集』中半数近くは相聞であるが、著者は、明治中期の教科書に相聞は全く採用されていないと指摘する。柿本人麻呂「近江荒都歌」「吉野讃歌」山部赤人「不尽山を望む歌」山上憶良「感情を反さしむる歌」「子等を思ふ歌」大伴家持「陸奥国に黄金を出だす詔書を賀ぐ歌」「勇士の名を振るはむことを慕ふ歌」「族を喩す歌」が、戦前半世紀のベストテンであり、「忠君愛国」の教育が底に流れていた。また、一九三三年からの国定教科書には、

今日よりはかへりみなくて大君のしこの御楯と出立つわれは

海行かば水漬く屍山行かば草生す屍大君の辺にこそ死なめ

などを掲げて教科書は解説する。「かういふ遠い昔に、古事記と共に万葉集を持ってゐることは、我々日本人の誇である」と。そして、これらの教科書は一九四一年以降の『国民科国語教科書』に継承されて、敗戦後は墨で消されるという運命を辿る。現在の教科書は、額田王と大海人皇子の「蒲生野の唱和」が定番の一つだが、ここで重く確認しておくべきことは、どの歌がではなく、「国民歌集」という前提が、揺るぎなく残っているということだ。(「東歌」などを採用して、庶民の歌だなどとしているのは、その表れ以外の何ものでもないだろう)。「識者」の教科書編集というのは、無論、何を「識者」とするのかという設定もあるのだが、安易に信用していると、ウィルスに感染させられるだけのようだ。『万葉集』を「天皇から庶民まで」と信じていた私などは、感染していたということなのだ。

教科書問題から離れるけれども、『万葉集』と言えば、明治時代では正岡子規である(という教育がかってあった)。が、これもまた、「発明」だったようだ。例えば、「子規が『歌よみに与ふる書』で『万葉集』の価値を高唱し、『古今集』の権威を否定した」(『詩の日本語』大岡信)のを、大岡氏は『紀貫之』(日本詩人選)で貫之を擁護する側に立ったのだったが、果してこの図式でいいのか。これでは子規は、『万葉集』の発見者ということになる。しかし、著者、品田氏は「万葉のよさに最初に気づいたのは自分だというような言葉を、彼は一度も口にしたことはない」(一六四頁)と指摘する。そこでは、鉄幹の文章を引用して、子規が「此頃は古今集が面白いと思って居る」と言っているという証言まで教えてくれている。

誰が、子規＝万葉集という図式を「発明」してしまったのか。それも、この著書で究明されている。

島木赤彦である。生前の子規とは面識のなかった赤彦が、子規を「真に万葉集の気息に接して直に彼等の生命に合致しようとしたのが子規の和歌革新事業である」と評した文章を著者は紹介している。そして、それは子規の実像からずれていたのだ。子規は「万葉集を模するのが、善いとか悪いとかいふ議論が盛んであるやうだが、それはどうでも善いと思ふ」と言っているのだから。

このズレは、赤彦の子規像が子規の実像を覆い隠すかたちで広がっていくのだという。広げたのは、アララギである。しかも、「赤彦率いるところのアララギであった」（二五七頁）。「大正期におけるアララギ派の急成長は、文学上の流派の興亡という次元では決して捉えきれない。事態は一個の社会現象として解明されなくてはならないが、従来そうした見地からの接近はほとんど試みられていない。」「戦前の日本では中等教育機関への進学率は決して高くなかったが、それでも、社会に出るまでに万葉国民歌集観の第一側面を公式に授けられた人の総評は、アララギ派の全国制覇がなったという一九一六（大正五）年までには、少なく見積もって五十万人には達していた勘定になる。」そして、品田氏は「私はアララギの真の創設者は赤彦だと思っている」と断定する。

さて、気になるのは、同時期の折口信夫である。一九一六（大正五）年に『口訳万葉集　上巻』が出ている。折口語彙の一つである「万葉びと」という言葉が定着しはじめる。品田氏は評する。「折口の構想は、明治末期の国文学に孕まれた〈民族の固有性〉への志向を増幅したものとみることができる。文明開化の合言葉が古びつつあったとき、未開と文明の関係を逆転させるような着想の持ち主が現れ、谷間に陥った国文学の本流を尻目に、自らの構想を着々と鍛え上げていったのだった。」（二三二頁）。最近は、あまり見かけなくなったが、折口説を批判するのに、歴史的に実証できない、あるいは、文献にないなどという言い方があった。

そして、それが有効だと思っている人も多い。もともと、歴史的に実証するつもりもなく、文献考証のために研究している訳ではない学者への批判としては筋違いであったが、一時、構造主義が流行したことがあったからであろうか、筋違いの批判は減った。ここでは、品田氏の、折口に好意的とも思える部分を引用したつもりなのだが、しかし、実際のところ、「民族の原郷」として『万葉集』が「発明」された時代の、その加担者の一人としての、折口信夫の語彙「万葉びと」を批判しているのかもしれない。その当否は別にして、例えば、尾上柴舟の「短歌滅亡論」や折口の「歌の円寂する時」一連の論は、品田氏によると「近代短歌は近代の産物であるという簡明な事実に、筆者は気づいていないし、気づこうともしていない」ということになる。はたして、そうだろうか。

近代短歌は近代の産物であるという言い方は、思うに、歴史主義的な見方から来ているものである。そういう見方を私は否定しない。『万葉集』を「国民歌集」として発明したのは近代日本であるということも、認めたい。しかし、『万葉集』の中に、あるいは二十一代集のなかに、あるであろう、貫き流れているものを、捜し出して、提示してくれている学者の業績は、それはそれでありがたいものだと思う。言うまでもなく、それが発明であるかなきかに用心しつつ。

（「発生と成立（8）—品田悦一著『万葉集の発明』」第8巻第7号（通巻九一号）二〇〇一年七月）

戦争と折口信夫

戦時下の歌、占領下の歌

第二次大戦中に、折口信夫・釈迢空は、日本評論社から、「追ひ書き」で筆者自らが言う「戦争歌集」『天《アメ》地《ツチ》に宣《ノ》る』を出している（昭和十七年）。赤木健介が編集に係わっていたという。戦後になって、文学者の戦争責任という、ひとつの論争が世間を駆け抜けた時代に、釈迢空が俎上に上らなかったのはおかしい、そういう意見は少なからずあった。そしていまでもくすぶりつづけている。その理由の大きな一つは『天地に宣る』が、「戦争歌集」であったということなのだが、くすぶっているだけで、大きく燃え上がらなかったのは、単純な戦争讃美の歌集ではないからであった。無論、戦争讃美と解されても当然という歌もある。冒頭部分から何首かを引用させていただく。

大君は　神といまして　神《かむ》ながら思ほしなげくことの　かしこさ
暁の霜にひゞきて、大みこゑ聞えしことを、世語りにせむ
神怒り　かくひたぶるにおはすなり。今し　断じて伐たざるべからず

昭和十六（一九四一）年十二月八日、開戦の日のものである。三首目、「今し　断じて伐たざるべからず」などは、どうとらえても、戦争断固支持の歌だろう。その反面、

ますら雄は　言揚《ことあげ》よろし。仇びとの命をすらや　惜しと言ふなり

といった、本邦の兵隊を称賛するためとはいえ、対戦国の兵の命をもおろそかにしてはならないと考える発想のあることが読み取れる作もある。十一年後、昭和二十八年に折口信夫・釈迢空は他界する。没後に、著者生前に編集を終えていたという、歌集『倭をぐな』と、弟子すじにあたられる方の編集による『倭をぐな以後』が出される。ここには、戦後占領下の一人の歌人がいる。

たゝかひに果てしわが子の　我が為と、貯へし　銭いまだ少《すこ》しき

道のべに笑ふをとめを憎みしが―、芥《あくた》つきたる髪の　あはれさ

呆れ〴〵と　林檎の歌をうたはせて、国おこるべき時をし待たむ（『倭をぐな』）

一首目は戦死した養子への思い。二首目は、野外同然のような場所で米兵と関係した女性を見てのものだろうか。

たゝかひの果てにし日より　思ひつゝつぐることなき身となりにけり

耶蘇誕生《たんじやう》会《ゑ》の宵に　こぞりくる魔《もの》の声。少なくも猫はわが腓《こぶら》吸ふ

厩戸の皇子現《あ》れたまふ思ひして、ひたすら君を　頼みたてまつるなり（『倭をぐな以後』）

戦後になって突然というのではなく、釈迢空の作品のテーマには、キリスト教が見え隠れしている。日本文学研究者としての、折口信夫の論述でも同様である。

神と天皇を切り離す

さて、敗戦を経験した折口信夫・釈迢空は、戦前に比べて変わったのか。第二詩集『近代悲傷集』（成立の経過は省略する）にある、詩作品「神　やぶれたまふ」は、そのタイトルからして既に象徴的な意味を持たされた作品である。「敵国」アメリカのキリスト教に、日本の神道が敗北したのである。「国学者」折口信夫の、その敗北感やいかにというところだろう。私はここで「国学者」という言葉を否定的に使っているつもりはない。その詩の一部を引用する。

神こゝに　敗れたまひぬ――。
すさのをも　おほくにぬしも

青垣の内《うち》つ御庭《みには》の
宮出でゝ　さすらひたまふ――。

くそ　嘔吐《たぐり》　ゆまり流れて
蛆　蠅《はへ》の、　集《たか》り　群起《むらだ》つ
直土《ひたつち》に――人は臥《こ》い伏《ふ》し
青人草《あをひとぐさ》　すべて色なし――。

（略）

神いくさ　かく力なく
人いくさ　然も抗力《あへ》なく
過ぎにけるあとを　思へば
やまとびと　神を失ふ――　　（以下略）

佐々木重治郎は「「神やぶれたまふ」の周辺」という論考で、戦前戦中と、戦後の折口信夫の認識の変化を指摘している。「変化は無かった」とする論者への批判でもあるのだが、変化はあったということだ。その中で、この「神　やぶれたまふ」というタイトルにも触れて、このテーマのままに進めば、次は「神の再起・再戦」という順になってしまうだろうと指摘している。そして、おそらくはそれに気づいた折口信夫は、その後、更に認識を深化させているという。その認識とは、神と人間との系図を分離させなければならないという認識である。もう少し具体的に言うと、アマテラスから始まる系図とそれ以前を断ち切るべきであるということである。誤解を恐れずに、別の言い方をすれば、神の系図と、天皇の系図とを別にしようということになる。論文としては「女帝考」「天皇非即神論」「民族教より人類教へ」「神道宗教化の意義」等といった形で発表された。時代性もあったのだろう、直截には書かなかったものの、『古事記』冒頭の「造化三神」から始まるようになっている、万世一系の系譜を断ち切ることだったと推測される。天皇と神とは違うということだ。粗雑に身も蓋もなく要約してしまうが、前掲の「女帝考」では、「ミコトモチ論」として展開される重要なテーマがある。そこでは、神の言葉（御言）を皇后が受け、それを天皇に渡して、天皇が臣下に伝えるという仮説が提示されている。臣下にとっては天皇は神だが、その裏の本質では、天皇は神ではないという論旨である。ここには「中皇子」論や「神の嫁」論が絡み合ってくる。それによって、折口は、「天皇の人間宣言」を論理的に納得したのである。折口にとって、「天皇の人間宣言」がどれほど重いものであったかを伺わせる。また、次のような証言が残されている。

神社本庁の会合で折口信夫氏が〝天皇と手を切ってゆかないと神社は自由な発展ができない〟と講演された……。

（『折口信夫事典』大修館、五二二頁）

事実を判断し真意を推測するのが容易ではない証言であるが、神社が祭る神とは、天皇家以前のものであるべきだということではなかろうか。このような形で私的な憶断をすれば、戦後の、折口信夫の一種の「転向」の問題でしかないのではないかと思われてしまうかもしれない。そうではない。折口には、神に対する、大いなる期待があったのである。「天皇」という神とは違う、日本の原初の神、そして、それが、人類に共通する神であることへの期待である。「人類教」のことである。

オットーと普遍の神

私は、ここで、ルドルフ・オットーの名を想起せざるを得ない。名著『聖なるもの』を残した宗教学者である。第一次大戦前、一九一一（明治四十四）年、折口二十五歳の年に、北アフリカ、アジアを旅し、そして来日しているオットーは、人類教を考えた先駆者の一人といえる。来日したのも物見遊山などではない。前掲の折口信夫の論文「民族教より人類教へ」というタイトルのヒントはどこにあるのだろうと考えるとき、オットーが「宗教人類同盟」設立を考えていたという情報が、折口に届いていたのではないかという想像を、打ち消すことができないでいる。「宗教人類同盟」とは、世界中の有数の宗教団体の代表が一同に集まること。その第一回の会合は一九二二年にベルリン郊外でもたれたという（華園聰麿『聖なるもの』訳者あとがき）。折口信夫三十六歳の時であった。残念なことに、いまのところ、オットーの名を、折口信夫の著作類に見いだすことはできないでいる。だが、慶応義塾大学で折口に教えを受けた一人、井筒俊彦氏が、オットーの命名になる「エラノス会議」の主要メンバーになった事を、忘れてはなるまい。

参考にさせていただいた、おそらく必読の文献かと思われるものを掲げておく。

佐々木重治郎『折口信夫のトポロジー』(一九八五年、花曜社)
中村生雄『折口信夫の戦後天皇論』(一九九五年、法蔵館)
奈良橋善司『釈迢空　折口信夫論』(二〇〇三年、おうふう)
石井徹『折口信夫』(二〇〇三年、勉誠社)
村井紀『反折口信夫論』(二〇〇四年、作品社)
安藤礼二『神々の闘争　折口信夫』(二〇〇四年、講談社)
(「折口信夫　一八八七—一九五三」『環』Vol.22　藤原書店　二〇〇五年七月)

第Ⅲ部

古代文学の発生と成立

神謡の成立

分かりにくい言い方になるが、生物学で、自然発生説というのがあって、その考え方に立つと、生物（生命）は、今でも、どこかで自然発生していることになる。注意を要するのは、どこかで生命が自然発生しているのを発見したから、自然発生説があるのではなく、発生説があるから発生があると考えられることである。文学の発生も、発生説があることによって、文学はかつて発生し、今でもどこかで発生していると言える。発生説の有効性が一切誰にも相手にされなくなり、誰も発生を言わなくなれば、文学が発生するということはなくなる、そういうことになるはずである。それは、いくらでも敷衍できる。成立論を論ずる者がいるから、文学の成立ということがあるのであって、古橋信孝氏の近著『和文学の成立』も、「和文学」が成立しているからそれを論じたのでなくて、古橋氏が「成立」と認めたから、そこに「成立」があるのである、そうではないだろうか。換言すれば、文学の「発生」も「成立」も、論じられるからあるのであって、論じられなければ、何もないのだということになる。無論、このような論法があらゆる問題に応用できるはずはないが、こと、文学に関する限りは、適用できるような気がする。

古橋信孝著『古代歌謡論』（一九八二年・冬樹社刊）は、古代歌謡の発生と成立の論である。いまから二十年近く前の著書をここに引き出したのは、今でも、読まれるべき部分を多くもった著書ではなかろうかと考えてのことである。しかし、この著書は、それから十年以上前の、吉本隆明氏の『共同幻想論』（一九六八・

河出書房刊・現角川文庫）に影響された著書であると、著者は明言している。『共同幻想論』から学びつつ、折口信夫・西郷信綱・土橋寛を超えようとする試みであったらしい。この著書を語るに、超えたか否かについては、ここではとりあえずはどうでもよい。

『共同幻想論』は国家論であった。それを、さらに、古典研究に応用するということをやりとげた古橋氏の『古代歌謡論』は、古代歌謡の作品の成立過程を追った。そして、作品がなぜどのように残ったか、その作品の良さはなんであったのかを、印象批評やトートーロジーとは別個の方法で提示して見せた。私は、いいものはいいとするトートーロジーを否定するつもりはない。手短な批評として、今でも大いに使われていて、便利である。また、名人芸を要求される印象批判は、作品よりもより魅力的なものに仕上げられている場合もあって、これまた否定できる方法でもない。しかし、そのような、往々にして歌謡論（詩論）につきまとう、この種の方法を避けたがる人も多くいることは確かだ。だが、それが成功するかというと、なかなか難しい。それに、挑戦したのが古橋氏であったと言える。時代性もあったのだろうが、古橋氏が影響されたという吉本氏の先掲著では、国家・家族（男女）・個人を、それぞれ共同幻想・対幻想・個幻想として三区分したのが眼目の書であったのであり、『古代歌謡論』は（『共同幻想論』同様、難解なのであるが）、その三つの用語を使いながら、作品の成立を考察する。作品が、後世へと残る作品となる成立の経路を究めていく。そして、この書物の命の一つは、沖縄の「神謡」の分析にかなりのウェイトを置いているということである。次のようなくだりがある。

神謡《かみうた》は村落共同体がもつ共同幻想を祭式の場でうたった言語表現であるから、共同幻想（神話的幻想）に支えられてあり、したがって外部に対しては理解不能な場合が多い。

「理解不能な場合が多」くなっている「神謡」を理解できるものにしていこうというのが、ここでは主題となる。「神謡」とは「神の謡、あるいは神にかかわる謡のことで、呪謡と言い換えてもよい」としている。具体的には、多く琉謡が対象とされる。では、具体的に氏の分析を見てみよう（古橋氏の著書では、歌の引用は、上段に採録原文、下段に日本語訳となっているが、ここでは、日本語訳の方のみを引用）。

1　平安座親ノロが
2　折目祭（あらばな）の朝
3　折目祭りに出ようとすると
4　兄弟のヒャンジャが
5　魚の骨を飲んで
6　小骨を飲んでしまって
7　折目祭の朝に
8　折目祭に立てずに（困っている）
9　海鳥のように喉太い口だよ

10　あとう〈鳥名〉のように喉太い口だよ
11　私の霊妙即効なニギ口で
12　吹けば吹き出してやろう
13　吹けば吹き落してやろう

『ニギ口』と呼ばれている、「魚の骨が喉に刺さった時の呪言」だそうである（「ニギは古語で魚の小骨のことをいう」）。古橋氏は「魚の骨が刺さったときの呪言としては9～13だけでよいはずである、それにもかかわらず1～8があるのはなぜか」と問う。それは、9～13の呪言だけではだめなので、かつてあった始原の世界の出来事を置くことによって、呪力の根拠を提示するのだと解く。『ニギ口』の異本が提示されて論がすすむ。

1　兄弟のヒンザが
2　魚の骨を飲んで
3　小骨を飲んで
4　オナリ（姉妹）のカンザが
5　一ので〈口〉を選んで
6　七ので〈口〉を選んで

7　深く骨がかかっていたら吹き落とそう
8　浅い所にかかっている骨ならば吹き出そう

この歌では、折目祭という設定が消えている。それは、「呪力の根拠が村落共同体から家族共同体のオナリ神に移行しているとみることができ」、「村落共同体の幻想が村落において強固に共有されえなくなったため、兄弟姉妹のオナリ神信仰という次元でニギロが捉え返されたためであろう」と推測する。

1　鵜の鳥の
2　喉に橋をかけて
3　浅ければ口に出よ
4　深ければ下へ落ちよ

更にこの異本では、「直接骨をとるように願うだけの型」となっているが、

1　親の喉より
2　子供の喉は
3　太く

という別の型で採録されたものもあり、この歌意は、小骨が喉にかかってしまった子供の、その喉は親よりも太いのだから、小骨は容易に通過するだろうということになるのか。

1　さあ、かまくらを
2　通りなさい

この異本になると、かまくらのように太い喉というのだが、言わば「外部に対しては理解不能な」ものの一つである。ここに見られるのは、「始原の世界（起源）を実現することによって呪力をもたらすのではなく喉が太くなるようにと願うことによって小骨の痛みから逃れようという表現になっている」。そうすると、一番始めに引用した『ニギ口』の、重要な部分は、9と10の「海鳥のように喉太い口だよ、あとう〈鳥名〉のように喉太い口だよ」の部分にあるということが、見えてくる。となると、結論は次のようになるという。

起源によって呪力をもたらす、つまり始原の世界を実現することが骨をとるという表現の構造が、その起源の呪力（村落共同体の幻想）を失ったとき、表現の呪力そのものによって効果を発揮しなければならなくなっていく。自分の喉を鵜の太い喉だと表現することが呪力の根拠になっていくのである。このばあい自分の喉と鵜の喉を同値となしうるのは言語自体の働きである。そしてこれは言語表現そのものの自立していく姿をみせているではないか。この表現がさらに具体的な効果を期待するものでなくなったとき、まさに言語表現の自立が始まる。

うまく紹介できたか否か心もとないが、以上の分析は、なかなか興味深い。というより、この書物のなかで、うまい論述であると、感心させられたものの一つである。今回読み返して気がつくのは、ここでは吉本氏の影響がそれほど色濃くない。無論、全くないということではないのだが、著者が明言するほどに、影響があったとも思えない。例えば、吉本氏の影響というものが全くないような指摘も多々ある。歌謡とは離れるが、『出雲国風土記』の出雲郡の宇賀郷の地名起源説話に次のようなものがある。

天の下造らしし大神の命、神魂命《かむむすび》の御子、綾門日女《あやとひめ》の命を誂ひ坐しき。その時、女神、肯はずて、逃げ隠りましし時に、大神、伺《うかが》ひ求《ま》ぎ給ひし所、此れすなはち是の郷なり。故れ、宇加と云ふ。

これを解釈して、次のようにいう。

この伝承は宇賀という地名の起源を語ることが目的だから、この結末はどうなったかわからないが、その宇賀という地名の起りになったように「伺ひ求ぎ給」うのが表現として興味をひくところであったにちがいない。つまり「伺ひ求ぎ」という表現が重要なので、求婚と拒否自体はその「伺ひ求ぎ」とい

う状態を導き出す舞台設定になっている。これは拒否の話としての展開にほとんど近づいていっている
とみてよいだろう。

私たちは、普通「宇加」の地名の音を元としての地名起源説話を見てしまうのだが、そうではなくて、「うかがひまぎたまひし」が残された元の言葉であって、それ以前が、起源をかたる叙事であるのだという。そう指摘されてみると、先の「神謡」の分析と重なり、実に興味深い指摘であると思えてくる。無論、それでは「ウカ」の地名との先後関係はどうなるのか等の問題は残るのだが。

先の「神謡」にしても、私などは、今回再読してみて「子供の太い喉」とは「通過儀礼」のメタファーではなかろうかなどと邪推してしまったのだが、このようなヒントを与えてくれる論述に満ちた書物である。古橋氏の意図がいかようであったかは不明だが、この書は歌謡論の枠を超えて読まれるべきなのかもしれない。少なくとも「成立」と「発生」については、それを論ずることにおいても、大いに成功している書物なのである。

（「発生と成立（1）――古橋信孝著『和文学の成立』――」『白鳥』第6巻第4号（通巻六四号）一九九九年四月）

文学の起源と信仰

神が存在することを必要としていた時代があった。例えば古代歌謡の時代である。人々が神を了解し合っていた時代とも言えようか。そのような時代の作品を批評することは、神のいない時代の者には難しい。しかも、印象批評として論ずるとなると、経験を頼りにした思い込みに終始してしまう可能性が高い（無論、それ自身が作品として成立してしまえばそれはそれでいいのだろうが）。しかし、そこを文献考証の筋道からそれずに突破しようとしたのが古橋信孝氏の『古代歌謡論』であった、というようなことを、前回は言いたかったのであるが、うまくいってないかもしれない。角度を変えてみる。

神の存在を了解する人々の中では、神を信じている作品がそのまま通用するのであり、神についての説明はいらない。しかし、神を信じていない者が、それらの作品を鑑賞批評する場合は、言わば、超越論無しで叙述しなければならない。極論としてさらに言えば、それは、普遍性を提示してみせなければ説得力がない。しかし、普遍的なものを提示するというのはほぼ無理に近いのである。国文学研究の場合は、すりかえているわけではなかろうが、文献考証の普遍性を提示するというのが普通であり、なんともつまらない文献操作をオタク的に遂行するのが文学研究だということで納得させられる世界に入っていく。文学から文学研究へのちょっとした移動ということであろうか。だが、古橋氏は『古代歌謡論』につづいて『万葉集　歌のはじまり』（ちくま新書一九九四）でも、文献操作をしつつも、文学研究は文学を探り当てるものであるという（当然といえば当然の）立場に立っている。これが、古橋流の古典批評することの実践ですよという見本作りをしていると言っていいかもしれない。『和文学の成立』（若草書房刊一九九八）について述べる前に、この書物についても触れておきたい。

籠《こ》もよ　み籠《こ》もち　1
掘串《ふくし》もよ　み掘串《ぶくし》持ち　2
この丘に　菜摘ます子　3
家聞かな　名《な》告《の》らさね　4
そらみつ　大和の国は　5
おしなべて　我こそをれ　6
しきなべて　我こそませ　7
われこそは　告《の》らめ　8
家をも名をも　9

新古典大系本では、訓みが若干変わったが、『万葉集』冒頭の歌である。その、6・7に注目すると、同じ内容を別の言い方で言い換える繰り返しが指摘できる。そうすると1・2もその類型であろうと推測でき、かつ、4についても、

家聞かな　家告らさね
名聞かな　名告らさね

という繰り返しの変形であったのではなかろうかとしているのは面白い。繰り返しの表現方法というものが、この時代の（というか、いつの時代も）意味ある方法であったという指摘は、それほど珍しいものではないが、ここでは一歩細かく分析した指摘になっているとおもわれる。私は、ここで唐突かもしれないが、思わずエリック・A・ハヴロック著の『プラトン序説』（村岡晋一訳・新書館刊一九九七）を思い浮かべてしまった。定型と韻律は口誦時代の名残であり、文字時代では不要になったという問題を、プラトン哲学を解明する鍵にした書物だが、中に「メッセージの保存と普遍性を保証するのに有効な唯一可能な言語技術とは、韻文のことばを巧みに組織して、十分にユニークなことばと韻律のパターンをつくりあげ、その輪郭を保存できるようにする技術にほかならない。この言語技術こそは、われわれがいまでも「詩」と呼んでいるような現象の歴史的起源であり、源泉であり、動因である。」といったようなくだりがある。さらに「詩は一貫して、伝統を伝達するための教育的な道具だったのである」という部分も引用しておこう。これが、プラトンの「理想国家からの詩人の追放」という問題につながるというのは、ここでの問題ではないので続けない。繰り返しという方法は、実に効果があるということなのである。無論、単調さのつまらなさに堕する場合もあろうが。古橋氏は、繰り返しの問題を次の歌に適用する。

熟田津に船乗りせむと月待てば
潮もかなひぬ今は漕ぎ出でな　（額田王1・八）

この歌を、

月待てば　月もかなひぬ
潮待てば　潮もかなひぬ

の変形とみれば、分かりやすいというのである。そして、改作してみせる。

熟田津に船乗りせむと潮待てば月もかなひぬ今は漕ぎ出でな

「としてみても意味的な違いはない。その意味で、歌謡的な性格をもっている」「月を待つほうが一種の風情がある。潮を待つだと、一種全体が出港に向かっているだけの表出になってしまう。このちょっとした違いが歌謡と和歌との差異だと思えばいいかもしれない」と言う。以上の全体が、表現の分析という点において、「批評」にあっていると言える。

枕詞においても興味深い指摘がある。これは、『万葉集を読みなおす』（NHKブックス刊一九八五）から引用したい。

み吉野の　御金の岳に　1
間無くぞ　雨は降るとふ　2
時じくぞ　雪は降るとふ　3
その雨の　間なきが如　4
その雪の　時じきが如　5
間もおちず　われはそ恋ふる　6
妹が正香に　7
（一三・三二九三）

2・3でのひっきりなしの雨と雪が、4・5を媒介にして6・7のひっきりなしの恋になる所に着目すれば、リアリティの誕生ということであり、かつ2・3の「とふ」を解析すれば、「伝聞とは、語り伝えられて来たという時間的な〈共同性〉を意味」し、「歌い継がれていくことを〈伝承〉ということができ」ここで、三二九三の歌の反歌、

み雪降る吉野の岳にゐる雲の外に見し子に恋ひ渡るかも　（三二九四）

の「み雪降る」が〈共同性〉のなかで共通理解のなかでということであろうか、枕詞として成立していくというのである。もう少し付け加えれば吉野という場所が、雨と雪に絶えず関わっているという共通認識が定着し、いつのまにか「み雪降る吉野」ができあがったのだという。これも、言われてみれば、目新しい説ではないが、しかし、人々の経験を推測しての指摘ではなく、文献操作を伴って指摘されると、また、目新しい印象を持たされる。ただ、古橋氏は、なぜ雪であって雨でないのかについては「恣意性であるように思える」としているが、ここらあたりに、古橋氏らしさが見られる。それは、もう一歩踏み込んだ推測が欲しいと読者に思わせるという点である。ある地点で、氏は踏みとどまる。想像力を働かせただけの記述をすることには消極的なのである。なぜ雨でなくて雪なのか、それについて想像するのは民俗学などを援用すると結構説明がつきそうであるが、それをここではしていない。文献に根拠を求められない場合はそこで終わるということなのだろうか。成立を語る場合には、このような姿勢はかなりきつい。思うに、文学の成立やら発生というものには、ある飛躍がつきまとっているのではなかろうか。研究する側にもそのようなものが求められると考えるのは危険であろうか。それはそれとして、〈生産叙事〉〈巡行叙事〉という用語を使いながら作品を分析していく部分も興味深い。有名な次の歌についてのものを紹介しておこう。

田子の浦ゆうち出でて見れば真白にぞ富士の高嶺に雪は降りける　（山部赤人３・三一八）

歌の様式ができてしまえば、それにあてはめて言葉を選ぶだけであるから、そうなると、作品は全て作者のものとは言えなくなる（いや、言ってしまえば、作品が百パーセント一人の作者に還元されることなどありはしないのは当然のことなのだが）。「田子の浦に出て富士の高嶺の雪に感動したのは赤人だが、それが歌という様式で詠まれるとき、赤人の感動とは言えなくなるのだ。つまり、赤人の感動は、いったん歌を成り立たせるものに移され、その秩序に従って表現となる。だから、そのときの歌に表出される主語は赤人ではなく、本来は神なのである。それが、歌が絶対的な様式をもっていることの意味だ。」と述べている。主語が本来は神なのかどうかは保留したいところだが、しかし、様式にのっとる時に、すでに作者は半分作者であることを放棄していると言えるのではなかろうか。作品の命が形式であるとするならば、半分以上を放棄しているのかもしれない。

記憶で書くことをおゆるし願うが、かつて、寺山修司が花屋に入れば花がある、それ以外のものを期待して花屋に入る者はいない、三十一文字で書かれてあれば歌なのだ、読者は歌だと思って読みはじめる、そこですでに決定されているものがある、というようなことを言っていて、うまいことを言うものだと思わされた事がある。ことほどさように、形式は内容を束縛するのではなかろうか。

書中、折口信夫が引用される。「折口は、神の呪言が伝えられるなかで様式が成立することを述べている。その様式の起源が文芸の発生といってもいいほどなのである。」また、折口の信仰起源説について「この論の魅力は二つの点にある。一つは、神とは個人を超える社会的な幻想だから、結局文学の発生が社会的なものとして捉えられている点、そしてもう一つは、神とは自然や社会への恐れ、未知への恐れが生む幻想でもあるから、文学は心の極度の緊張した状態から生まれるものである点である。」と整理しているが、この整理の仕方にはいささかの違和感がある。文学の起源説は、どれか一つを選ばなければならないというようなものではなかろうと思っているが、信仰起源説も発生論の一つであることは認めていい。ただ「神とは個人を超える社会的な幻想」という定義に、折口の信仰起源説が見合っているのか否か、文学の発生が社会的なものなのか否か、神とは、自然や社会や未知への恐れが生む幻想なのか否か、それほど単純化できるのか否か、私は、疑問が残る。いや、「幻想」という言葉のもつ広さが、焦点をぼかしているのだろうが、気になる。

しかし、共感を求める文学論から離れて、文献で証明していく文学論がここにあることは確かだ。そういう点では、感動の押しつけということからは遠い万葉集入門の書物であろう。終章の「万葉集の歌人たち」が、『和文学の成立』につながっていく。

（「発生と成立（2）—古橋信孝著『和文学の成立』—」『白鳥』第6巻第7号（通巻六七号）一九九九年七月）

和文学の成立

五七五七七という定型が成立することによって、排除されていったものがあるということを、古橋氏はしつこいくらい繰り返し述べ続けてきた（新刊が出る度に「またか」と思わされた記憶がある。しかしながら、研究者のそのような繰り返しは珍しいことではない）。無論、詩の様式が、個人の力で、ある日突然決定されるなどということはありえないのだから、ここに山本健吉『古典と現代文学』からの言葉を引用できるのは極めて快い。「如何なる芸術的天才といえども、フォーム（詩型）をあみ出すことはできるが、スタイル（様式）を創り出すことはできない」これを、また、古橋氏の言い方で引用できるのが楽しい。「神謡は誰かが作ったというものではない。たぶん、ながい時間をかけて、共同体が少しずつ言葉を積み重ね、少しずつ整えて固まっていったもの、つまり共同体が生んだもの」であるから、古代歌謡の様式の成立の過程を容易に剔抉できないのは当然であり、そのための方法を模索することと平行しつつの著者の永い苦闘は当然であった。その苦闘の結果、確かに見えてきたものはある。だが、ここで見えてきたものが五七五七七の様式の成立で失ったもののすべてであるとも思えない。そんなに簡単な事ではないということだろう。それでは、古橋氏が指摘しえていない、喪失したものとはなんであったのかという問いかけは当然湧いてくる。例えば、下句が消えて俳句が成立した時、やはり排除されたものがあったはずである（無論、逆に獲得したものもあったはずだ）。それは、長短などという単なる長さの問題などでは済まされないものであり、さらに、誰が下句を切ったかというよりも、切れるべくして切れたのだと言う方がよりふさわしい回答になるかもしれない。まして神謡から三十一文字になるまでについては、それ以上の喪失が想像される。その失われたものについてを考察する力量を、悲しいかな、私は持ち合わせておらず、永遠に不可知論を積み重ねていくだけなのかもしれない。しかし、いくらかのヒントを得たければ、まず、古橋氏の歌謡論に接してみるのがよかろうと言うことはできる、そして折口信夫ということだろうか。

古橋氏の古代歌謡論への執着は、「郊外」という領域の発見（というか発明と言うべきか迷う所）が著者にもたらされたとき、一段落する。それが「和文学」という概念につながっていくのだが、まずその「郊外」という視点を導入しての都市文学論が始まったのである（『古代都市の文芸生活』大修館一九九四）。この方法の面白さは、『万葉集』を都市文学としてとらえるということもあったが、それよりも、それまでにあった、「都」と「田舎」という二項対立の考えの、その間に「郊外」をいれて、かつ「都」と「郊外」の頻繁なる「交通」という問題に視点を集中させたことである。

都市と地方が対応しているという構造だけでは、都市の問題は解けない。都市が成立すれば、たとえばそこで生活する人々を養う食料が生産される近郊が必要になる。それに、都市の外がいきなり地方であるわけではないのだ。いわば境界的な場所が具体的に成立しているはずだ。つまり、都市は郊外をもつことで成り立つ。この郊外が古代においても重要な役割をもっていた。

それがそのまま平安時代へと移行する(『平安京の都市生活と郊外』吉川弘文館一九九八年)。書中に「交通」という言葉がそのまま使われているわけではいないが、「都」と「郊外」の「交通」を論じている、私はそういうふうに了解していいと思っている。

その流れが、いよいよ、『和文学の成立』(若草書房一九九八刊)へとたどり着く。副題にある「奈良平安初期文学史論」の方が具体的に内容を語ってくれているが、「成立」の語に執着する著者に、詩的な響きの「和文学」という語がいつかひらめいたのであろう、その二つが合体を果したタイトルとなった(しかしながら、和文学という語そのものが、いままでに全くなかった訳ではない、しかし、ここでのように使われたことは、無い)。

表記・表現から切り込もうとする文学史論にとって、旧来の文字表記の術語、「万葉仮名」あるいは「平仮名」に加えて、「和文」という術語を創出したのは巧みである。日本語の詩の様式と表記・表現の成立を追い求めて奈良時代を彷徨って、柿本人麻呂の作品は「和文」とはしないという結論を出した。著者は『万葉集』では和文表現の嚆矢を、山上憶良・大伴旅人とする。無論、歌聖・人麻呂の作品が日本文学でないということではない。表記されたものを読む立場からすると、人麻呂の作品は日本文学ではあるが、和文ではないということである。いわゆる略体歌の問題を想起すればいいであろうか。例えば、真淵の案出した読みが「あまりにも見事なために、疑問を残しながら下手に手が出せないというのが正直なところである」(新大系本)と注された歌、「東の野にかぎろひの立つ見えてかへり見すれば月かたぶきぬ」の原文は「東野炎立所見而反見為者月西渡」である。

この略体表記を和文とすることはできないということ、あるいはまた、次の歌、「雷神　小動　雖不零　吾将留　妹留者　（11　二五一四）」までさかのぼると、もう、ほとんど和文とは言えないということになる。表記という面から見て、和文という術語はそういう意味合いを持つようだ。

無論、文字表記だけで「和文」文学史が語れる訳ではないのだから、『和文学の成立』も表記論で終始しているわけではない。和文学の時代性を了解しなければならない。つまり感性あるいは認識の時代的限界の克服という課題がある。同時代のことですら分からないのに、ましてや遠い過去が、ということである。しかし、この時代の人々の意識と時代背景を知るのに恰好の書物があった。『日本霊異記』である。

奈良時代と平安時代にまたがって編纂された『日本霊異記』は、時代的にも『万葉集』と平安文学の間に位置することにおいて、両者を繋ぐものを象徴している。（略）『日本霊異記』にみられる典型的な人間のあり方、捉え方をさぐることで、この時代の歴史性を明らかにし、奈良時代から平安時代の文学を生み出す思想、社会を考えておきたい。

ここに至って、「奈良平安初期」つまり、「和文学」の文芸史を描く礎が置かれた。表記の問題と歴史的な時代社会性の問題との双方を見据えることができるようになったということだ。これが、著者の言う文芸史の方法であろう。『霊異記』は、史学でも利用される事が多くなってきている書物である。仏教家が、大衆の愚かさを気づかせるための因果応報の説話集であるがために、その時代の人々の考えや生活が読み取れて、大いに参考になる。しかも、制度と意識と宗教心、人間の関係性（親子・男女）、言わば、生きているものの葛藤が読み取れるというのが、面白い。無論、作品はあくまでも作品であって、我々現代人が、古代人を知るために残しておいてくれた書物ではないのだということは、重々承知しておかなくてはならない。しかし残された資料は限られている。ゆえに、有効な読みをこちら側でするしかない。著者は、「奈良平安初期」の文芸史論の方法を以上のように設定して、『万葉集』を見つめる。

憶良と旅人である。

『万葉集』において、この時代の歴史的状況をもっとも鋭敏に受けとめているのが山上憶良だと思われる。その意味で、憶良は『万葉集』の時代を象徴している。

憶良は第七次遣唐使であった。知識人ということである。帰国後、従五位下、伯耆守となる。国司である。

憶良は国守という立場に責任を感じ、儒教や仏教によって、新たに人々が生きる指針を示している。つまり、共同性に憑依されているわけではない。いや責任を感じているという意味で少しは憑依されているが、巫者のようにではない。したがって、神謡のように、口をついて出てくるものではなく、意識的に歌を作らねばならない。そして、憑依による神の言葉ではなく、人々を誰でも納得させるには、公平な言葉、客観的な言葉、論理的な言葉でうたわねばならない。神謡のように神の絶対性に言葉が委ねられていないからだ。

ここでの指摘は、現代に大いに近づいていると言えないだろうか。『万葉集』巻五は、大宰府の世界だが、憶良とくれば旅人に触れないわけにはいかない。旅人が大宰府に赴任しての「報凶問歌」、巻五の冒頭の短歌を、著者は次のような表記で引用する。

よのなかはむなしきものとしるときしいよよますますかなしかりけり
（原文　余能奈可波　牟奈之伎母乃等　志流等伎子　伊与余麻須万須　加奈之可利家理）

巻五から現れる漢字一字一音の表記を、著者は漢字仮名まじりではなく、平仮名表記にして引用する。このような引用の仕方も新しいものと言える。無論、ここには「漢文との対応を意識した」当時の復元という古橋氏の意図がある。著者は言う。「歌が書くものとして意識されて作られることになる確かな例は、このあたりといえるのではないか」と。

歌は仮名書きされる。したがって、歌の自覚と仮名書きは一体のものとしてあった。漢文と歌とが明確に区別されることが表記として表現されたのである。仮名書きは音声を意識した表記である。音声とは身体に属するもので、生活に近い言葉である。したがって、想いの表出として自覚されたのはわかる。それが歌の自覚だったのだ。『万葉集』巻五を開いて旅人の作品を読めば、書簡体の漢文の後に、一字一音表記の歌が付されているのが分かる。ここに、著者は「和文」を見る。

都から大宰府へと赴任していった憶良や旅人は、都と地方との交通を果たしたが、単なるお知らせのやり取り以上の、主題のある文学のやりとりをなしたのが、旅人であったろうと著者は指摘する。太宰府も九州の都市であるが、そこの中心となっているのは、都から来て、いつかは都へ帰る者たちである。

あまざかるひなにいつとせすまひつつみやこのてぶりわすらえにけり
かくのみやいきづきをらむあらたまのきへゆくとしのかぎりしらずて

奈良時代も、憶良や旅人の頃になると、神謡の時代からははるかに隔たっていると思わされる。冒頭で、五七五七七の様式が定着することによって、失われたものがあるが、それについては、古橋氏以上の指摘はできないと述べた。が、ここに至っておぼろげながら、かすかに見えてきたものがある。それは、憶良や旅人の作品には見られなくなったものと言っていいであろう。換言すれば、神謡というよりは、古代歌謡の時代にははっきりとしてあった「神」が、ここには見られないのである。

(「発生と成立（3）―古橋信孝著『和文学の成立』―」『白鳥』第6巻第10号（通巻七〇号）一九九九年一〇月)

詩と物語

題名から了解されるように、藤井貞和著『詩の分析と物語状分析』（若草書房刊）は、まず、詩論、あるいは詩学の書であって、ついで物語論の書である。詩学・詩論の書は日本に限らずおそらく数えきれない。日本で言えば歌学の書もその範疇に入るはずであるし、西洋ならば古代ギリシアから見ていかなくてはならないだろう。

詩人たる者は、詩作にあたって、たとい可能ではあっても納得しかねることよりも、たとえ不可能ではあってもいかにもありそうに思われることの方を、選ばなくてはならない。換言すれば、詩人は、可能であるとは信じられない可能性よりも、可能らしく見える不可能性の方を、選ばなくてはならない。

アリストテレスの『詩学』（今道友信訳）の一節であるが、詩論というよりは詩作論の心得のようで、言っていることは、レトリック論というかトリック論のようである。しかし現代詩論心得としても違和感はなさそうだ。ということは、アリストテレスの時代からそれほど変化していないということだろうか。

ところで、話が藤井氏の著書の内容から逸れていきそうなのだが私は、この書の「あとがき」に（あとがき、から始めるのは失礼なのだけれど）、ここにも吉本隆明氏の名前を見いだして、吉本氏の影響の深さを思わされることとなった。短歌の世界では、三十年以上前ということになろうか、歌人の岡井隆氏と吉本氏の論争があった。歌われる思想的な問題やら歌い方よりも、定型に命があるのだという結論が残ったのだったと記憶する。今からみれば当然と言えばそれ以外の何ものでもないものだったが、それではそれだけなのかという苛立ちが私にはあった。つまり、私たちは単に定型に感動しているわけではなかろうという感想と、それでは定型はいらないのかというジレンマが残ったまま、この問題は消えたかにみえた（それと連動していたのかどうか、俳句の世界では無季無定型の作品が作られたり、流行ったりもしていた。「革命家」たちの無季無定型の俳句は、面白い作品はあっても、人生訓やら標語・アフォリズムという体の領域を出てはいなかったように思う。しかし、確かに、理詰めでいくと、季語と定型の必然性は消えるいうのは、分かる。そうすると、論理と芸術がどのように融和をはかるかは、楽しい問題になるかもしれない）。少なくとも、単なる論争の傍観者であった私には、その後の展望は何も無かったし、考えようともしなかった。怠惰であった。しかし、吉本氏はその後「初期歌謡論」を月刊誌『文藝』（河出書房新社）に連載し（開始、74・10月号第一回、目次には小さく初期歌謡論Ⅰ 大きく歌の発生）、それは完結後、改稿されて、77（昭和五二）年に単行本として刊行された。そこで論じられたのは、一言で言うとするならば、『古今和歌集』の成立であった（それはとりもなおさず折口信夫が重要視していた問題であったはずだ）。しかも、喩を分析の手段に据えて。印象批評で済まさずに、定型の発生から進んで、定型成立後の和歌を一気に喩で分析しようとする姿勢には、驚かされたし、すごい世界に入ったなと思わされた覚えがある。『古今集』の時代には、定型の発生の胎動は、おそらくないのだから、定型成立後の喩、つまり、レトリック論で迫ろうとしたのだ。それは、理性で感性を分析しようという試みであったと言えよう。その『初期歌謡論』の「有形無形の励ましにたいし、特に感謝の念を言いたい」とこの藤井氏の著書のあとがきにある。私たちの世代のひとまわり上の方々は、吉本隆明氏にかなりやられているなと思わされたのである。それを、非難するつもりなどもうとうないし、資格もない。むしろ、私は吉本氏が、影響力の強い思想家であることを認めているのであって、難解なことを説得力のある文章で語って、影響力の全くない思想家然とした存在よりは素晴らしいと思っているのである。

吉本氏は、自著『初期歌謡論』について、次のように言っている。

なぜわたしたちは、俳句、短歌、現代詩をひとしく、〈詩〉としてつかむ視点をもちえないのか。これは苛立たしい困惑であり、根深い文明史的な怨恨にかかわってくる。うまく整理しようとするとつまらない雑種文化論や欧化論や国粋文化論にゆきつくことが判りきっていた。わたしはここでも誰からもどこからも手段を借りずに、統一的な〈詩とはなにか〉という課題に、答えを与えようと試みた。

（『初源への言葉』所収）

こうやって引用している私も、結局吉本氏の著書を読んでいるということになるのだから、他人事としてみているわけではなくて、やられているな、ということになるだろうという自覚はあるのである。吉本氏はその『初期歌謡論』の中で、アリストテレスの言う喩にも触れている。

わが国で最初の歌学が成立したと仮定すれば、アリストテレス流の喩についていえるのはただひとつのことである。すなわち「古の人多く本に歌枕をおきて末に思ふ心をあらはす」(藤原公任「新撰髄脳」)という歌の様式において、公任がいっている「歌枕」が「末に思ふ心」の暗喩(メタフォア)をなすということである。この様式は、短歌謡(五・七・五・七・七)が成立する以前にもまた、普遍的にあてはまるものであった。

私は、「見立て」という発想がキーワードになりそうな気がするのだが、それについてはここでは続けない。

さて、冒頭で述べたように、藤井氏の書の前半は、詩学であり、そもそもが詩論の書である。それは、詩学批判ということである。従来の詩学・詩論を引き出してきて、その是非を問うていく。詩学批判は、言語学批判とも重なっていく。そうなれば言語学の問題にも話は及ぶ。と、こう言ってしまうのは簡単なのだが、その簡単さは、問題の簡単さとは別物である。なぜならば、今まで、詩学・あるいは詩学批判の書で、これだ、と思わされて、以後聖書のごとく読まれているという書は、私にはないし、おそらく、ほとんどの人にないと思われるからである。こういうことを、先に言ってしまうと、この後の文章が無意味のように思われるかもしれないし、かつ、藤井氏の著書が、なんら詩学に貢献していないように思われてしまうかもしれないが、そんなことはないのであって、詩学批判は永遠に継続されていく体のものであろうし、現水準の言語学批判、物語論批判を牽引していこうという著者の姿勢に、教えられることが多い書であることに間違いない。しかし、気になる所もある。具体的に見てみよう。論じられる順番は書物のページどおりではない。

自然称という用語が登場する。花が咲くという言い方は、人称ではないのだから、動植物称やら、自然称とでもいう用語をつくるべきだという（七二頁）。これは、独創であろう。吉本氏が、喩という術語を吉本流に復活させたように、人称という問題を独自の術語として提起させようというものだろう。

たかまとの、をばなをふきこす秋風に、ひもときあけな。ただならずとも（著者は引用に際して万葉仮名原文を副えているが省略する。）

「秋風が尾花を吹き越すというのは自然称としてある。その秋風によって紐を解きあける（＝くつろぐ）ということころに擬人らしさがある。」ということであるが、自然称という用語を使うとすれば、当然、疑人法というレトリック用語が危うくなる。そこを「自然称と人称とにまたがる懸け詞の成立は、その技法をして単なるだじゃれでありえない達成を約束せしめた」というのだが、擬人法ではなぜだめなのだろうか。おそらく、ここに、一つの問題がある。それは、擬人であるか、人称であるか、隠喩であるかは、読者の判断に委ねられているということなのだ。藤井氏は、人称として、自然称を発想した。しかし、私なら、ここは隠喩を取る。「たかまとの、をばなふきこす秋風に」を、隠喩ととることも可能ではないだろうか（時代の感性に対する無理解ということを指摘されても、譲りたくはないのだが）。レトリックというのはこのようなやっかいさを持つ。いや、それでは、隠喩とは何かと問われて、換喩だの提喩だのの違いを明確にしろといわれても、私の手に余るのだが。それについては、藤井氏は言っている。

修辞学や、比喩のような技法をもって詩学の説明となしてきた教壇をはじめとするそれは、破壊された詩に対応できなくて保守化する。

このあとが、この書で最初にインパクトを与えてくれる部分であった。

リズムを犠牲にし、イメージを極小に抑える努力によって、ようやく現代詩なら現代詩の季節が訪れる。もっとも定型を手放したあとの現代詩の不安がたえず内部からの怨嗟によって拡大されるたびに、リズムやイメージの詩学へと引き戻される。

保守化するという言い方は、甘くはないだろうか、判断停止とでもするところだろう。旧来の、リズムとイメージに引き戻されるというのは、そのリズムとイメージが原郷であるということになるのだろうが、それが、なぜ原郷であるのかというのが、詩学の根本命題となるということか。日本語へのノスタルジア、それに人はひきつけられている、そう言ってしまうと、吉本氏がせっかく喩で整理しようとした問題と、藤井氏が人称で片づけようとした問題を後退させてしまうことになるかもしれない、であるとしたら、それはまずい。

（「発生と成立（4）—藤井貞和著『詩の分析と物語状分析』—」『白鳥』第7巻第7号（通巻七九号）二〇〇〇年七月）

土蜘蛛は何を語るか

奇妙と言えば確かに奇妙に差別的な名付けをされているのが、記紀風土記に登場している「土蜘蛛」である。景行紀だけではないのだが「まつろわぬ者」に対する記述は、陰惨である。言うまでもなく、勝利者には、それが栄光でもあって、見せしめともなるのだから、陰惨とは映っていないはずであり、当然の脚色もあって記録されて残されたのであろう。「熊襲」については、「悉くに捕らへて誅す」とある。理由は朝廷の命に服さないからである。また、「土蜘蛛」についても、途中、降伏を申し出るが、許さずに、自決させたというのが、景行紀の記述である。ついでながら、「土蜘蛛」という称呼の解釈であるが、手足の長さの、体形の特徴からの命名であるとする、神田秀夫（南船北馬）、荒木博之（吉備津彦と温羅・日本伝説大系第十巻）説がある。考古学からは、窟と「土蜘蛛」との関係を、九州風土記から読み取り、縄文から弥生への文化の推移を見る斉藤忠（古典と考古学）説があり、それらを一蹴するかに思える記号論からは、体制に順じない者たちにあれこれ負の性格を付与したという事なのだろうとする山口昌男（文化と両義性）説もある。だが、それらで事たれりという訳でもなさそうである。

『紀』では詳細にというか、幾人もの名前をあげて、「土蜘蛛」の最期の執拗な記述となっている。しかし、記録を残したものの、「土蜘蛛」の、あるいは「熊襲」のというべきか、彼ら自身の言葉は残されてはいない。勝者の歴史書の当然の有様というべきか、先に述べた「土蜘蛛」の降伏の申し出にしても、「え勝つましじと謂ひて、服することを請ふ」と訓読される表現であって、『日本書紀』用に作られた言葉に過ぎまい。もう少し丁寧に言うならば、この部分「え勝つましじ」(「不可勝」)は引用に当たるので、「土蜘蛛」の発した言葉となるのではという理屈も出てくるかもしれないところであるが、それはむしろ、編纂者の創作、あるいは勝手な翻訳なのではなかろうか。

なぜこんなことを言うかと言えば、「熊襲」にしてもここでの「土蜘蛛」にしても、現在の九州地方の人々であったと考えられるから、中央、ヤマトの言葉とは違った、いわば方言を話していたに違いないのである。とすれば、ヤマト言葉に翻訳されたとおぼしき言葉のさらに要約を掲載するという体裁を装っているのが、『紀』の、「土蜘蛛」の服従の申し出での「言」であったと解すべきだからである。方言などという言い方をしたけれど、「縄文語」という言い方をしている研究者もいるのであって(言い換えれば、そうなると土蜘蛛とは縄文びとの末裔ということになるであろうか)、実に、事は、興味深い方向に広がっていく。いや、問題は拡散するだけなのだが、ついでもあるから、少し拡散させてしまおう。先に掲げた「土蜘蛛」の服従を申し出た説話の終わりは、古代説話によくある、地名起源説話になっていて、その地名とは「蹈石」である。引用しておこう。天皇が「土蜘蛛」の打獲を討つという説話の終わりの部分である。

天皇、初めに賊を討たむとして、柏峡の大野に次りたまふ。其の野に石有り。長さ六尺、広さ三尺、厚さ一尺五寸なり。天皇、祈ひて曰く、「朕、土蜘蛛を滅ぼすこと得むとならば、将に茲の石を蹶ゑむに、柏葉の如く挙がれ」とのたまふ。因りて蹶ゑたまへば、柏の如くにして大虚に上がる。故れ、其の名を号づけて蹈石と曰ふ。是の時に祈りまつる神は、則ち志我の神・直入物部神・直入中臣神、三柱なり。

大系本はこの傍線部の地名「蹈石」を「ほみし」と訓んでいる。「ふみいし」の転と考えたのだろう。そこを小学館の新全集本は「くゑし」と訓む。「蹴る」の古語「くゑる」に石を続けたものであり、九州・豊後国風土記の「蹶石野」が「クヱ（イ）シノと訓める」ところからの採用と頭注にある。ところが、同じ新全集本『風土記』の「豊後国」ではそこを「ふみいしの」と訓んでいる（頭注に説明あり）。新全集本『風土記』頭注の説明に説得されそうなのだが、私は、新全集本『紀』の「くゑし」説にひかれる。なぜなら、脱線するが、昨年末（一九九九）に刊行された『琉球語辞典』（半田一郎編著・大学書林刊）に、「Ｋｕｗｅｅ」（くーゑー）の項があり、「どえらい、とんでもない、危ないなどの意」とあって、連想が働いたのだ。「くーゑー」から「くゑ」そして「くゑる（蹴る）」という流れを見てしまったようなのだが、残念ながら、これについて、語学的な比較の用意はない。ただ、これが、当たっているとすれば、先に引用した地名起源説話の解釈が面白くなりそうだと思ったのである。脱線はここで終わる。

さて、『書紀』では、「土蜘蛛」は、結果的に一方的な敗者であり、悲惨な境遇であることは、みられるとおりである。しかし、『風土記』では、多少、違っているものがある。ここからが、本稿の主題である。

九州風土記には「土蜘蛛」が幾人も登場する。編纂の過程から言えば、『日本書紀』で「土蜘蛛」と命名登録された者が、九州『風土記』つまり肥前・豊後の『風土記』にその名で再登場してきたということになる。換言すれば、元来別の名前であったであろう者が、ヤマト政権に「土蜘蛛」と命名されて、再度九州風土記に還元されて登場したのだということになろうか。もともとの名があったとして、その名で『風土記』に記述することを、ヤマトが認めるはずはない。というよりも、総称などのなかった人々を「土蜘蛛」と命名したのかもしれない。いや、さらに考えれば、総称を知り得なかった集団であったのかもしれないということもあり得よう。名づけられない者たちとしての「土蜘蛛」。

九州で採集された、風土記編纂の命に従うあれこれは、当然、ヤマトの言葉に置き換えられて、『風土記』となったはずである。それは、中央からの派遣者がいなければ、成立はしないであろう。実際に、残されている『風土記』は方言で語られていないのだから。

それでは、「土蜘蛛」は何も語り残さなかったのであろうか。そんなことはなかろうというのが、私の推測である。地名に、先のような意味不明の「くゐ石」があるとすると、そもそも、それは、ヤマトから「土蜘蛛」と名づけられた先住民の命名したものであったのだろうと考えたくなるのである。それを、起源を景行天皇のものにして説話化したのだろうというのが、推測である。

それよりも何よりも、九州『風土記』を開いてみるべきであろう。

『豊後国風土記』日田郡に五馬山の地名起源説話があり、土蜘蛛が登場する。

　五馬山。郡の南にあり。昔、この山に土蜘蛛あり。名を五馬媛と曰ひき。因りて五馬山と曰ふ。

ここでは、地名が「土蜘蛛」の名に由来することを何のためらいもなく記録している。「土蜘蛛」は服従させるべき者たちであるならば、そういう記述を残すだろうか。『出雲国風土記』以外によく見られる、天皇巡行説話風な地名起源に改変されていないというあたりに、この記録の信憑性が感じられるのだが。

同じ『豊後国風土記』の大野郡に次の話がある。

網磯野《あみしの》。郡の西南にあり。同じき天皇、行幸しし時に、此こに土蜘蛛あり、名を小竹鹿奥《しのかおき》(志努汗意枳と謂ふ。)小竹鹿臣《しのかおみ》と曰ひき。この土蜘蛛二人、御膳をつくらむとして、田獦《かり》をなす。その獦人の声甚だかまびすしかりき。天皇、勅云りたまひしく、「大囂 阿那美須と謂ふ」とのりたまひき。斯れに因りて大囂野と曰ひき。今、網磯野と謂ふは、訛れるなり。

シノカオキとシノカオミという名の「土蜘蛛」二人。これはその名の語尾から判断するに、イザナキとイザナミを連想させる。おそらく復元不可能な、消えていった神話の主人公たちであったのであろう。それにしても、ここでも、土蜘蛛は、決して排除・退治される存在にはなってはいない。むしろ、天皇の食事を用意する、味方とでもいわれていい存在である。ただ、声が異常に大きいという、ユーモラスな面が記録されている。いや、声が大きいということは、むしろ、特技として評価されるものであったのかもしれない。それゆえに、地名起源に採用されたのだろう。『肥前国風土記』佐嘉郡にも、女性の土蜘蛛が登場する。

名を佐嘉川と曰ふ。年魚あり。その源は郡の北の山より出で、南へ流れて海に入る。この川上に荒ぶる神あり、往来の人の半ばを生かし半ばを殺しき。ここに、県主等の祖大荒田、占問ひき。時に土蜘蛛大山田女・狭山田女あり。二人の女子云ひしく、「下田の村の土を取りて、人形・馬形を作りて、この神を祭祀らば、必ず応和びなむ」といふ。大荒田、すなはちその辞に随ひ、この神を祭る。神、此の祭をうけて、遂に応和びき。ここに、大荒田云ひしく、「この婦、是のごとく、実に賢し女なり。故れ、賢し女を以て国の名と為さまく欲ふ」といふ。因りて、賢女の郡と曰ふ。今の佐嘉の郡と謂ふは訛れるなり。

ここでは、土蜘蛛は賢女として登場している（瀧音能之はここの土蜘蛛を、名前に田がつくことから、農耕的性格の呪術者と推測している。「土蜘蛛の原義について」『象徴図像研究Ⅳ』。また、木村繁子は「土蜘蛛と呪術」『風土記の神と宗教的世界』おうふう刊で、「彼女達がシャーマンであることを示している」と指摘している）。

ここでも、土蜘蛛は、何ら敵対行為を見せてはおらず、むしろ、味方なのである。そして、ここでは、土蜘蛛は語っている。荒ぶる神への対策として「下田の村の土を取ってきて、人形と馬形を作り、その神を祭れば、きっと穏やかな神となってくれるでしょう」と。むろん、方言そのままでなく、ヤマト言葉ではあるが。

この話には四者が関わる。

一、地域の荒ぶる神に精通している予言者としての「土蜘蛛」。

二、予言者の「土蜘蛛」を呼び出した県主の祖先としての占い師大荒田。
三、呼び出された荒ぶる神。
四、この話を記述した者。
四の時点で、言葉は翻訳されていたのか、それとも、その記述を利用したヤマトからの派遣者が翻訳したのか、後者であった、とすれば、この話は、もう一人の手がかかっていることになる。それについては、ここでは深追いはしない。ここでは、一点に焦点をしぼりたい。それは、「土蜘蛛」がなんらヤマトに敵対する様子を見せていないということである。『豊後国風土記』の日田郡。

石井の郷。郡の南にあり。昔、この村に土蜘蛛の堡ありき。石を用ゐず、土以て築きけり。斯れに因りて名づけて無石の堡と曰ひき。後の人、石井の郷と謂ふは、訛れるなり。

ここもそうであろう。次の『豊後国風土記』の速見郡にいたって、やっと敵対が見えてくる。

この村に女人あり。名を速津媛《はやつひめ》と曰ひ、その処の長たりき。すなはち天皇の行幸するを聞きてみづから迎へ奉りて、奏言ししく、「この山に大きなる磐窟あり、名を鼠の磐窟と曰ひ、土蜘蛛二人住めり。その名を、青・白と曰ふ。又、直入の郡祢疑野に、土蜘蛛三人あり、その名を打猨・八田・国摩侶と曰ふ。是の五人、並人と為り強暴《ちはや》び、衆類も亦多にあり。悉皆、謡《そし》りて云へらく、『皇命に従はじ』といへり。

若し強ひて喚《め》さば、兵を興して距《ふせ》きまつらむ」とまをしき。茲に、天皇兵を遣りて、その要害を遮へて悉に誅《つみな》ひ滅ぼしたまひき。

青と白の二頭対立の奥深さには目をつぶって、ここでは強暴で皇命に従わないというのが、滅ぼした理由となっているところに注目しよう。それしか理由がないのである。この程度の理由が滅ぼす理由になるとしたら、これは、敵対関係からの戦ではなく、一方的な、殺戮なのではあるまいか。敵対関係にあり、かつ強暴であるならば、おそらく反乱の記録になるはずである。『常陸国風土記』の茨城の郡に出てくる土蜘蛛（国巣）は、穴居生活者として登場させられている。そこでは、留守中に住居たる穴にイバラを敷かれて、騎馬兵に追われてその住居に帰ってきた土蜘蛛が、穴でイバラに傷つき死んだというのである。騎馬兵の存在の有無それだけで勝負はついていると言えないか。ここでは、土蜘蛛はからかわれて殺されているとしか読み取れない。おそらく、粗野ではあるが、武力のない、統一国家を志向している者に対して反対するでもなく同調するでもない、全くの無関心でいる者、換言すると非体制存在としての、「既存者」（奈良橋善司）としての先住民殺戮の記録が、「土蜘蛛」の名で残されていると考える方が、従来の、土蜘蛛反服従者説よりは妥当ではなかろうか。そうなると、冒頭の、景行紀の土蜘蛛の言葉「とても勝つことはできない」というのは、ヤマト言葉への翻訳ではあるが案外、「土蜘蛛」の語った言葉としては、事実性の高いものと考えてみた方がいいのかもしれないようだ。

（「土蜘蛛は何を語るか」『古典評論』第2巻第3号　三一書房　二〇〇〇年七月）

物語状という世界

喩の問題にもう少しこだわっていく。藤井氏のいう人称の問題とは無縁ではなかろうと思うからである。細かな迷路は避けて、とりあえず隠喩と換喩についておさらいをしておこう。名著『レトリック感覚』(佐藤信夫著一九七八刊)の例を使わせていただく。

白雪姫＝隠喩

赤頭巾ちゃん＝換喩

肌が雪のように白いとしてしまえば、ようなの部分が入って直喩であるが、少なくとも、この白雪は、その女性自身が持つ特質を、他のモノに喩えて女性そのものを指示している、「類似性にもとづく比喩」である。無論、白肌からの命名であると理解する根拠は明示されてはいないのだが。赤頭巾ちゃんの方は、これほど有名な女の子であるのに、世界中のだれも本名は知らず、ただ、着ているものを指示することでその人になってしまっているということである。「隣接性にもとづく比喩」ということになろうか。このような区分けにいかほどの意味があるかどうかの議論は、ここでは不要のものとしておこう。いや、意味がないなどという結論にはなるはずがない、分けることは分かるということでもあるし。

「ヤブヘビ」などという慣用句も実際に蛇が登場して使われることなどはまずない。隠喩表現だろう。「このシャネルの香りが好きだ」と言えば、本当の香水好きなら単に買い求めればいいだけの話であるから、そういうわけではなかろう。換喩だ。

変に深みへと論を進めるつもりはないが、私たちは、自分でこの地上で出会ったあらゆるものをその場で命名しながら、生きているわけではない。既に命名されてあった単語を獲得しながら、自分の表現に利用できる単語を選択しつつ表現していく。これは、本質的に、換喩作業であると、ニーチェはいう。こう指摘されると、隠喩作業でもあるだろうと思うのは、当然ではなかろうか。

いま、論理的必然性の問題と、現実の表現の問題を錯綜させているが、ただ、すべての表現は隠喩であるのだ、という根本認識を忘れると、作品は、日常生活の周辺の悲喜劇の断片の、報告集で終わってしまうだろう。それが共感を呼ぶか否かは別問題として。体験したことをそのまま（！）書けば作品になるということではなく、作品は、隠喩として成立させなければならないのではなかろうか。いや、作品はすべて隠喩になってしまうと言ったほうが的確かもしれないから、意図的に隠喩作業をすることが、作者の仕事ではないのかとでもいっておくべきか。

ほどかれて少女の髪にむすばれし葬儀の花の花ことばかな
とんびの子なけよ下北かねたたき姥捨以前の母眠らしむ
かくれんぼ鬼のままにて老いたれは誰をさがしに来る村祭
亡き母の真っ赤な櫛を埋めにいく恐山には風吹くばかり
降りながらみづから亡ぶ雪のなか祖父の瞠し神をわが見ず

濁流に捨てて来し燃ゆる曼珠沙華あかきを何の生贄とせむ
見るために両瞼をふかく裂かむとす剃月の刃に地平をうつし
新しき仏壇買ひに行きしまま行方不明のおとうとと鳥
吸ひさしの煙草で北を指すときの北暗ければ望郷ならず

寺山修司の歌である。無論、寺山修司の作品を論じれば、短歌総体を論じた事になるなどとは考えていない。少なくとも、一つの興味深いスタイルを持った歌人であるということに、異論はなかろうと思う。四首目以外は『田園に死す』からのものである（二首目三首目は後年の改作後のもの）。この歌から溢れ出てくるものは「喩」である。葬儀の花と少女とが結びつけられることの危うさ。無論、写生ではなく、双方は隠喩であるとして理解すべきだろう。とんびの子と下北と姥捨、鬼のままにて老いたればと村、濁流に捨てた赤い曼珠沙華と生贄、仏壇と行方不明のおとうと、これらの、畳みかけてくるモノは隠喩であり、何の隠喩であるかと言われれば、とりあえずここでは前近代への奇妙な混沌としたノスタルジーであろう、と抽象的に答えるしかない。しかし、含まれている問題は「喩」ばかりではない。ここから、問題が「人称」へと移る。

「亡き母」が、実は健在であり、「作品の中で私は何度も殺されてます」という笑いながらの母親のインタビューは有名だけれども、簡単に言えば、ここで作者は嘘を歌っているのである。八首目の「行方不明のおとうと」だって怪しい。すべて怪しいと言ってよい。何が？　事実ではなかろうという点において。しかし、そういうことを言いだしはじめると、こう問わなければならない。事実を歌わなければならないという規則を誰が作ったのか、いや、それよりも、事実を歌えるのか、と問われたら、どう答えるのだろうか。

ここに、引用した歌は、寺山修司という著者名をもった作品であって、寺山修司の自己体験告白ではないということを確認しておこう。一人称の作品であると読者が受け取り、それが作者名と重なるときに、「喩」と「人称」の先入見が、作品読解の指針を決めつけてしまうのではないだろうか。「作者は可哀相な人なんだ」と。いや、可哀相でない人などはいないと思うか、どのように可哀相であるかという「喩」の力を引き出すのは、作者の力量であって、演技性でもあるといってよかろう。そして、その演技性を発揮する時、一人称という定義は、消える。言わば、無責任人称、無人称とでもいうべきものになるのではなかろうか。創作は、無人称を設定する作者の、その発想から出発すると言っては、言い過ぎであろうか。

藤井氏は、なぜか、ソシュール誤読者の時枝誠記には好意的である。時枝は「その『（ソシュール）言語学原論』への、いわば確信的誤読によって、訳者小林を通りこし、おぼえずソシュールという二十世紀言語学の出発点との世界同時性に立ちいたっている」というのだ（『国文学の誕生』二〇〇〇年三元社刊）。この書には、時枝学説を継承しつつということか、興味深い記述があるので紹介しておこう。

第一人称、第二人称、そして第三人称からなる語りがあるとすると、それが言説にほかならない。語り手が〝私は頭痛がするからこれ以上物語を書きつづけることを省略したい〟と、第一人称で語ることは許される。語り手が第三人称の物語世界を語るのと、「私」を語るのとは、素材を語る点において変わりがない。第一人称、第二人称、そして第三人称からなる語りの世界（＝言説）を語る語り手の人称は、したがって第一人称でもなければ、むろん第二人称でもなければ、まして第三人称でもありえない。そのような語り手の人称はどういうそれだろうか。それこそ時枝の零記号をそのままに応用して、ことばの正確な意味で第ゼロ人称（略してゼロ人称）ということになるのではあるまいか。

ここまで読んで思わず、私は、ゼロ人称ではなく、ただのゼロ称、あるいは、無称とでもすべきではなかろうかという思いがひらめいたのだが、それはつまり『詩の分析と物語状分析』で、氏が、「自然称」という用語を開発した以上、そこまでいくべきであろうと思ったのだ。どうだろうか。

喩と人称を寺山修司まで引き込んであれこれ考えたが、そもそもの、本題の書物『詩の分析と物語状分析』に焦点を戻そう。そこでは、著者は『古今和歌集』の仮名序に、注目している。

うたのさま、むつ（＝六つ）なり。そへうた、かぞへうた、なずらへうた、たとへうた、ただことうた、いはひうた。と『古今集』の編者が、漢詩の六義にあわせたであろう問題を再説している。ここで再々説するのは、無駄ということになろうから、一つだけ現代語訳のむずかしさという点からも、気にかかったことを、記しておこう。なずらへうた、としてあげられている作品についてである。

君にけさあしたの霜のおきていなば　恋しきごとに消えやわたらむ

新大系本の脚注の訳（小島憲之・新井栄蔵）は、

あなたに逢った今朝、朝の霜が白く置くように冷たく起きてお帰りになるならばわたくしは、お逢いしたくて恋しく思うたびごとに、その霜が消えるように消え入りそうな悲しい思いをするでしょう。

藤井氏は、

あなたに、けさ、朝の霜が置く、
（そのようにわたしがあなたを置いて）、
起きて出てゆくならば、恋しいたびにずっと、
（あなたは）消えいるようにしつづけるのだろうか

と訳し（一一六頁）添え書きをする。

「右の解釈がただしいかどうか、じつは私には自信はあまりない。《わたし》と《あなた》とは逆のようにもふと思えるから、決定的だと言いにくい。」と。人称の揺れが気にかかるというのである。新大系とは逆になっているのが、決定的である。どちらが誤訳かというレベルのことを問題にしているのではない。人称というものが、歌の場合になんであるのかということである。藤井氏が、先にも述べたけれども、「自然称」

という問題提起をしたことは、時枝誠記が「国語学」で、「零記号」を提唱した事に、通底しているだろう。その途中に、「ゼロ人称」という用語の創案があったかもしれない。誰が歌っているのか、そのそもそもの問題が、いままで、論じられないできたのではなかろうか。「私」はいつだって本当の「私」でいる必要はないし、ああいう「私」であったってかまわないはずなのだ。「私」って……。

ここで、このような論理が、例えば、ロラン・バルトの「作者の死」あるいは「読者による誤読の権利」という問題に重ねられてしまうことを、私は恐れる。似て非なる問題であることを、説明するには、まだまだ言葉を尽くさなくてはならないだろうが、非力を痛感するのみ。詩の分析を読むことは、詩を作るより面白いなどと言うのは不謹慎か。

（「発生と成立（5）──藤井貞和著『詩の分析と物語状分析』──」『白鳥』第7巻第10号（通巻八二号）　二〇〇〇年一〇月）

藤井貞和著『詩の分析と物語状分析』

詩人でもある著者は、手垢にまみれた言葉を好まないようである。しかし、さすがに「物語状」という用語は新奇であった。だからといって、学術書である。術語にはこだわっているはずである。後半部、一読して、焦点は「物語の発生と成立」であろうという印象を読者に抱かせる。である以上は、「物語の成立」と言っては収まらないものを、その「術語」から私たちは読み取らなければなるまい。ただ、「物語態」とか「物語様」という用語は見たことがあるような記憶もあるから、そこらあたりからの造語なのかなという思いもする。

一般に、日本の物語文学の成立は、万葉集以後、竹取・伊勢・大和・うつほ、あたりに見いだす。著者も当然そのあたりに照明をあてるわけだが、そこを、文学史の概論書のように記述すれば、そのような手合いの本は、いくらでもあるのだから、この書の存在理由は希薄になる。高校で使うような国語便覧で十分なのである。タイトルである「物語状」を読者に提示することで、この書は単なる物語文学の始まり入門から脱している。私に了解した事柄を簡単に言ってしまえば、詩と物語が溶け合っている部分、その溶け合い方を鑑賞する手引きとしての書物が本書ということになろうか。

たとえば、こちらの手元の武器があまりにも少ないので（武器操作能力と言ってもいいのだが）、相手を攻められないというようなもどかしさのある『伊勢物語』。これについては、私としては、せいぜい幾つかの注釈書やら研究書の、気に入ったものを身近においておくだけで、一向に寂しいままなのであった。が、この藤井氏の書は、基本的な「物語の成立」を叙述しつつも、その「物語状」という「術語」にそっていながら、寂しさを忘れさせてくれそうな、一つの文学史論になっている。これは、物語文学の成立の整理整頓(というか、それを目指しつつの混沌の提示)であって、有り難いことではあるが、危険なことでもあるのは言うまでもない(無論、文学も文学研究も危険であるべきなのだが)。それはそれとして。

伊勢、百十三段(引用は新大系を基としている)。

昔、おとこ、やもめにてゐて、

ながからぬ命のほどに忘るゝはいかに短き心なるらん

この章段について、著者は、その詞書を「もっともみじかいモノガタリということになる」とする。続けて「一首の原意はどう頭をひねってもわからない、それをやもめ男の和歌に解読してみせたのだから、これはかなり笑えるというところではあるまいか。泣けてくるひともいるかもしれない。」と。

まず、歌があって、そこに物語を付加する人がいたという図式をなぞっている(当然のことながら、なぞり方の個人技の注釈にも目を向けておかないといけない。ここで、原意がわからないと言いながら、泣けてくる人もいるかもしれないというコメントを付すのは、新たな物語を想像せよと読者に言いかけているのと同じなのだから)。

同じく百二十四段。

むかし、おとこ、いかなりける事を思ひけるおりにかよめる
思ふことといはでぞたゞにやみぬべき我とひとしき人しなければ

この伊勢物語が一つの長編であるとするならば、その終わりにあるであろうこの章段は、歌の「もう何も言うまい、晩節をけがすまい、自分を知るのはついに自分一人だ」（一六七ページ）というのを、前文に付加された「いかなる事を思ひけるおりにかよめる」という「物語」に対して「だらっと受けとめて、なんともぶちこわしではあるにせよ、そんなぶちこわしもまた『伊勢物語』なら読者として楽しんでいけないはずがない」という著者のコメントが解釈の助けになる。

歌が物語に溶け込んでいくということ、うまく溶け込んでいけるかどうかということ。まず、歌があった、そして、それを散文が「名人芸」で吸収しながら、物語が広がっていく。それには誰も異論は挟まないだろう。その図式を、藤井氏は、できるだけ臨場感を大切にして見せてくれる。

百十一段。

昔、おとこ、やむごとなき女のもとに、亡くなりにけるをとぶらふやうにて、いひやりける。
いにしへはありもやしけん今ぞ知るまだ見ぬ人を恋ふるものとは

歌の方の「まだ見ぬ人」から前書きの「亡くなりにけるをとぶらふやうにて」と「解読してみせた回答者に、からくも及第点をつけてやりたい気がする」という教師風なコメントもその一つだろう。この歌は、そもそも『新勅撰集』の読人知らずのものである。歌物語の出来方の基本を、再確認させてくれるのである。ただ、ここで気になることもないではない。「まだ見ぬ人」の濁点を、「まだ見ぬ人」とする『全評釈』の清音説をどう処理するのだろうかという、些細な問題についての見解を期待したいところでもあるのだ。

逆に、新説なのではなかろうかと思われることがさりげなく提示されてもある。九十六段であるが、長いので物語の部分は引用しないが（しないとなにやら不分明な記述になってしまうのではあるが）、そこで、柱となる歌、

秋かけていひしながらもあらなくに木の葉降りしくえにこそありけれ

（秋になったらお逢いしましょうとお約束したその通りにもならなくなってしまいましたが、木の葉が降り敷いて浅くなっている江のように浅いご縁でございましたね。・新大系本脚注）

五句目の掛詞「え」の通説（江と縁）に、藤井氏は「疫」を加えている。この段を通読すれば分かるように、「女、身に瘡一つ二つ出できにけり」とあるので、この追加は妥当であろう。いや、既にどなたかが提示されているのかもしれないが、私は新鮮なものと読み取った。

いささか、細かいところに入ってしまったが、詩は物語であり、物語は詩を内包していると言ってしまえば、

狭いまとめになってしまうであろうが、しかし思うに伊勢物語という具体的な物語にまで目をむけなくとも、『万葉集』という歌集の中にも物語はある。私はここでいささか脱線して、『万葉集』の「物語状」を見いだしてみたい。無論、この術語は使われていないが、武田祐吉の指摘になる（『柿本人麻呂攷』著作集第七巻）。柿本人麻呂の妻を考察した中の資料として提出された、「巻向地方の歌群」の連作である（巻四、一〇八七～一二三一四の中の十三首）。

穴師川川波立ちぬ巻向の斎槻が岳に雲居立てるらし
あしひきの山川の瀬の鳴るなへに弓月が岳に雲立ちわたる
鳴る神の音のみ聞きし巻向の檜原の山を今日見つるかも
み諸のその山並に子等が手を巻向山は継ぎしよろしも
巻向の穴師の川ゆ行く水の絶ゆることなくまたかへり見む
ぬばたまの夜さり来れば巻向の川音高しもあらしかも疾き
子らが手を巻向山は常にあれど過ぎにし人に行き巻かめやも
巻向の山部響みて行く水の水沫のごとし世の人吾等は
巻向の檜原に立てる春霞凡にし思はばなづみ来めやも
児らが手を巻向山に春されば木の葉しのぎて霞たなびく
玉かざる夕さりくれば猟人の弓月が岳に霞たなびく

あしひきの山かも高き巻向の岸の小松にみ雪降り来る
巻向の檜原もいまだ雲居ねば小松が末ゆ沫雪流る

これに、次の一首（二三五三）を加えるべしとしたのは稲岡耕二氏である（『柿本人麻呂』集英社）。

長谷の弓槻が下に我が隠せる妻あかねさし照れる月夜に人見てむかも

この、巻向の恋の歌群からは、人麻呂の隠し妻とその子らの世界の「物語」が見えてくるのではなかろうか。これを、「物語状」と私が応用連想するのは、的外れであるかもしれない。今までは、単に、「物語の発生」と言っていたようではあるけれど。

詩と物語の融合ということで言えば、時代がとんでもなく離れるのだが、芭蕉の連句の世界はそのものであるように思われる。「猿蓑」からである。

1　隣をかりて車引こむ　凡兆
2　うき人を枳殻垣よりくゞらせん　芭蕉
3　いまや別の刀さし出す　去来
4　せはしげに櫛でかつらをかきちらし　凡兆

5　おもひ切ったる死にぐるひ見よ　　史邦

新大系本の脚注が有り難い。やっと納得して読めた。2は前句の車を忍び車に見立てて、キコクガキ（カラタチ）の生垣から男を忍ばせたいと、意地を張る女心を出す。3は、全く逆に2を人目を忍んで恋人を帰すという景に取りなし、帰る侍に刀を手渡す場面を創った。4では、3の刀を手渡す女を遊女に見立てて、乱れた髪の手入れを見せて、5にいたって、4のせはしげなる者を歌舞伎役者にして、舞台で見えを切る景に作り上げる。

詩が物語になる、いや、物語が詩の背後に創られる、そういう従前の言い方ではなくて、「物語状」というものがここにあるということ。「物語状」という術語で、著者がわれわれに気づかせた文学論が、ここにはあった。

（「発生と成立（6）―藤井貞和著『詩の分析と物語状分析』―」『白鳥』第8巻第1号（通巻八五号）二〇〇一年一月）

斧谷彌守一著『言葉の二十世紀』

詩（歌）と物語を、ジャンルが異なる別のものとみなさずに、藤井貞和氏のように、「物語状」という形で見てみようとする発想には、実は、奥深いものがあるようだ（史的側面についてはとりあえず目をつぶる）。その深い底へとどれだけ降りて行けるであろうか。

作品は、確かに自由に鑑賞すればよいのであり、そして、文字作品はただ読めばよくて、つまらなければやめればいい。読み始めたところから、読者が誕生して、読者が誕生した時点で、言葉の交通が始まるということになる。作品、あるいは作者と読者の交通を考えるには、言語学の領域からも応援をしていただかなくてはなるまい。言葉というのはわからないといいながら、それでも幾多の言語学者たちが素晴らしい業績を残して、二十世紀は終わった。日頃気になっている、ささやかながらの言語学的問題を、最近再刊された書物からの触発という形で、断片的になってしまうだろうが考えてみたい。

毎年十一月に、大阪、四天王寺で、「ワッソ」というお祭りが行われる。別の目的で大阪に出向いていて、たまたまその祭りに出会わせて、なんと大がかりなお祭りであることかと思わされたのだが、その名付けの分からなさに、大阪人の遊び心でもあるのかと気になった。祭りそのものは日本と朝鮮半島との、古代からの交流を再現するものだそうである。数多くの山車（だんじりと呼ばれる船の形をしたもの）が出て、先頭のそれには、五九八年に来日した（ここで、うかつに来日などというと、この時代はまだ日本ではなかったなどと、最新の歴史学を齧っている人から、批判されそうだが）慧慈に扮した人が乗り、時代順に、江戸時代あたりまでの、一日がかりの長い行列となる。古くからの祭りではないようだが、祭りのパンフレットに名称の由来が書かれてあった。紹介しよう。

現代韓国語で「来た」という意味です。祭りでの掛け声「ワッショイ」は、「ワッソ」が語源ではないかと言われています。日本と韓国はお隣の国で、数千年前から多くの人々が日本海を越え、交流を繰り返していました。当然、交わされる言葉にも類似性が多々みられるわけです。

学術的であることを意図していない文章を俎上に載せるのはルール違反かもしれないが、「現代韓国語」の「ワッソ」と、日本語の「ワッショイ」が、交流からの類似性であるという説明に首をかしげるのは、私だけであろうか。伝播論あるいは日鮮同語論なども言えない、まして、ピジンやクレオールとも違う、不思議な表現だがわからない。実は、帰宅してから、たまたま見ていた雑誌のバックナンバーでこの語に再会する事となった。

「ワッソ」とか「ワッショイ」などの掛け声は、人間がもともと生理的に出す音声であり、語源とか系統などの問題とは全く関係がない。これは、英語のｏｈ！の語源は日本語の「おお！」であると言っているのと同じことなのである。（小松格氏、一九九一年「季刊邪馬台国46」）

話が飛ぶようで申し訳ないが、最近再刊された、斧谷彌守一氏の『言葉の二十世紀』（ちくま学芸文庫）は、初版刊行が、一九九四年、その時の題名は『言葉の現在　ハイデガー言語論の視覚』というものであった。副題から、いささか難解な哲学論を連想する向きもあるかもしれないが、そんなことはないのであって、よく知られた日本語の文学作品を分析しながら、言語学原論を展開してくれている書物である。著者がハイデガーに触発されたという具合に理解しておいた方がいいかもしれない。文庫になって手に入れやすくなったので紹介しつつ、本論を進めたい。文庫にするに際して、『言葉の二十世紀』と改題したのは、二十一世紀初頭の刊行物として、前世紀の言語研究の見るべきもののおさらい、そんな意味が込められたのだろうか。ここでは、その書に触発されて話を進める事となる。

さて、十九世紀から二十世紀へかけての言語学者、ソシュールのことからはじめなくてはならない。言語記号の恣意性と差異性から、コトバを考察した。恣意性、それは、例えば、アメリカでステアリングと呼ばれているものを、日本人はハンドルと呼んでいたり、多くの日本人が、ホッチキスと呼んでいるものは、実はステップラーと呼ばなければならないなどという混乱的事実が、そのモノ（実体）と名称の必然的なつながりなどは全くないという事を、教えてくれるというわけだ。この、言語記号の恣意性が、ソシュール言語論の一つの核と言えるものだろう。この、文字や音声を使って表されるコトバと、その指示されるモノとの間には、そう呼ばれなければならないという必然性は無いという指摘に出会った時は、一つ利口になったような気がしたものだった。だが、本当にそうなのだろうか、という疑問が無いでもなかった。それは、語源というものを考えるときにいつも突き当たる問題だった。先の、ワッソに関しての、小松氏の指摘は、その恣意性に問題を投げかけたものの一つだったと思う。他に、例えば、オノマトペ（擬音・擬態語）なども、恣意性だけでは説明できないものではなかろうか。イヌ・ネコ・ブタ、あるいはヒヨコなどの動物の名称も、鳴き声（擬音）からの名付けであるとしたら（私はそう考えているのだけれど）、恣意性で片づけられないものがあるように思われる。無論、生態や姿からの名称も当然あるだろうけれど、それらの選択に恣意性があったとしても、やはり、なんらかの理由があるように思われる。そんなことを、うじうじと、私はソシュール言語学に対して、疑問としていだいていたのである。

であるから、「ワッソ」と「ワッショイ」が、交流によってたまたま似た言葉になったのではなくて、無関係に、国境を越えて「生理的に出す音」は似るという、小松氏の指摘に、大いに共感するところがあった。「意味する側」のコトバと、「意味される側」のモノとに、恣意的でないつながりのある言葉も、あるのではなかろうかと。いやしかし、それについても実は、言語学では既に答えを出していて、「音声と概念がある程度密着しているが、音声と概念の結びつきの恣意性もある程度生きている」という風に処理されているらしいのだ。その処理の仕方はまだまだ熟していないというか、煮え切らないものがあると言わざるを得ないのだが、しかし、ソシュールの言う、言語記号の恣意性は揺れている部分があるということだろう。

問題はここで終わらない。差異性の問題がある。差異性とは音・文字の違いから、さらに、概念の違いにまで及ぶ、言語記号の問題であって、三角形という言葉と概念は四角形やら円形やら星型やらではない、三角形以外の何ものでもないものを指示しているということ。それは今更という事でもあろうが、では、その三角形はどのようなものか具体的に描いてみろといわれると、いろいろな三角形があるという、いささかややこしい側面をかかえている。が、とにかく三角形という音と文字は円形ではない、そういうことでコトバとなっている。差異がコトバを成り立たせている。しかし、これもまた本当にそうなのだろうかという疑問が、浮かんでは消えていた。

例えば、「暖かい」と「寒い」という言葉をみてみよう。この二つは、気候判断の二項対立として、私たちの生活の中になくてはならない語として入り込んでいる。一見すると極めて大きな差異であり、対立であるし、そうでなければ会話は成立しないであろう。しかし、

習慣と化した対立世間一般の不正確な観察は自然の至る所に（例えば〈暖かいと寒い〉のような）対立を見て取る。本当は対立など存在せず、程度の違いしか存在しないというのに（ニーチェ『人間的、あまりに人間的』）。

温度計で言えば、下の目盛りを指しているか、上の目盛りをさしているかということだけであって、実は、対立とはいえないようなのだ。「暖かい」か「寒い」かは、つながっていて、かつ比較の問題でしかないのだから。しかし、私たちは、習慣でこの二つを対立するものとして、認識してしまっている。

それを解くのに、斧谷氏は、面白い比喩を使う。着衣姿と裸体の関係である。この二つは、普通対立しているもののように思われてしまうが、実は、脱く着る脱く着るの循環なのではなかろうかというのである。

それを、「互いに浸透し合う関係」と称している。また、哲学的にこのようにも説明している。「高さ」「暑さ」が真に「高さ」「暑さ」として現前するためには、非現前の「低さ」「寒さ・暖かさ」が翳として存在しなければならない。

「夜」という言葉には「昼」という言葉が翳として存在していなければならない。それは、対立ということではなくて、共にあるということである。差異ではなく、重なっている、あるいは溶け合っているということである。

ソシュール言語学とはまた違った、解答の建て方がここにあると言っていいだろう。言葉を記号として恣意性や差異性で捕らえていると、作品鑑賞の世界にまで辿り着けないジレンマに襲われるが、斧谷氏のこの書は、そこを破ったかもしれない。

本書のなかの、斧谷文芸理論の詩論として、「花瓶」のエピソードとその分析を紹介しておこう。水の入れてある透明な花瓶の中に沈んでいる小石を、四歳の子が、見ていた。それを見た母親が、石で遊んでいたのかと尋ねると、「みちでひろってきたから、そだてようとおもうんだよ」とその子は答えたという。これを、単なる児童の事実誤認として済ますには、妙な微笑ましさ、あるいは面白さがあるといえないか。そして、それは一体なぜだろうと問い掛けるのである。花瓶は単なる差異の言葉としてあるのではなく、花瓶の中で花が育つ事を知った子供が、花瓶は「生命を育てるもの」という意味を読み取った。そこに、微笑ましさやら新鮮なものを、われわれの側で感じ取るのだと分析する。ここでの花瓶は、土瓶ではないことを意味する、単なる記号ではない。ガラスの花瓶を、辞書的に説明すると、そこには「割れるもの・破片で指を切る可能性のあるもの」と言った記述はおそらく無い。しかし、それは、ほとんどの人が経験的な意味として知っている。差異の記号論としてだけでは収まりきれないものがある。そこに、生命を育むものという説明など、更に期待はできないだろう。無論、同じ単語でも、個々でその意味される概念がズレるという、コノテーション（合意）の問題を、言語学に安易に導入するなという指摘は分かっているつもりなのだが。いや、詩や歌の実作者に言わせると、そんなことは分かっているよ、問題はその先のことだよ、そう、軽くいなされそうな、気がしないでもない。ただ、斧谷氏は、本書の他のところで、そのあたりの問題にも触れていることを添えておこう。

冒頭に話を戻すと、詩歌と物語の形式の差異を、当然のごとくに教育されてきてしまった私たちは、詩歌あるいは物語が（あるいは言語が）誕生したときの驚きを再現するという努力を、思考回路からすっかりはずしているような気がする。「物語状」という術語は、それを甦らせてくれる活力になるような、そういうものかもしれない。

（「発生と成立（7）―斧谷彌守一著『言葉の二十世紀』―」『白鳥』第8巻第4号（通巻八八号）二〇〇一年四月）

終章

幻の出雲行き

成瀬有さんには恩がある。まずは私事から語る。

一九六八年の新宿西口広場！は、高校三年の私の昂奮の場だった。その年の前半に、吉本隆明の『共同幻想論』が出ていて、夏休みにじっくりと読みはじめたが、初見の語彙が多くて、困った。ただ、未読の『遠野物語』と『古事記』が重要な資料になっていることは分かった。六九年の正月に安田砦があり、そこに高校の先輩が籠もっていることは知っていた。大学解体の言葉に惹かれて（？）とにかく大学へ入った。國學院大學も、騒然としていた。後年知ることになるが、出雲大社の千家和比古氏も、学部は違ったが、同期だった。七〇年に三島由紀夫の割腹自殺があり、その頃からだろうか、大学は一気に活気を失った。國學院なんだから、折口信夫の『古代研究』くらいは読んでおいたらと、誰かに言われた。他の大学のバリケード封鎖に応援で呼ばれて、夜、貸し布団の中で、角川文庫の『古事記』を読んでいたら、冷笑されたことがあった。まだマルクスや毛沢東が盛んだった頃である。折口を読もうかと思いはじめた。吉本隆明の著書の中に折口信夫を称揚する文章があったのだ。古書店で全集の端本を購入して、『古代研究』を読みはじめたものの、こちらの語彙能力がまったくついていけない。しかし、なぜか、世間では柳田國男と折口信夫の名前があちこちで目立ちはじめていた。そんな折、『ノート編全集』が刊行された。岡野弘彦先生が新聞の書評で「これはあくまでも著作ではなくて学生のノートなのだ」という趣旨のことを書いていた。しかし、ノート編全集は面白かった。第一回配本の、伊勢物語、次いで日本文学史Ⅰと刊行されるたびに、読みふけった。いままで全く知らなかった日本文学の世界がそこにあった。後年、近代文学研究の谷沢永一氏が、「折口学は花咲爺だ」というような評価をしたが、枯れていた古典文学研究に花を咲かせたという点で、新境地を開いたという比喩としては、適切だと思わされた。
岡野弘彦第二歌集『滄浪歌』が出版されたのは、一九七二年。折口博士記念古代研究所で頒布しているという。友人等と出向いた。希望して、

ゆきふかきかひの檜原に入りきたり雪に裂かるゝ木乃声をきく

を揮毫していただいた。

一セクトに寄るにはあらぬ学生の自治の正しさを守らむとする

このような作品も含まれている歌集だった。六九年の岡野さんの姿を知っている私にはリアリティがあった。「君は短歌を作るのかね」と問われて、「いいえ」と答えた。「今度はつくって持って来なさい。短歌誌を出すから、手伝ってもらうかもしれない」と言われた。後日、うまれて初めて作った短歌を持参すると、批評の言葉があって、私は短歌誌『人』の雑務係になっていた。ここまでは、思い出である。これがあって、私は成瀬有氏と出会うことになったのだ。古代研究所で、釈迢空の歌作品の批評会が開かれるようになった。亡き奈良橋善司氏も参加していた。その頃、雑誌『短歌』で、岡野弘彦特集が組まれた。そこに、『滄浪歌』の自選歌が掲載されていて、私が中扉に揮毫していただいた歌はなく、類歌と思われる次の歌があった。

立ちしづむ冬の木原に入りきたりわれはつぶやく木の神の咒詛

たまたま岡野先生と二人になったので、私の選んだ歌との比較を質問した。愚かな学生であった。先生からは、笑いながらの説明があったように記憶している。その場では釈然としなかったが、その後、順序は明らかに逆なのだが、『海やまのあひだ』を読むようになって、迢空の作品のなかに、「檜原」が登場してくることを知った。そして、成瀬さんの歌にも、「檜原」が出てくることを知り、迢空・弘彦・成瀬をつらぬく、「檜原」の存在を私は発見し、岡野先生も、成瀬さんも、迢空の「檜原」を、自分の歌語として使いつつ、目立たぬようにしていたかったのではないかと思い至った。『人』の歌会にも出た。私は歌が下手なので、雑務ばかりであった。しかし、散文を書くようにという要請はあった。多分成瀬さんの提案だったのだと思う。卒業後何年かして、成瀬さんにお願いして、氏の勤務していた都立の定時制高校で教育実習を終えた私は、その後東京を離れて、埼玉県の県立高校の教員になった。ただし、有難いことに住所を移すということはなかった。『人』とは遠ざかった、はずだった。ところが、どこで、電話番号を知ったのか、成瀬さんは時々私の職場に電話をしてきた。角川書店の『短歌』の秋山さんが料理の腕を披露するというから、食べに来ないか、「仕事があるので」と断ると、「仕事がそんなに大事なのか」と言われた。「部活の試合があるので」と言うと、「部活が楽しいのか」と言われる。とにかく作歌活動が苦手な私は、時に、呼ばれて、成瀬さんの知人と同席させられて、会話したりしたものの、ほとんどお誘いを断りつづけた。それで縁が切れたと思っていた。とある日、『白鳥』の創刊号を含むバックナンバーと原稿要請が届いた。『人』は解散していて、会員がいくつかの結社に分かれ、『白鳥』がその一つだと知った。

最初は、なんでもいいから書けというものだった。送ると、続けろと言われた。そのうち、私が、出雲古代史研究に踏み込んでいることを知って、それに関する注文が来るようになった。私は、一九八〇年代後半に、ひょんなことから出雲古代史研究会の創設メンバーに誘われた。中心は歴史学研究会の日本古代史部会の有志である。その際に、意図的な媒介であったのか、幹事の一人から、出雲大社の宮司（当時の国造）の息子さんは、大学であなたと同期なんじゃないかなと言われて、大社の社務所で、千家和比古氏と出会った。不思議なもので、大学で同期というだけで、うちとけてしまった。千家氏はいまでは出雲大社の中心的存在である。私は、幹事になったということもあって、出雲古代史の本を漁り始めた。言うまでもなく、『古事記』出雲神話で、ヤマトに国譲りをした出雲である。敗者の世界がそこにある。そう私は思い込んでいた。これは、折口信夫の文学研究の柱の一つではなかろうか、そう納得していた。「敗者の文学」のテーマは、今では近代文学でも大きなテーマになっている。例えば『坊ちゃん』の登場人物は、明治維新での敗者である。歴史人類学でも同様だ。

成瀬さんからの電話は、大体夜の八時過ぎが多かった。岩手県の大学に就職した松本博明氏に代わって、深夜の奈良橋さんからの電話の相手をするのは辛かったが、成瀬さんからの電話は端的で明快だった。あの夜は、『唐川びとへ』という本を読んだか、そういう問いから始まった。唐川は出雲の地名である。その本を私は読んでいなかった。書評をせよという。電話では、私の知らない本についての質問が矢継ぎ早に来る。

「○○という本を持っているか。持っていれば貸してくれ」「○○という本は読んだか。読んでなければ送る」である。どこでそのような情報を得るのか、新旧まじえた情報が届く。そのたびに、私は勉強した。有り難いことに、短歌関係の話は少なかった。私には無駄だと思ったのだろう。

『唐川びと』は、写真文集で、ラトルズという出版社の当時新刊。著者は、写真白川達也、文古澤陽子。副題が「精霊たちの庭　出雲・唐川」となっている。成瀬さんはどこでこの本と出会ったのであろうか。取り寄せると見たことのある写真が何葉かあった。出雲に関する文献は取り敢えず整理してあるので、心当たりを探すと、アサヒグラフという写真月刊誌のバックナンバーにあった。そこには誤りの記述があったことも思い出した。それは単行本では消えていた。著者は調査を続けたのだろう。意地悪なことに、わたしはそれを指摘する原稿を、歌誌『白鳥』に書いた。付言するが、この本はいい本である。研究会でも話題になった。それから、成瀬さんからの原稿催促の電話は増えはじめた。この人は編集者でもあるのだなと思いはじめた。原稿が遅れると苦情がきた。「なんでお前はもっと積極的に書かないのか」と叱られた。そして、風土記について連載せよという命令が下った。私はそれを引き受けた。まことに巧みな誘導であった。私は有り難いと思った。高校教員の多忙な生活のなかで、『白鳥』に原稿を書く時間は、楽しかった。成瀬さんは、いつかは出雲に行きたい。そう言って、行く方法を何度か私に聞いた。二十数年来、研究会と調査で毎年必ず出かけている出雲である。そのたびに様々な行程を試していた。それも出雲行の楽しみの一つだ。しかし、飛行機が一番便利で楽であるのは当然である。それを告げると、「そうか、飛行機か」と残念そうに洩らした。「いつかは行ってみたい」そう言った。多分、出雲までの途次、或いは帰路で、あちこちに寄ろうと考えていたのだろう。私自身の体験から言えば、吉備、播磨などを巡れば一週間は要する。地方では神社一社行くのに一日かかる。それに加えて、『出雲国風土記』の舞台を辿れば、とんでもない日程となる。どのような行程で案内しようかと、時折考えてはいた。

一回目の大病から回復した後に、川越の喜多院で、職人歌合の展示会をやっているので案内しろと指示があった。喜多院で時を過ごして、成瀬さんは、川越にはうまい鰻屋があるらしいと言いだした。そして、メモを取り出して、同行の私達を先導し始めた。その鰻屋は、あいにく満員完売で、わたしたちは別の店で、鰻を食し、地酒を飲んだ。結局、案内人は成瀬さんであった。その時のメンバーのH氏、N氏と共に、後年福井若狭の小浜へと出かけた。ニソの杜の定例の祀りを見たいということだった。十一月二十三日だ。前日は「鯖海道」をバスで移動した。暗くなって小浜に着いて、私はわがままを言って、四人で夜の若狭彦神社、若狭姫神社に参拝した。そこで「鵺《ぬえ》」の声を聞いたような気がする。神社は夜がいい。

翌日の朝、奈良の東大寺二月堂のお水取り、そのお水送りの場と言われている神宮寺にも立ち寄った。神宮寺という不思議な名称の寺（神社？）はここにしかないという事だ。「こういう寄り道をしていると……」と成瀬さんは不満だったようだ。早く行きたかったのは山川登美子記念館だった。記念館では、私以外の歌人のお三方は、満足していらした。私も、与謝野晶子よりいい歌人なのではなどと思わされた。

二回目の大病も乗り越えたら、今度は皆でどこへ行こうかと思っていたところだった。メールが届いた。やはり、出雲へは行きたい、聖地・神聖な場所と呼べるようなところへ、是非行きたい、考えておいてくれ、そういうことだった。日程が許すならば、その行程はいくらでも考えられる。そう私は考えていた。その時の成瀬さんの心境は、次の最後の電話で、納得できるものがあった。「もう柳田とか折口から離れてみたらどうかな」という言葉を残して、成瀬さんは、黄泉の国へ旅立たれてしまった。折口信夫会を主宰して、釈迢空の歌論を深め続けた成瀬さんの言葉だけに、私はいささか驚いた。以前、折口信夫会で、岡野先生が、ここに居る人は折口信夫の没後の門人になるのではないでしょうか、という話をした。父親が折口の高弟である国文学者のF氏が、没後の門人にされてしまいましたね、と私に言った。ありがたいことですと私は応えた。思うに成瀬さんは、歌人釈迢空没後のただ一人の門人である。残念ながら、私は折口信夫から完全撤退することはできそうにない。ただ、成瀬さんの言いたかったことはわかるような気がする。お前の感性で出雲に取り組みなさい。そういうことだろう。悲しいかな、成瀬さんの感性で取り組んだ出雲という、そういう世界を私は知ることが出来なくなってしまった。出雲を案内すべき一番の人を私は失ってしまい、返すべき恩を宙に浮かしたままでいなければならないのだ。

（「幻の出雲行き―成瀬　有　追悼―」『白鳥』第20巻第1号（通巻二一九号）二〇一三年八月）

あとがき

小林　和代

夫、小林覚は、昭和五五年から平成二三年まで埼玉の県立高校に国語の教員として勤務しました。退職後は肝臓を悪くして元気がなく、平成二六年五月末に高熱を発し、脳出血で意識を失ったまま五日後の六月四日に息を引き取りました。

小林は勉強家で、「勉強してない奴はだめだ」とよく口にしていましたが、若い人がちょっとでも勉強を始めると喜んで自分の書棚から関係書を取り出してきて渡すなど、協力を惜しみませんでした。若い人が好きだったのでしょう。退職後、「（担任クラスがないのは）機嫌よく遊んでいたおもちゃを取り上げられた子供のような気持ち」と心境を語っていました。

歌誌『白鳥』や研究誌『出雲古代史研究』、勤務校の紀要などいろいろなところに書いてきたものを一冊にまとめたいと思いながら、どこから手をつけていいか考えあぐねておりましたが、出雲古代史研究会のお仲間の内田律雄様、関和彦様が編集作業をすべて引き受けて本にしてくださいました。何とお礼を申しあげていいかわかりません。また、編集工房「遊」の黒田一正様、今井出版株式会社田淵康成社長には装丁や出版を快諾くださいましたこと、この場を借りてお礼申し上げます。『白鳥』誌掲載の論文には小林の４Ｂの鉛筆での読みにくい書き込みが多くありましたが、解読して原稿に反映させてくださったのもありがたいことでした。

論文中の「この点はまたいずれ別のところで論ずることにする」とか、「この点はノートから成稿へと脱皮させる際、注意したい」という言葉を見る限り、小林も心残りはあったかもしれませんが、こうして皆様に本の形で読んでいただけることをきっと大変喜んでいると思います。出雲からか武蔵の国の空からか、ここにことご挨拶を申し上げている姿が見えるような気がいたします。

著者略歴

小林　覚（こばやし　さとる）

1950年　東京都西東京市（旧 田無市）生まれ。

1974年　國學院大學文学部卒業

1975～2012年　埼玉県立高等学校教諭（国語科）

1988～2014年　出雲古代史研究会幹事

古代出雲の実相と文学の周辺

発行日　平成28年７月25日

著　者　小　林　　覚

発　行　小　林　和　代

〒192-0154　八王子市下恩方町1952

TEL 042-651-2138

発　売　今井出版

印　刷　今井印刷株式会社

製　本　日宝綜合製本株式会社